Leadership & College Students 증보판

대학생과 리더십

김창민 · 강희양 · 김동원 · 이 난
이흔정 · 정필영 · 최혜란
공저

공감북스

• 머리말 •

리더십은 현대사회에서 누구나 가져야 하는 필수적인 자질로 인정되고 있다. 국가를 경영하는 대통령, 기업을 경영하는 CEO, 대학을 경영하는 총장, 군대를 지휘하는 지휘관은 물론이고 기업이나 가정, 학교, 클럽에서 활동하는 사람이라면 누구나 리더십을 가져야 하는 것으로 생각되고 있다. 그러나 리더십은 저절로 형성되는 것은 아니다. 리더십은 후천적인 자질이며 훈련을 통하여 가질 수 있는 자질이다.

한국의 대학생들은 혹독한 입시 경쟁을 치르느라 리더십 훈련은 물론이고 리더십에 대해 생각하는 기회조차 가지지 못한 경우가 대부분이다. 리더십은 사람 사이의 관계에서 비롯된 것이지만 입시 경쟁은 다른 사람과 협동하거나 관계를 맺는 것보다 경쟁에서 이기는 것만 강조해 온 탓이 크다고 생각한다. 그 결과 대학생이 되어서도 동료들과 협동하거나 영향력을 끼쳐 서로 성장하는 방법을 알지 못하는 경우가 대부분이다. 대학생에게 리더십 교육을 하여야 하는 이유가 여기에 있다.

이 책은 크게 세 가지 내용으로 구성되어 있다. 첫째는 셀프리더십이다. 셀프리더십은 자기에게 스스로 영향력을 미치는 과정이다. 즉, '나의 주인은 나'라는 인식이 셀프리더십의 기반이다. 다른 사람이 시키는대로 살지 않고 자기 주관대로 사는 것, 자기 인생의 목표를 스스로 정하고 그 목표를 달성하기 위해 자발적인 노력을 하는 것이 셀프리더십이다. 자아 존중감의 형성, 시간 관리, 건강 관리, 감정 관리 등을 비롯한 자기 관리 능력의 함양, 인생의 목표와 비전의 수립 등이 셀프리더십에서 다루는 주요 내용들이다.

둘째는 대인관계 리더십이다. 대학생이 되면 교수님과의 관계, 동료 학우들과의 관계, 선후배와의 관계, 이성 친구와의 관계 등 새로운 사회관계를 형성하게 된다. 대학생활의 질은 이 새로운 사회관계에 의해 결정된다고 해도 과언이 아니다. 그러나 많은 경우 대인관계에 실패하면서 외롭게 대학 생활을 하거나 대학을 중도에 포기하기도 한다. 대인관계 리더십은 대화 기법, 갈등 관리, 이성 관계 등을 주요 내용으로 한다.

셋째는 조직 리더십이다. 모든 인간은 집단 구성원으로 살아가며 집단 안에서 서로 영향력을 주고받으면서 생활한다. 조직의 역량은 구성원들이 조직의 목표를 향하여 어떻게 협력하는가에 달려있다. 즉, 조직 리더십이 있는 사람일수록 조직에 대한 기여도가 크고 그런 사람이 속한 조직은 목표 달성을 잘 할 수 있다. 조직 리더십은 조직의 리더에게만 요구되는 자질은 아니다. 조직의 모든 구성원이 각자의 위치에서 리더십을 발휘할 때 바람직한 조직이 될 수 있다. 이런 측면에서도 조직 리더십 역시 누구나 가져야 하는 자질이다. 조직 리더십에서는 팀에 대한 이해와 창의적 문제 해결 방법을 주요 내용으로 다루고 있다.

이런 관점에서 보면 이 책은 개인에서 출발하여 대인관계 그리고 조직으로 리더십의 범위를 확장하는 구조를 가지고 있다. 우선 자기 자신에게 리더십을 발휘할 수 있어야 다른 사람에게 리더십을 발휘할 수 있고 그런 연후에 조직이나 집단에게도 리더십을 발휘할 수 있기 때문이다. 이런 측면에서 이 책은 셀프리더십을 모든 리더십의 기초로 삼고 있다.

이 책은 〈리더십과 커뮤니케이션〉이라는 강좌의 교재로 개발되었다. 즉, 한 학기 강좌를 운영할 수 있도록 13개 주제로 단원을 구성하였기 때문에 매 주 한 단원씩 교육하면 편리할 것이다. 또한 리더십 교육은 이론 수업만으로 구성되어서는 효과가 제한적이다. 리더십 교육은 강의와 함께 학생들의 실습과 체험이 필수적이다. 따라서 매 단원마다 실습할 수 있는 활동 자료를 제시하였다.

대학생에게 리더십을 교육하는 과정에서 무엇이 중요한 내용인지, 그리고 어떻게 리더십을 교육하여야 하는지에 대한 고민이 이 책에 담겨있다. 이 강좌를 개설한 초창기에 강의를 맡아서 운영한 김광수, 신명숙, 이숙영, 임은미, 한동승 교수의 노력이 이 책의 씨앗이 되었으며, 이후 강좌를 맡으면서 함께 리더십 교육의 내용과 방법을 고민한 김영혜, 강희양, 이난, 김동원, 정필영, 이흔정, 최혜란 교수의 땀이 이 책 곳곳에 담겨 있다. 이들과 함께 지금 강의를 담당하고 있는 강경홍, 편영수, 이강로, 정성진, 김연희 교수의 아이디어들도 이 책을 집필하는데 중요한 도움이 되었다.

그러나 여전히 이 책은 완성된 것이 아니라 진행 중에 있다. 이 책을 교재로 강의를 진행하다 보면 부족한 부분도 많이 보일 것이고 불완전한 부분도 있을 것이다. 따라서 실제 강의를 진행하는 과정에서는 자료와 내용을 보완해야 할 것이다. 필자들의 노력에도 불구하고 이 책은 많은 점에서 보완되어야 할 필요가 있으며 그 일을 해야 할 책임 역시 필자들에게 있다. 이 책의 발간에 힘써준 공감북스출판사와 리더십 교육을 뒷바라지해 준 전주대학교 교양학부 리더십센터의 역대 조교들 그리고 주은석 조교에게 감사드린다.

2011년 2월

필진을 대표하여 김창민

• 증보판 서문 •

『대학생과리더십』이 발간된 지 5년이 지났다. 5년이란 시간은 결코 긴 시간이 아닐 수 있지만 최근의 5년은 대학과 대학사회에 많은 변화를 초래하였다. 대학은 실용적 인재를 양성하기를 요구받고 있고, 이에 부응하여 대학생의 가장 중요한 관심사도 졸업 후 진로, 더 구체적으로 말하면 취업이 되었다. 대학 교육에서 실용성이 강조되면서 대학생은 사회의 도구 또는 수단으로 간주되고 있다.

그러나 인간은 결코 무엇을 위한 수단이 될 수 없다는 것이 필자들의 공통된 생각이다. 인간은 그 자체로 존엄하며 자기주도적인 삶을 살 수 있는 권리가 있다. 우리 사회가 실용적 인재상을 요구하고 있지만 자신이 누구인지, 그리고 무엇을 하면서 살 것인지, 어떤 가치관을 가지고 살 것인지를 자기주도적으로 인식할 수 있는 능력 또한 매우 중요하다. 리더십은 자기의 삶은 자신이 결정한다는 인식에 다름 아니다.

필자들은 이런 인식을 가지고 대학생들이 자기주도적으로 자신의 삶과 미래를 설계할 수 있도록 『대학생과리더십』을 증보하기로 하였다. 즉, 기존의 내용에 자신의 대학생활과 졸업 후 자신의 삶을 스스로 설계하고 실행할 수 있도록 내용을 보완하였다. 구체적으로 증보의 방향과 내용을 소개하면 다음과 같다.

첫째, 자신의 대학생활을 설계하여 포트폴리오를 작성할 수 있도록 별도의 워크시트를 추가하였다. 수업 중 또는 스스로 이 워크시트를 작성함으로써 자신의 인생을 설계할 수 있고, 또한 이 계획을 실행할 수 있는 기반을 제공한 것이다. 둘째는 각 장의 말미에 활동지를 보완하였다. 활동지를 스스로 실행할 수 있도록 내용을 보완하였고, 또 새로운 활동지를 추가하여 수업에 활용할 수 있도록 하였다. 셋째, 부분적으로 내용을 수정、보완하였다. 장의 구성에는 큰 변화가 없지만 내용상으로는 다서 불필요한 부분은 제거하고 새롭게 내용을 추가하기도 하였다.

증보판은 『대학생과리더십』을 리더십 수업에 활용한 결과물이기도 하다. 수업을 진행하는 과정에서 불필요한 부분이나 불편한 부분은 축소하거나 제거하고, 부족했던 부분은 보완하였다. 즉, 증보판은 필자들의 작업이기도 하지만 리더십 수업을 진행한 모든 교수님들의 노력의 결과물이기도 하다. 특히, 정성진 교수의 도움이 컸다. 정성진 교수는 활동지를 검토하고 새로운 활동지를 추가하는 일에 많은 도움을 주었다. 증보판을 내는 과정에 보이게 보이지 않게 도움을 준 모든 교수님들에게 감사의 뜻을 전한다.

증보판은 공감북스에서 출판하게 되었다. 편집과 발행에 정성을 다 한 공감북스 관계자들에게 감사의 마음을 전한다.

2016. 2.

필자를 대표하여 김창민

목 차

제1부

대학생과 리더십

제1장 현대사회와 리더십의 필요성

학습목표

- 지식정보사회의 특징을 전통사회와 산업사회와 비교하여 설명할 수 있다.
- 현대사회에서 요구되는 자질 중에서 창의성과 자기조절능력의 필요성을 제시할 수 있다.
- 리더십의 용어속에 있는 영향력의 두 종류를 제시할 수 있다.

1 현대사회의 특징

현대사회란 개념은 시간적 구분이다. 즉, 이 개념은 과거사회 또는 미래사회와 대비되는 개념이다. 따라서 현대사회란 개념은 과거사회 또는 미래사회와 대비되어져서 인식되는 개념이며 시기에 따라 현대사회를 인식하는 방법과 내용은 달라진다.

2000년대 이후 현대사회는 지식정보사회로 개념화되었다. 이는 이전 사회를 산업사회로 개념 규정하면서 현대사회의 특징을 표현한 것이라고 할 수 있다. 즉, 현대사회를 이해하기 위해서는 현대사회와 대비되는 산업사회에 대한 이해가 바탕이 되어야 함을 의미한다. 그리고 산업사회는 더 이전 사회인 전통사회와 대비되어서 그 성격이 규정되어진다.

전통사회와 산업사회 그리고 지식정보사회는 여러 가지 측면에서 비교 가능하다. 이를 표로 나타내면 〈표 1-1〉과 같다.

〈표 1-1〉 전통사회와 산업사회, 지식정보사회의 비교

구분	전통사회	산업사회	지식정보사회
산업	1차 산업	2차 산업	3차 산업
생산 수단	노동력, 토지	자본, 기술	지식, 정보
사회 조직	공동체	회사	클럽
활동 공간	마을	도시	사이버 공간
생활 단위	가족	조직	개인

산업의 측면에서 전통사회는 농업과 어업을 비롯한 1차 산업이 중심이라면 산업사회는 공업으로 대표되는 2차 산업이 그 중심이다. 그리고 지식정보사회에서는 정보산업과 지식 산업으로 대변되는 3차 산업이 중심을 이룬다. 이러한 산업의 기반이 되는 핵심적인 생산 수단도 세 사회는 서로 다르다. 전통사회에서는 인간의 노동력이나 토지가 가장 중요한 생산수단이라면 산업사회에서는 자본과 기술이 가장 중요한 생산수단이다. 그리고 지식정보사회에서는 정보와 지식이 가장 중요한 생산수단이다. 사회조직은 전통사회에서는 마을이나 친족과 같은 공동체가 가장 중요하지만 산업사회에서는 회사와 같은 이익사회가 가장 중요하다. 지식정보사회에서는 느슨하게 조직되고 개성이 잘 발현될 수 있는 클럽 같은 형태가 가장 핵심적인 사회조직이 된다. 중요한 활동 공간 역시 세 사회에서 서로 다르다. 전통사회의 인간 활동은 주로 마을을 중심으로 이루어지지만 산업사회에서는 도시를 중심으로 이루어지며 지식정보사회에서는 사이버 공간이라는 새로운 공간이 활동의 중심이 된다. 일상적인 사회생활의 단위는 전통사회에서는 가족이지만 산업사회에서는 조직이 되며 지식정보사회에서는 개인이 된다.

이러한 비교를 통해서 보면 지식정보사회는 이전의 전통사회나 산업사회와는 구분되는 사회라고 할 수 있다. 지식정보사회는 정보와 지식이 가장 중요한 생산 수단이 된다. 지식과 정보는 산업사회에서도 중요한 생산 수단이었다. 그러나 지식정보사회에서는 그 의미와 가치가 산업사회와는 다르다. 산업사회에서는 지식과 정보가 배타적으로 소유될수록 그 가치가 컸다. 다른 사람이 소유하지 못한 정보나 지식을 자신만 배타적으로 소유할 때 그 지식과 정보의 가치는 크다고 인정되었다. 특허나 저작권 등이 중요성을 가지는 것도 그 때문이다. 그러나 지식정보사회에서는 지식과 정보가 공유될수록 그 가치가 더 커진다. 어렵게 개발한 프로그램을 모든 사람이 큰 비용을 부담하지 않고 사용할 수 있도록 무료로 배포하거나 베타 버전을 활용할 수 있도록 하는 것이 그러한 예이다. 일상적으로 사용하는 컴퓨터나 이메일 그리고 핸드폰도 마찬가지다. 이런 물건이나 서비스도 여러 사람이 사용할 때 그 가치가 커진다. 소수의 사람만 이메일을

사용한다면 내가 이메일을 사용한다는 의미가 적어지며, 모든 사람이 사용할 때 내가 이메일을 사용한다는 의미나 가치가 더 커지는 것이 그 예라고 할 수 있다.

지식정보사회에서는 정보의 산업화와 산업의 정보화가 동시에 진행된다. 정보의 산업화는 정보를 산업의 대상으로 하고 있다는 의미이다. 즉, 산업사회에서는 재화를 생산하고 유통시킴으로써 이익을 추구하였으나 지식정보사회에서는 정보와 지식 그 자체가 상품이 된다. 과거에는 단순한 이야기에 지나지 않았던 전설이나 설화가 드라마로 제작되거나 애니메이션으로 작품화 되면서 산업의 대상이 되는 것이나 곳곳에 흩어져 있던 정보를 한 곳에 모음으로써 새로운 비즈니스가 되는 것이 그러한 예이다. 산업사회의 핵심이었던 제조업이 쇠퇴하고 지식정보사회에서는 지식 산업, 영상 산업, 정보 산업 등이 핵심적인 산업이 된다. 정보화가 빠르게 진전된 사회나 국가일수록 제조업은 그 비중이 줄어드는 대신 지식 산업과 영상 산업, 그리고 정보산업의 비중이 늘어나고 있다.

뿐만 아니라 전통적인 제조업도 그 성격이 지식산업으로 변화하고 있다. 이는 산업의 정보화로 개념화 될 수 있는 현상이다. 문구를 제조하던 회사는 산업사회에서는 품질이 우수한 제품을 생산하는 것이 경쟁력의 핵심이었다면 지식정보사회에서는 제품의 외적인 품질보다는 디자인이 더 중요한 경쟁 요소가 되고 있다. 그 결과 문구 제조회사의 인력 구성도 디자이너 중심으로 재편되며, 생산 공장은 외국에 두거나 외부 회사에 의존하는 경우가 많아지게 되었다. 전자 회사의 경우도 동일한 경향이 보인다. 전자 회사는 여전히 제품을 생산한다. 그러나 과거에는 제품의 견고성, 품질의 우수성 등이 경쟁 요소였으나 지식정보사회에서는 제품의 디자인이나 사용편이성 그리고 제품의 감성적 요인 등이 경쟁의 핵심 요소가 되고 있다. 과거에는 생산을 담당하는 부서가 인원도 가장 많고 중요하다고 인식되었으나 점차 디자인, 제품 기획, 연구소 등의 중요성이 커지고 있으며 인원도 더 많아지고 있다.

지식정보사회에서는 조직의 형태에도 변화가 나타난다. 산업사회에서는 하향식 의사소통이 중요하였고 효율적인 업무 수행이 필요하였기 때문에 위계적 조직이 발달하였다. 조직에 속한 사람은 정해진 행동 규범과 절차에 의해서 작업을 하도록 요구되었다. 그러나 지식정보사회에서는 위계적 조직보다 네트워크형 조직이 더 적응적이라고 평가된다. 조직 구성원들은 정해진 규범에 따라서 업무를 수행하는 것이 아니라 창의적인 방식으로 업무에 임하기를 요구받으며, 조직 구성원이 해야 하는 과업도 일상적이고 관리적인 것이 아니라 상황에 따라 가변적이며 유동적이다. 따라서 위계화 된 조직으로는 이러한 과업을 수행하기에 부적절하다고 평가되며 유연한 네트워크형 조직이 더 선호된다.

지식정보사회의 조직이 가지는 또 다른 특징은 슬림화된 조직이라는 점이다. 산업사회에서는 대규모 조직일수록 강력하고 효율적이라고 생각되었다. 따라서 조직의 규모를 키우는 것이 조직을 책임지고 있는 사람의 중요한 관심사였으며 큰 조직일수록 영향력이 더 크다고 인식되었다. 그러나 지식정보사회에서는 대규모 조직은 의사결정의 속도가 느리고 관리에 필요한 비용이 급증한다는 문제를 가지고 있어서 소규모 조직이 더 선호된다. 소규모 조직은 단지 규모만 작다는 것을 의미하지 않고 핵심적인 기능을 강력하게 추진할 수 있는 조직이라는 의미를 가지고 있다. 따라서 핵심적이지 않는 업무는 외부 조직에 넘겨주는 아웃소싱(Outsourcing)이 일반화되어 있다.

지식정보사회에서는 조직 구성원도 이질적으로 변화된다. 산업사회의 조직에서는 같은 부서에 근무하는 사람들은 유사한 전공을 가지고 있는 사람들로 구성되었다. 예를 들면 홍보 부서나 디자인 부서에 근무하는 사람들은 대부분 홍보 전공자나 디자인 전공자들로 구성되었다. 그러나 지식정보사회에서는 홍보 부서에도 심리학 전공자나 문화 전공자가 포함될 수 있다. 이는 지식정보사회에서는 창의적 업무 수행이 요구되기 때문이다. 동질적으로 구성된 조직보다는 이질적으로 구성된 조직이 더 창의적으로 업무를 수행할 수 있다고 생각되기 때문에 조직 구성은 이질적인 경향을 보인다.

지식정보사회 조직의 중요한 특징 중 하나는 조직 구성원들이 조직에 대한 충성심보다 일에 대한 충성심을 더 강하게 가진다는 점이다. 산업사회에서는 평생직장 개념이 강하여 한번 조직에 몸을 담게 되면 정년 때까지 그 조직에서 일을 하였다. 그리고 조직이 요구하는 일이라면 자신의 능력을 변화시켜 가면서 주어진 일을 수행하였다. 그러나 지식정보사회에서는 조직보다 일이 더 우선시 된다. 자신이 하는 일을 더 잘 수행할 수 있는 조직이 있다면 개인은 언제나 조직을 옮겨 다닐 준비가 되어 있으며 조직이 자신의 능력과 다른 역할을 요구하면 자신이 하고자 하는 역할에 따라 조직을 옮기게 된다.

결국 지식정보사회에서는 조직의 역할이나 영향력이 산업사회에 비해 줄어든다는 것으로 요약될 수 있다. 산업사회에서는 대부분의 일이 조직에 의해 수행되었다. 개인은 조직을 구성하는 부품으로 인식되었으며 개인의 창의성이나 개성은 존중되지 못하였다. 그러나 지식정보사회에서는 조직보다 개인의 중요성이 더 강조된다. 개인의 창의성과 능력에 의해 조직의 역량은 달라지기 때문에 개인의 역량에 대한 요구가 증가하게 되는 것이다. 따라서 스스로의 존재 가치를 확신하고 문제 해결 능력을 갖춤으로써 자기주도적인 삶을 살아가는 개인이 지식정보사회에서는 중요하고 따라서 개인들은 이런 역량을 갖추어야만 한다.

2 현대사회에서 요구되는 개인의 자질

지식정보사회는 개인의 자질과 능력에 의존하는 사회다. 조직은 개인이 역할을 잘 수행할 수 있도록 지원하는 역할만 하며 언제든지 그 형태나 규모가 변화하게 된다. 산업사회에 비해 조직이 유연해지고 슬림화된다는 것은 그만큼 조직의 중요성과 영향력이 줄어들고 있다는 것을 의미한다. 반면 개인의 중요성은 증가하게 된다. 개인의 아이디어 하나가 기업 전체의 이익을 결정하게 되며, 조직의 규정으로 해결할 수 없는 문제가 개인의 노력에 의해 해결되기도 한다. 따라서 지식정보사회에서는 개인의 자질에 대한 새로운 요구가 나타나게 된다.

지식정보사회에서 개인에게 요구되는 첫 번째 자질은 창의성이다. 지식정보사회의 핵심 산업인 지식산업과 정보산업 그리고 문화 산업에는 창의성이 가장 중요한 경쟁요소이다. 지식 산업과 정보 산업은 새로운 지식과 정보에 바탕을 둔 산업이다. 따라서 이 산업은 늘 새로운 것을 요구한다. 새로운 것은 창의성에서 나타나며 창의적인 사고를 하는 사람일수록 이런 산업에서 두각을 나타낼 수 있다. 문화 산업 역시 창의성이 핵심 요소다. 남과 다른 이야기 구조를 가지고 있을 때 문화 산업은 경쟁력을 가질 수 있다. 동일한 소재를 가지고 얼마나 창의적이고 새로운 이야기를 만들어 낼 수 있는가가 문화 산업의 핵심이다. 또한 지식정보사회에서 나타나는 문제들은 산업사회의 문제들과는 질적으로 다른 문제로서 통상적인 방식으로는 해결되기 어려운 구조를 가지고 있으며 따라서 창의적인 접근이 요구된다. 지식정보사회에서 직면하게 되는 문제들은 대부분 처음 경험하는 문제이며 따라서 과거의 경험으로부터는 해결방법을 배울 수 없는 경우가 많다. 디지털 저작권 문제, 익명성과 프라이버시의 문제, 정보격차와 정보 소외의 문제 등은 산업사회의 사회문제와는 질적으로 다른 문제이며 이에 대한 해결방법에는 완전히 새로운 접근이 요구된다.

창의성은 습관적인 것에서 벗어날 때 발현된다. 지금까지 진리라고 생각해왔던 것, 규칙이라고 생각해 왔던 것, 합리적이라고 생각해 왔던 것에서 과감하게 벗어날 때 창의성이 나타날 수 있다. 습관적인 것은 실수를 줄여주기는 하지만 새로운 것을 시도하거나 그것에 도전할 수는 없다. 가운데가 뻥 뚫린 건물, 수학과 경영학 등 이질적인 학문을 통합시킨 학과, 밖으로 드러난 속옷, 지붕이 없는 자동차 등은 상식을 파괴한 창의성의 결과물들이다.

또한 창의성은 익숙한 것이 아닌 낯선 것에 대한 관심을 통해서 얻을 수도 있다. 한 지역이나 영역에서 일상적으로 통용되는 것이 다른 지역이나 영역에서 구현될 때 창의적 결과를 만들 수 있다. 일본 사람들은 일상적으로 가벼운 공기에 밥을 담아 손에 들고 밥을 먹는다. 일본에서는 일상적인 방법이지만 한국에서는 이 방법이 매우 독특하고 이질적이다. 한국의 밥그릇은 금속으로 만들어진 무거운 것이다. 일본에서 사용되는 공기를 한국에서 제안하면 그것은 창의적인 것으로 인정될 수 있다. 이런 맥락에서 창의성은 자신의 일상적인 삶과 다른 방식에 대해 관심을 집중시킴으로써 개발할 수 있다.

창의성을 갖는 방법 중 하나는 특정한 일에 몰입하는 것이다. 과거의 경험으로부터 해결방법을 찾을 수 없는 새로운 문제에 봉착하였을 때 그 문제에 몰입하고 집중함으로써 창의적인 방법을 찾을 수 있다. 집중함으로써 창의적 해결 방안을 찾은 예는 아르키메데스의 원리를 발견하는 과정에서 찾아볼 수 있다. 아르키메데스가 살았던 시라쿠사의 히에론 왕은 세공인에게 순금을 주어 왕관을 만들게 했는데, 그 왕관에는 금 대신 은이 얼마간 섞여 있다는 고발이 있었다. 이 문제의 해결을 의뢰받은 아르키메데스는 과거의 어떤 경험이나 지식으로부터도 해결 방안을 찾을 수 없었다. 이 문제 해결을 위해 고민하고 집중하던 아르키메데스는 어느 날 더운물이 가득한 욕조에 들어갔다가, 욕조에 들어간 자기 몸과 같은 부피의 물이 넘쳐흐르고 몸무게도 가볍게 느껴지는 것을 발견하고는 "알았다, 알아냈어!(Eureka eureka!)"하고 외치며 기쁨에 겨워 알몸으로 거리를 달려갔다고 한다. 그는 왕관과 같은 무게의 순금과 순은 그리고 금과 은을 섞었다는 왕관을, 물을 채운 똑같은 용기에 각각 넣어 넘쳐 나온 물의 양으로 왕관이 순금이 아님을 밝혀낸 것이다. 이런 예에서 보듯 창의적 방법은 주어진 문제에 집중하고 몰입함으로써 찾을 수 있다.

지식정보사회에서 개인에게 요구되는 두 번째 자질은 자기조절 능력이다. 지식정보사회는 산업사회와 달리 조직이나 조직의 규정이 개인의 행동을 통제하지 못한다. 지식정보사회에서는 개인의 가치가 증대되고 개인의 판단에 의해서 모든 행동이 이루어지기 때문에 스스로 자기 행동과 태도를 조절할 수 있는 능력이 요구된다. 자기 행동에 대한 조절이 이루어지지 못할 경우 대인관계에서 심각한 문제에 봉착할 수 밖에 없다.

자기 조절 능력은 셀프리더십이라고도 한다. 셀프리더십은 자기 삶의 주인은 자기라는 생각에 바탕을 두고 있다. 외부의 규정이나 규칙에 자기의 행동이나 태도를 의존하는 것이 아니라 자기 스스로 자기 행동에 대한 기준과 원칙을 정하고 그것을 준수하는 행동을 하는 것이 셀프리더십의 핵심이다. 이것은 심리학의 두 이론으로부터 생겨났다(Mans & Neck, 2001). 하나는 인간 행동의 적용과 변화는 우리가 살고 있는 세상에 영향을 주고 또 반대로 그것으로부터 영향을 받는다는 사회 인지이론이다. 이 이론은 개인이 자신을 관리하고 통제할 수 있는 능력의 중요성을 강조한다. 또한 인간은 환경이나 다른 사람의 행동으로부터 영향을 받아 스스로 학습할 수 있는 능력이 있다는 점을 강조한다. 따라서 셀프리더십은 인간은 스스로 규칙을 정할 수 있으며 그것의 통제를 받을 수 있는 존재임을 의미한다. 셀프리더십에 영향을 미친 두 번째 이론은 내적 동기 부여 이론이다. 이 이론은 인간은 자신이 좋아하는 활동을 하거나 과업을 수행하면 '즐거움'이라는 내재적 보상을 받는다는 점을 강조한다. 외부에서 주어지는 보상이 아니라 내부적 보상을 통해 개인은 자기조절을 하게 된다는 점을 이 이론은 강조하고 있다.

결국 자기조절 능력을 가진 사람은 스스로 지킬 원칙을 만들 수 있고 또 그것을 준수함으로써 내재적 만족감을 느끼는 사람이다. 이런 사람은 조직이나 다른 사람이 만들어 둔 규칙보다 자신이 정한 행동 기준을 준수하며 외부적인 보상에 초연할 수 있다. 조직의 영향력이 약해지는 지식정보사회에서는 이런 자질이 중요하게 인식된다.

3 리더십의 필요성

리더십은 여러 가지 의미를 담고 있지만 지식정보사회에서는 영향력이란 의미로 사용된다. 산업사회에서는 리더십이 다른 사람을 지도하는 능력 또는 견인하는 능력이라고 인식되었다. 따라서 리더십은 조직이나 집단의 목표 달성을 위하여 구성원들을 독려하고 동기를 부여하며 그들을 이끌어가는 것이라고 생각되었다. 그러나 지식정보사회에서는 리더십이 영향력이란 의미로 사용된다. 지식정보사회에서는 조직의 역할이나 중요도가 약해지고 개인들의 중요도가 더 강해지기 때문이다. 다시 말하면 모든 개인은 각자의 판단과 가치관에 따라 행동하며 조직의 규정이나 규칙에 따라 판단과 가치관을 변화시키는 것이 아니라 타인과의 상호작용을 통해 영향력을 받음으로써 그것을 변화시킨다. 이런 측면에서 리더십의 핵심은 영향력이라고 할 수 있다.

영향력은 크게 두 가지 차원으로 구분할 수 있다. 하나는 다른 사람에게 미치는 영향력이며 다른 하나는 자기 자신에게 미치는 영향력이다. 다른 사람에게 영향력을 미치기 위해서는 우선 자기 자신에게 영향력을 미칠 수 있어야 한다. 자기 자신의 삶을 조절하기 위하여 스스로 원칙을 정하고 그것을 준수하려는 태도가 이것이며 이는 셀프리더십이라는 개념으로 정리될 수 있다. 셀프리더십을 통하여 우선 자기 스스로 영향력을 미칠 수 있어야 한다. 스스로 행동의 원칙을 정하는 것, 스스로 목표를 정하는 것, 스스로 동기 부여하는 것 등이 이에 해당한다.

영향력의 두 번째 차원은 타인에게 미치는 영향력이다. 이는 셀프리더십이 잘 갖추어져 있을 때 비로소 가능하게 된다. 의도적으로 타인에게 영향력을 미치려는 것보다 자신의 삶에서 셀프리더십을 잘 정립하고 있을 때 주변의 사람들은 자연스럽게 영향을 받게 된다. 이런 영향력이야 말로 지식정보사회의 대인관계에서 핵심적으로 중요한 자질이다.

지식정보사회에서는 대인관계가 개인적인 영향력에 따라 결정된다. 산업사회에서는 개인간 분쟁이나 갈등이 생길 경우 조직의 규정이나 규칙이 갈등이나 분쟁을 조절하였지만 지식정보사회에서는 그렇지 못한다. 지식정보사회에서는 개인의 대인관계 능력이 갈등이나 분쟁을 해결하는 핵심이다. 갈등의 원인이 무엇인지, 그리고 어떻게 해야 상호 이익을 추구할 수 있는지, 그리고 현재의 갈등이 더 큰 갈등으로 비화되지 않기 위해서는 어떻게 해야 하는지 등을 고려하여 갈등에 대처할 때 갈등 문제는 해결될 수 있다. 이런 능력이 부족하여 갈등 조절에 실패하면 사회생활에 지장을 초래하게 되고 결국 사회에 부적응적인 존재로 낙인찍히게 된다.

조직의 목표 달성을 위해서도 제도나 규칙이 영향을 미치기보다 개인들의 동기와 자발적 참여의식이 중요하게 작용한다. 모든 개인은 개인적인 비전과 목표를 가지고 있다. 개인적인 비전이나 목표를 조직의 목표에 부합시킬 수 있는 능력은 제도나 규범이 제공해주지 않는다. 개인은 각자의 가치관과 태도를 통하여 개인의 목표와 조직의 목표를 일치시키거나 조화를 이루어야 한다. 이렇게 할 때 조직으로부터 주어진 역할을 담당하는 것이 자기 발전에 유익이 된다고 생각하며 그 일에 헌신할 수 있다.

결국 현대적 의미에서 리더십이란 개인과 공동체가 바람직한 방향으로 성장, 발전하는데 필요한 자질 및 역할 수행과 관련된 태도와 행동(김광수 외, 2003)이라고 할 수 있으며, 그 핵심은 영향력이라고 할 수 있다. 이는 모든 인간은 사회적 존재이며 다른 사람과의 상호작용 속에서 살아간다는 것을 전제한다. 이 상호작용 과정에서 개인은 자신의 비전이나 목표를 설정하고 달성하고자 노력하며 공동체나 집단 역시 목표를 달성하고자 한다. 개인이나 공동체의 목표는 집단의 규범을 통해서도 달성 가능하지만 지식정보사회에서는 개인이 가지고 있는 가치관과 행동 규범 그리고 태도가 보다 중요하다. 즉, 지식정보사회에서는 무엇보다 셀프리더십이 요구된다고 할 수 있다. 자신의 잠재된 능력을 개발하고 그것을 육성하며 이를 바탕으로 집단이나 공동체의 목표 달성에 기여하는 리더십은 지식정보사회에서 모든 개인에게 요구된다.

읽기자료 평범한 사람이 핵심 인재가 되는 길

조직은 모든 구성원들을 우수한 인재들로 구성하기를 원한다. 최고의 드림팀을 구성했을 때 그만큼 성공 가능성이 높아지기 때문이다. 특히 지식 정보화 사회에 접어들면서 인재에 대한 조직의 요구상이 변모하고 있으며 다양한 방법으로 뛰어난 인재들을 확보하여 조직을 운영하려는 노력을 기울이고 있다. Good to Great의 저자 짐 콜린스는 “좋은 회사에서 위대한 회사로의 변환에서는 ‘뛰어난 사람’이 가장 중요한 자산이 아니다. ‘적합한 사람’이 가장 중요한 자산이다”라고 강조하였다. 이 의미는 인재의 절대적 기준은 없으며 조직의 니즈에 따라 인재인지 아닌지의 여부가 상대적으로 정해진다는 것을 의미한다. 따라서 오늘의 인재가 내일은 평범한 사람이 되기도 하고, 오늘의 평범한 사람이 내일 핵심 인재가 되기도 한다. 그렇다면 핵심인재가 갖추어야 할 자질은 무엇일까?

첫째, 핵심 인재가 되기 위해서는 건전한 윤리 의식과 강한 열정을 갖추고 있어야 한다. 부도덕하고 건전하지 못한 윤리 의식을 갖춘 사람이 운영하는 조직은 결국 망하게 된다. 따라서 조직이 사람을 평가할 때 기본적으로 윤리 의식을 보게 되며 어떤 조직의 경우에는 능력보다 윤리 의식을 더 중시하는 경우도 있다. 윤리 의식이라는 안정적이고 지속적인 조직 운영을 위해 구성원들이 갖추어야 할 기본이다. 또한 조직과 개인 삶의 어려움 속에서도 가치지향적이고 주도적으로 이끌어 나갈 수 있는 강한 열정도 지니고 있어야 한다.

둘째, 핵심 인재가 되기 위해서는 능력도 갖추고 있어야 한다. 조직은 경쟁자보다 한발 앞서 차별화된 가치로 시장을 선점하는 역량이 필요하며, 그러기 위해서는 창의성이 필수적이다. 창의성은 선천적인 능력이 아니며 누구나 노력하면 기를 수 있는 능력이다. 창의성을 기르기 위해서는 다양한 경험을 쌓을 필요가 있으며, 창조적 논쟁을 즐길 필요도 있다.

셋째, 핵심 인재가 되기 위해서는 자신만의 개성과 끼가 있어야 한다. 개성과 끼란 나만의 것으로 유머감각과 같이 주로 일상생활 속에서의 차별적인 경쟁 우위를 말한다. 개성과 끼가 있는 사람들은 주로 주위 사람들에게 활력을 불어 넣어 줌으로써 궁극적으로는 조직의 성과 향상에 기여한다.

넷째, 핵심 인재가 되기 위해서는 경쟁하고 있는 분야에 집착하기 보다는 자신의 강점을 살려 조직에 필요한 일이 무엇인지 스스로 찾고 그 분야를 새롭게 개척해 나가야 한다. 조직 안에서 소모적인 내부 경쟁을 통해 조직에 소음과 마찰을 일으키기보다는 새로운 영역(Blue Ocean)의 개척을 통해 조직에 새로운 성장 통로와 활력을 주어야 한다.

마지막으로 핵심 인재가 되기 위해서는 인적 네트워크를 형성할 수 있어야 한다. 21세기는 지식과 정보와 양이 폭발적으로 늘어나고 있으며, 한 사람 한 사람 모두가 지적 자산의 원천이 된다. 즉, 한 사람이 모든 분야의 수많은 지식과 정보를 소화해 내기가 현실적으로 어렵게 되었다. 따라서 언제 어떠한 일이 주어지더라도 훌륭하게 그 일을 완수해 내는 인재가 되기 위해서는 자신이 맡고 있지 않은 분야에서의 전문가를 잘 활용할 수 있어야 한다.

허진(2005). 평범한 사람이 1등 인재가 되는 길.

활동 01

자기 소개

활동 목적

함께 수강하는 학생들에게 자기를 소개함으로써 관계 형성의 기초를 만든다.

활동 방법

6-7명으로 조를 구성한다.

조원이 순서대로 돌아가면서 기재한 내용을 중심으로 자기 소개를 한다.

자기 소개서

신상 이름 소속(학과) 살아온 지역
취미 또는 특기
이 강좌를 통해 얻고 싶은 것

활동 02

빙고 게임

활동 목적

함께 수강하는 학생들과 일대일로 대면하는 기회를 만든다.

활동 방법

강의를 함께 듣는 학우들과 만나 자기소개를 하고 아래 표에 이름을 받는다.
표에 이름을 모두 채우면, 이름을 한명씩 부르고 그 사람의 이름에 동그라미 표시를 한다.
가로, 세로, 대각선 줄 중에서 하나라도 동그라미 줄이 완성되면 '빙고'를 외친다.

제2장
대학생과 리더십

학습목표

- 정체성의 의미를 이해하여 자신의 정체성을 설명할 수 있다.
- 한국 대학생이 처한 사회적 상황을 이해한다.
- 대학생에게 요구되는 리더십의 속성이 무엇인지 이해하여 설명할 수 있다.

1 대학생의 발달 특성

일반적으로 인간의 신체적, 생리적 발달 과정은 태내기, 유아기, 아동기, 청소년기, 청년기, 장년기, 노년기로 구분해볼 수 있다. 이러한 구분은 인간의 발달 과정이 연속적인 현상이 아니라 패러다임적인 현상임을 보여준다. 즉, 일생은 매일 매일이 누적되어져서 축적되는 것이 아니라 단계적인 전환으로 구성되며 동일한 단계에서는 큰 변화 없이 지속된다는 것을 의미한다.

인간의 발달 과정이 몇 개의 단계로 구성된다고 할 때 각 단계에는 그에 부합한 역할이 기대된다. 유아기에 속한 사람에게 기대되는 역할이 있고, 아동기에 해당되는 사람에게 기대되는 역할이 있다. 그리고 그 역할은 명확하게 구분된다. 이런 측면에서 청년기에 해당하는 사람에게도 기대되는 역할이 있으며 그 역할을 잘 수행할 경우 바람직한 인간으로, 그렇지 못할 경우에는 바람직하지 못한 사람으로 인정된다.

보편적으로 청년기는 고등학교를 졸업한 시점부터 결혼하기 전까지를 지칭한다. 이 시기가 되면 대부분의 인간은 신체적 성장이 완성되어 신체적으로는 완전한 성인의 모습을 갖추게 된다. 그러나 심리적으로는 완전한 성인의 모습을 보이지 못하며 과도기적 상태에 있게 된다. 즉, 이 시기는 청소년기와 장년기의 사이에 해당하며 청소년기를 벗어나 장년기에 진입할 준비를 하는 시기이다. 청년기는 부모에게 많은 것을 의지하는 청소년기도 아니고 경제적, 심리적으로 부모로부터 완전히 독립하게 되는 장년기도 아닌 상태로서 심리적 긴장과 혼란을 경험하는 시기이다.

이런 불안정성은 청년기가 여전히 교육 기간에 해당한다는 측면에 연유하고 있다. 농경사회에서는 20세가 되면 공식적인 모든 교육이 완료되어 독립적인 인격체가 되었다. 그러나 산업사회와 지식정보사회에 들어오면서 개인의 교육 기간이 급속하게 길어지게 되어 대부분의 청년들은 대학 교육을 받게 되었다. 만20세가 되어서 시작되는 대학 교육은 경제적으로 청년기에 있는 사람들이 부모로부터 독립하지 못하는 중요한 원인이 된다.

또한 현재의 한국 대학생들은 1990년대에 출생한 사람들이다. 이 시기는 우리사회에서 정치적으로 민주화가 어느 정도 완성된 시기였으며 경제적으로 성장기에 해당하였다. 또한 이 시기는 소자녀주의가 정착되는 시기였다. 정치적 민주화와 경제적 성장으로 개인들은 집단의 가치보다 개인의 가치와 자유를 더 존중하게 되고 따라서 개인적인 삶을 위하여 적은 수의 자녀를 출산하게 되었다. 이 소자녀주의 시대에 출생한 사람들은 부모의 전폭적인 배려와 관심을 받게 되었다. 소수의 자녀이기 때문에 교육도 많이 시켜야 한다고 생각하게 되었으며, 자녀들이 결혼 후에 안정적인 생활을 할 수 있도록 부모의 지원이 있어야 한다는 생각이 형성되었다. 이러한 시대적 특징으로 현재의 대학생들은 심리적, 경제적으로 부모로부터 독립하지 못하고 의존하는 상태에 있게 되었다.

또한 이 시기는 신체적 발달과 인지 발달 그리고 사회성이 발달하는 시기로서 자아정체성이 확립되는 시기이기도 하다. 대학생은 신체적으로는 성인이지만 심리적으로는 과도기적 상태에 있기 때문에 이 모순에 의해 혼란에 빠지기도 한다. 즉, 대학생은 사회로부터 성인의 지위와 과도기적 지위에 따른 역할을 동시에 요구받는다. 부모로부터 경제적 독립을 하여야 한다는 의식이 있지만 실제로는 독립을 하지 못하며, 성인으로서 자율성을 요구받는 동시에 교육을 받는 학생으로서의 역할을 기대받는다. 이 과정에서 대학생은 자아 정체성에 대한 의문을 가지게 된다.

한국의 대학생들은 자아 정체성 확립을 쉽게 하지 못하는 경향이 있다. 그 이유는 청소년기에 이 문제를 심각하게 고민할 여지가 없었기 때문이다. 청소년기의 학생들은 진학에 몰입하여 공부 이외의 문제에는 관심을 가지는 것이 허용되지 않는다. 그 결과 자신의 가치관이나 진로 문제에 대해 심각한 고민을 하지 못한 상태에서 대학생으로 넘어오게 된다. 그러나 대학생이 되면 그는 사회로부터 자아 정체성을 확립되어 있기를 요구받는다. 결국 사회적 요구와 현실 사이에서 대학생들은 혼란과 갈등을 경험하게 된다.

자아 정체성은 나는 누구이며 나를 둘러싼 세계는 어떠하며 실재하는 것은 무엇인가와 관련하여 자신을 규정하는 행위이다. 다시 말하면 정체성은 자신과 타인들 그리고 자연과의 복잡한 관계에 일정한 질서를 부여함으로써 자신과 자신을 둘러싼 관계를 이해할 수 있게 해주고 이에 따라 자신이 어떻게 행동하고 생각해야 하는지를 방향 지워주는 틀이다. 따라서 정체성은 자신을 집단과 사회 그리고 세계에 편입시키는 과정이다(이정덕, 1999). 정체성은 타인이나 집단 그리고 세계와 상호작용하는 과정을 통하여 형성된다. 자신이 누구인지를 잘 인식할 때 타인이나 집단과의 관계에서 일관된 행동을 할 수 있으며 심리적으로도 안정될 수 있다.

대학생 시절에 자아 정체성 확립이 중요해지는 것은 다음과 같은 이유 때문이다. 첫째, 이 시기의 신체적, 생리적 변화가 정체성에 대한 관심을 고조시킨다. 청년기에 나타나는 신체적 성장과 생리적 변화는 강한 자의식을 발현시킨다. 청년기에는 이전 시기까지 인간의 심리를 지배하던 생물학적 욕구를 극복하고 사회적 욕구가 지배하게 된다. 이 과정에서 인간은 자신의 정체성 문제를 고려하게 된다.

둘째, 이 시기에 발달되는 인지적 능력이 정체성 확립을 촉진한다. 청년기가 되면 논리적 사고가 발달하며 추상적인 개념에 대한 이해가 가능해진다. 즉, 청년기에는 자신의 인생을 과거와 현재 그리고 미래의 관점에서 조망할 수 있으며, 자신의 삶을 비판적으로 성찰하고 미래에 대한 계획과 대비를 할 수 있게 된다. 이 과정에서 인간은 자신을 돌아보게 되며 자신의 가치관과 세계관을 정립하게 된다.

셋째, 대학생은 청소년도 아니고 완전한 성인도 아닌 과도기라는 점이 정체성에 대한 관심을 고조시킨다. 과도기이기 때문에 대학생은 한편으로는 성인으로서 행동하기를 요구받고 다른 한편으로는 여전히 부모의 보호와 지원이 필요한 존재로 인식된다. 이 주변적인 위치 때문에 대학생은 자신의 존재를 돌아보게 되며 부모로부터 독립해야겠다는 의식이 생겨나게 된다. 부모에게 의존적일 때는 자신의 주관보다는 부모의 지시나 지도에 따라 행동하면 되지만 독립적일 때는 스스로 판단하고 가치를 부여하면서 행동해야 한다. 이러한 입장이 대학생들에게 정체성에 대한 고민을 하게 만든다.

넷째, 이 시기는 인생의 진로를 결정해야 하는 시기라는 점이 정체성 문제를 야기하게 한다. 대학생 시절은 직업, 진로 등을 결정하는 시기이며 이 결정은 일생 동안 영향을 미치게 된다. 청소년기에는 막연하게 미래와 진로를 생각하지만 대학생이 되면 구체적으로 자신의 진로에 대해 고민하게 된다. 그러나 이러한 고민을 하기에 자신의 경험과 지식은 매우 부족한 것이 현실이다. 따라서 대학생 시기에는 자신의 미래와 진로를 결정하기 위하여 자신의 역량을 점검하게 되고 자신의 가치관을 정립하게 된다. 자신이 즐기면서 할 수 있는 일을 선택하는 것이 중요하기 때문에 자신이 무엇을 즐기고 있는지를 파악하는 것 등이 그런 예이다.

대학생은 신체적인 성장은 완료되지만 심리적, 경제적으로는 완전한 성인에 이르지 못한 시기이다. 이 때문에 대학생은 과도기이며 따라서 자아 정체성의 문제를 심각하게 고민하는 시기라고 요약될 수 있다.

2 한국 대학생의 사회적 특성

청년기의 발달 특성은 보편적인 현상이지만 사회적 특성은 지역이나 국가 그리고 문화에 따라 다르게 나타난다. 즉, 한국 대학생들은 다른 사회의 청년들에 비해 고유한 특성을 가지고 있다.

우선 한국의 청년은 대부분 대학생이라는 점이다. 현재 한국의 대학 진학률은 80%를 넘어서서 거의 대부분의 고등학교 졸업생이 대학 진학을 하고 있다. 이는 청년기와 대학생 시기가 거의 일치하는 것으로 볼 수 있다. 청년기를 대학생으로서 시작한다는 것은 한국의 청년을 이해하는 중요한 변수가 된다. 대학생은 고유한 문화와 특성을 가진다. 우선 대학생은 직업을 가지지 않으며 인생의 준비기를 보내고 있다. 그렇기 때문에 경제적으로 부모에게 의존하는 경향이 매우 높다. 대학생이 되었지만 정서적, 경제적으로 부모에게 의존적이라는 것은 그만큼 한국의 청년들이 독립적인 존재로 성장하지 못하고 있다는 것을 의미한다.

한편, 과거에는 대학이 학문을 연마하는 시기였지만 근래 들어서면서 대학은 취업 준비기로서의 성격이 강해졌다. 이는 대학 재학 기간 동안 교양이나 학문 본질에 관심을 가지기보다 취업이라는 실제적인 문제에 더 많은 관심을 가지게 된다는 것을 의미한다. 따라서 현재의 한국 대학생들은 사회적인 문제에 대한 관심보다 개인적인 문제에 더 많은 관심을 가지는 경향이 있다. 1980년대와 1990년대의 학생 운동과 같은 사회 참여 의식은 급격히 퇴조하고 개인적인 성공에 더 많은 관심을 가지는 것이 일반적인 현상이다. 이런 현상은 대학생들이 다른 사람과 협동하거나 함께 발전하는 방법을 배우지 못하고 있다는 것으로 이어진다. 중학교, 고등학교 시절부터 몸에 익은 경쟁의식은 대학생이 되어서도 유지되어 함께 성장한다는 생각보다 내가 다른 사람보다 우월해야 한다는 의식이 더 강하게 자리하고 있다.

한국 대학생의 사회적 특성 중 하나는 진로 선정에서 위기를 경험하고 있다는 점이다. 대학생 수가 급증하면서 취업이 점차 어려워지고 있다. 신자유주의 경제 체계로 정규직의 비율은 줄어들고 비정규직 비율이 급격하게 증가하고 있다. 그리고 취업을 하더라도 자신이 전공한 분야 또는 관심 있는 분야의 일을 하지 못하는 경향도 강하다. 자신의 이상을 실현할 수 있는 진로를 선택하기보다 현실적으로 안정적인 경제생활이 가능한 진로, 또는 직업의 안정성이 높은 진로를 선택하는 경향이 강하다. 이는 결국 자신의 이상과 현실 사이에서 괴리를 경험하게 되는 요인이 된다.

이는 대학의 전공 선택에서부터 나타나고 있다. 취업과 무관하다고 생각되는 자연과학이나 인문학과 같은 순수 학문을 선택하는 학생들은 날로 줄어들고 취업과 직접 관련이 있다고 생각되는 의학, 법학, 경제학, 공학 등과 같은 응용 학문에 대한 선호가 날로 높아지고 있다. 이처럼 자신의 적성이나 관심과는 무관하게 취업에 유리한가 여부가 전공 선택의 일차적인 기준이 되고 있는 것이다. 적성 또는 관심과 무관하게 전공을 선택한 경우 자신의 적성과 선택한 전공 사이의 괴리로 갈등을 경험하기도 한다.

이러한 진로 선정의 위기는 인생의 비전과 목표를 세우는 일을 함으로써 극복 가능하다. 인생에서 가장 중요하게 생각하는 가치가 무엇인지 먼저 생각하고 그런 가치를 실현할 수 있는 진로를 결정함으로써 자신의 비전을 실현할 수 있도록 진로를 결정할 수 있다. 당장의 필요 때문에 원하지 않는 일을 하거나 적성과 무관한 진로를 선택하게 되면 자신이 중요하게 생각하는 가치와 일상적인 삶이 괴리되기 때문에 갈등을 경험하기 마련이다.

한국 대학생의 사회적 특성 중 다른 하나는 급격한 사회 변동을 경험하고 있다는 점이다. 1960년대 이후 한국 사회는 다른 나라에서 그 유래를 찾아보기 힘들 정도로 급속한 사회변동을 경험하고 있으며 그 변화 속도는 점차 빨라지고 있다. 1960년대와 1970년대의 산업화, 1980년대의 민주화, 1990년대의 세계화 그리고 2000년대의 정보화에 이르기까지 한국 사회는 다양한 사회 변동을 경험하고 있다.

1990년대 출생하여 2000년대를 경험한 현재의 대학생들은 세계화와 정보화라는 두 가지 커다란 흐름의 사회변동을 경험하고 있다. 세계화는 우선 정보와 지식 분야에서 나타나고 있다. 세계의 소식이 실시간으로 전달되고 있으며 정보의 유통 범위도 세계화되고 있다. 대학생들이 즐기는 음악이나 음식 그리고 패션도 세계화되고 있으며 해외여행도 일상화되고 있다. 이런 흐름 속에서 대학생들은 문화적 정체성의 위기를 경험하고 있다. 과거에는 한국적인 것이 판단과 행동의 기준이었으나 이제는 이런 기준이 설 자리를 잃어가고 있으며 세계 어느 지역의 것이든 언제든지 수용할 수 있고 또 그것이 일상화되고 있다. 그 결과로 대학생들은 기성세대와 가치관의 단절을 보이고 있다. 기성세대는 대학생 세대를 이해하지 못하고 대학생은 기성세대를 이해하지 못하는 현상이 나타나고 있는 것이다. 이런 측면에서 대학생은 세대간 소통에도 관심을 기울여야 한다. 대학생은 항상 대학생일 수 없으며 대학을 졸업하면 기성세대와 공존하여야 하기 때문에 상호이해의 기반을 만드는 것이 필요하다.

2000년대부터 본격화된 정보화는 정보 매체와 인터넷의 일상화로 야기 되었다. 대학생들은 PC, 디지털 카메라, MP3, 캠코더, PMP, 이동전화 등 정보 매체와 함께 성장하였으며 이런 매체를 사용함으로써 다른 사람과 소통하고 있다. 또한 전자메일과 인터넷 그리고 SNS도 대학생에게는 필수적인 생활이 되었다. 정보 매체와 단절된 삶은 생각할 수 없을 정도로 대학생은 정보화의 중심 세대가 된 것이다.

이러한 정보 매체들은 시간과 공간의 한계를 초월하여 언제 어디서나 상대방과 정보를 교환할 수 있다는 특징을 가지고 있다. 특히 정보 매체에 이동성이 가미됨으로써 이런 특징은 더욱 강해지고 있다. 노트북 PC, 스마트폰 등을 이용하면 시간과 공간의 장애를 거의 받지 않고 정보를 검색하거나 정보를 교환할 수 있다. 정보 매체의 두 번째 특징은 정보를 소비하는 행위와 생산하는 행위가 동시에 일어날 수 있다는 점이다. 대중매체는 소수의 정보 생산자와 다수의 정보 소비자로 사람을 구분하였지만 정보 매체는 정보 생산자와 소비자의 구분을 어렵게 하고 있다. 인터넷만 하더라도 댓글이라는 형식으로 누구나 정보 생산자가 될 수 있으며 개인 홈페이지, 블로그, SNS 등을 통해 정보 생산을 하는 행위가 일상화 되고 있다. 정보 매체의 세 번째 특징은 익명성이다. 정보 매체를 이용하는 사람이 누구인지 모르게 되는 현상이 점차 보편화되고 있다. 알지 못하는 사람으로부터 오는 전자메일이나 문자 메시지, 그리고 인터넷 게시물은 점차 많아지고 있다. 이런 익명성 때문에 전자 매체를 이용하는 사람들의 행동은 과격해질 수 있다.

이런 전자 매체를 일상적으로 이용하는 사람들은 다음과 같은 사회적 특성을 가진다. 첫째, 문화적 다양성에 대해 매우 수용적이라는 점이다. 정보 매체를 이용하면 다양한 정보를 얻을 수 있기 때문에 새로운 정보에 대해서 매우 수용적이다. 새로운 것을 발견하는 것 자체가 일종의 성취라는 인식 때문에 새로운 것을 쉽게 수용하고 자기 것으로 한다. 인터넷에서 유통되는 유행어가 급속하게 전파되는 것이나 새로운 사진이나 동영상과 같은 콘텐츠가 블로그나 개인 홈페이지를 통해 급속하게 유통되는 것은 이러한 높은 수용성의 결과이다.

둘째, 자기주장이 강하고 감정에 충실하다는 특징을 갖는다. 정보 매체가 주는 익명성과 비대면성 때문에 정보 매체 이용자들은 자기주장을 강하게 하며 이는 기존의 권위를 무시하는 결과를 초래하기도 한다. 전문가가 쓴 글에 대하여 거침없이 댓글을 다는 것이나 블로그를 통하여 자신의 주장을 과감하게 펴는 것 등은 이런 현상의 예이다. 이런 현상은 극단적인 자기주장으로 이어지기도 한다. 자신의 행위나 발언에 대해 다른 사람이 받을 영향에 대한 고려 없이 자기주장을 펴거나 표현하는 것은 상대방에게 심각한 피해를 주기도 한다.

셋째, 사이버 공동체를 통해 집단의식을 형성한다는 점이다. 사이버 공동체는 관심을 공유하는 사람들이 사이버스페이스에서 만나 공동체를 형성하며 집단의식을 갖는 것이다. 사이버 공동체는 시간과 공간의 한계를 극복하면서 자신이 가지고 있는 관심사에 대한 정보를 교류하며 공감할 수 있게 한다. 그러나 사이버 공동체는 자신이 속한 공동체에만 관심을 집중시키고 다른 공동체에는 전혀 관심을 기울이지 않는 측면도 있다. 또한 자살, 혼전 동거 등과 같은 잘못된 관심의 경우 집단적인 행동으로 사회 문제를 야기하기도 한다.

한국 대학생은 고유한 사회적 특성을 가지고 있다. 이들은 전공 선택에서 현실적인 측면을 고려한다는 점, 진로 선택에서 위기가 있다는 점, 그리고 급격한 사회 변동을 경험하고 있다는 점에서 매우 특징적이다. 이런 특성은 이들이 출생하면서 자란 환경과 매우 밀접한 연관을 가지고 있다. 따라서 대학생에게 요구되는 리더십은 이런 특성에 기초를 두어야 한다. 대학생의 특성을 이해하여야 그들에게 요구되는 리더십은 어떤 것인지가 정해질 수 있기 때문이다.

3 대학생 리더십의 중요성

대학생은 발달 특성과 사회적 특성으로 보아 매우 독특한 존재이다. 이들은 청소년도 아니며 성인도 아니다. 신체적으로는 청소년기를 벗어났지만 심리적, 경제적으로는 성인에 이르지 못한 상태이다. 그러나 동시에 대학생은 성인으로서 역할을 요구받기도 하며 또 졸업 후에는 사회인으로서 살아갈 준비를 해야 한다. 이러한 독특한 위치 때문에 대학생에게는 리더십이 절실하게 요구된다.

대학생에게 리더십이 중요한 이유는 크게 세 가지다. 첫째는 대학생 시절에는 독립된 자아를 형성하여야 한다는 점이다. 발달 특성으로 보면 대학생은 어린이 상태를 벗어나 자아 정체성에 대한 관심이 고조되는 시기이다. 그리고 부모로부터 심리적, 경제적으로 독립하고자 하는 의지가 강하게 나타난다. 부모로부터 독립되어 독립된 자아를 형성하기 위해서는 자신만의 가치관과 세계관을 수립하는 것이 필요하다. 부모나 교수로부터 주입되는 가치관이 아니라 자신이 스스로 형성한 가치관이 필요하며 이를 위하여 사회 현상에 대한 깊이 있는 관심과 성찰이 필요하다. 또한 자신의 관점에서 사회 현상이나 문화 현상을 바라보는 안목이 필요하다. 집단적인 분위기에 휩쓸려 다른 사람의 주장에 따라가거나 동조하는 것이 아니라 자기 스스로 특정한 사안에 대해 판단하고 평가하는 능력이 있어야 한다. 이런 능력이 있어야 비로소 독립된 자아를 가질 수 있다.

독립된 자아를 형성하기 위해서 갖추어야 할 중요한 요건의 하나는 자기 관리 능력이다. 다른 사람이 부여한 규칙이나 규정에 따라서 살아가는 것이 아니라 스스로 규칙을 정하고 그것을 준수함으로써 자기 행동을 통제할 수 있어야 한다. 자기 관리에는 지식의 관리, 건강의 관리, 감정의 관리, 시간의 관리, 대인관계의 관리 등 다양한 측면이 포함될 수 있다. 다른 사람이 시켜서 하는 공부가 아니라 스스로 필요성을 느껴서 자발적으로 하는 학습이 요구되며 자기의 건강을 관리하기 위하여 건강에 해가 되는 과도한 음주나 흡연, 과로 등을 스스로 통제할 수 있어야 한다. 또한 시간을 효율적으로 관리함으로써 주어진 과제나 역할을 잘 수행할 수 있어야 하며, 대인관계에서도 감정을 조절함으로써 좋은 대인관계를 유지할 수 있어야 한다. 이런 일을 스스로 잘 할 수 있을 때 독립된 자아를 가질 수 있다.

대학생에게 리더십이 요구되는 두 번째 이유는 이 시기가 진로를 결정하는 시기이기 때문이다. 진로를 결정하기 위하여 자신의 적성이 무엇인지, 그리고 의미 있게 생각하는 가치는 무엇인지를 판단하여야 하며 이 과정에서 리더십이 요구된다. 또한 직업을 선택하는 과정에서도 단지 경제적 보상이나 업무의 편이성만 고려할 것이 아니라 사회와 인류를 위해 어떤 기여를 할 수 있는지를 판단하여야 한다. 진로를 단지 개인적인 차원에서만 고려하지 않고 사회와 인류를 위해 결정하기 위해서는 리더십이 있어야 한다. 또한 자신의 진로를 결정하기 위하여 다양한 경험을 하는 것도 필요하다. 자신의 전공과 관련하여 봉사활동을 하거나 현장 체험을 하는 것은 전공이 자신의 적성에 부합한지 그렇지 않은지를 판단할 수 있는 계기를 제공한다. 또한 취미 활동을 적극적으로 하는 것도 진로 결정에 도움을 준다. 취미 활동을 통해 얻은 즐거움이 사회를 위한 기여가 있다고 판단될 때 그것을 자신의 진로로 결정할 수도 있기 때문이다. 이러한 활동은 자기주도적인 의사결정을 통해서 가능하다. 다른 사람의 지시에 의해 봉사활동을 하거나 취미 생활을 적극적으로 하기는 매우 어렵다. 자기주도적인 의사결정은 리더십이 있을 때 가능한 행동이며 따라서 진로 결정에는 리더십이 중요하다.

대학생에게 리더십이 요구되는 세 번째 이유는 이 시기가 사회인으로서 준비를 하는 시기이기 때문이다. 대학을 졸업하게 되면 대학생은 사회인으로서 살아가게 된다. 이 경우 대인관계와 조직 적응력이 중요하게 된다. 사람은 누구나 다른 사람과 관계를 맺으면서 살아가고 있다. 이 관계가 협동일 수도 있고 경쟁일 수도 있지만 어느 경우에나 대인관계는 매우 중요하다. 대인관계를 잘 하기 위해서는 상대방에 대한 배려와 함께 자기 역할을 잘 수행하는 것이 필요하다. 즉, 상호 발전적인 대인관계를 위해서는 리더십이 필요하다. 대인관계를 잘 하기 위해서는 상대방의 말을 잘 듣는 경청과 자신의 감정을 잘 전달하는 의사소통 능력이 중요하다. 이런 모든 과정은 리더십을 통해 이루어지기 때문에 대학생에게 리더십은 매우 중요하다.

사회생활을 잘 하기 위한 요소로는 대인관계 뿐 아니라 조직 적응력이 있다. 회사나 학교 그리고 동호회와 같은 조직은 조직 자체의 목적이 있다. 조직은 조직의 목적을 달성하기 위하여 구성원들에게 특정한 역할을 요구한다. 회사가 이익을 달성하기 위하여 조직 구성원들에게 영업이나 기획 또는 연구 개발과 같은 임무를 부여하는 것이 그 예이다. 한편 개인은 자신의 비전이 있다. 조직의 목표와 개인의 비전이 일치하게 되면 개인은 조직에서 부여받은 역할을 갈등 없이 잘 수행할 수 있다. 그러나 조직의 목표와 개인의 비전이 일치하지 못하면 역할 수행에서 긴장과 갈등이 수반되게 된다. 따라서 조직의 목표와 개인의 비전이 조화를 이루도록 하는 것이 필요하다. 즉, 조직의 목표 달성에 긍정적인 기여를 할 수 있도록 자신의 비전을 조정하고 관리하는 능력이 요구된다. 이 과정에서도 셀프리더십은 매우 중요하게 작용한다.

대학생은 이전까지 대학 입시라는 중압감에 빠져 다른 사람과의 관계나 협동, 그리고 조직의 목표 등에 대한 생각을 하지 못하였다. 그러나 대학생이 되면 자기 자신의 비전이나 존재 목적을 생각하게 되고 진로를 탐색하게 되며 대인관계가 확장된다. 그리고 이전까지 자신의 학업 성취에만 생각이 한정되었지만 이제는 사회나 인류에 대한 관심도 증가하게 된다. 이 과정에서 리더십은 수동적인 태도를 벗어나 적극적인 태도를 가지게 하며, 자신의 단점을 보기보다 장점을 발견함으로써 무한한 가능성을 탐색하게 한다. 또한 리더십은 의사소통 능력을 증진시킴으로써 대인관계를 원만하게 하며 조직의 목표 달성에도 적극적으로 기여할 수 있게 한다.

리더십은 타고난 것이 아니다. 리더십은 후천적인 노력에 의해 계발되는 것이다. 리더십은 저절로 형성되는 것이 아니며 적극적인 계발활동을 통해서 신장되는 것이다. 이런 측면에서 대학생은 적극적으로 리더십을 계발하려는 의지를 가지는 것이 필요하다. 적극적인 의지가 있을 때 리더십 계발 활동을 하게 되고 계발 활동이 있을 때 비로소 좋은 리더십을 가질 수 있기 때문이다.

활동 01

나의 리더십 측정하기

다음의 질문에 대해 자신이 어느 정도 동의하는지 v로 표시하시오.

번호	내용	아주 그렇지 않다	그렇지 않다	보통이다	그렇다	아주 그렇다
1	나는 내가 속한 단체에서 필요한 것을 잘 결정할 수 있다.					
2	나는 나 자신에 대해서 전반적으로 긍정적으로 생각한다.					
3	나는 다른 사람에게 나의 감정을 잘 표현하는 편이다.					
4	나는 어떤 일을 함에 있어서 목표 설정을 잘 하는 편이다.					
5	나는 다른 사람을 대할 때 항상 진실한 마음을 가진다.					
6	나는 문제 해결을 위해 많은 정보를 효과적으로 사용할 줄 안다.					
7	나는 어떤 일을 행할 때 각 구성원에게 책임을 맡기는 편이다.					
8	나는 우선 순위를 정하여 일을 처리한다.					
9	나는 다른 사람에게 대단히 호의적인 편이다.					
10	나는 어떤 지식이든지 배울 자세가 되어 있다.					
11	나는 어떤 일을 행할 때 다른 사람의 요구를 잘 고려한다.					
12	나는 어떠한 일에도 책임있는 태도를 가지고 있다.					
13	나는 다른 사람을 대함에 있어 친근한 성품의 소유자다.					
14	나는 내가 속한 집단 성원들이 제기한 요구사항을 잘 수용한다.					
15	나는 타인의 말을 주의 깊게 듣는 편이다.					
16	나는 여러 가지 대안들 중 적절한 것을 잘 선택하는 편이다.					
17	나는 나 이외의 다른 사람들도 중요하다고 생각한다.					
18	나의 의견이 잘 받아들여지도록 집단의 분위기를 잘 조성한다.					
19	나는 어떤 일을 행함에 있어 여러 가지 대안들을 고려한다.					
20	나는 항상 다른 사람들을 존중하는 태도를 가지고 있다.					
21	나는 여러 가지 문제를 해결할 수 있는 능력을 가지고 있다.					
22	나는 내가 한 실수를 잘 수습하는 편이다.					
23	나는 매사에 재치있게 일을 처리하는 편이다.					
24	나는 일 처리 과정에서 융통성을 발휘할 수 있다.					
25	나는 다른 사람들과 잘 화합하는 편이다.					
26	나는 나의 주장이나 생각을 타인에게 명확하게 설명할 수 있다.					
27	나는 감정에 치우치지 않고 합리적으로 사고하는 편이다.					
28	나는 어떠한 변화도 수용할 자세가 되어 있다.					
29	나는 다른 사람에 대한 나의 매너가 좋다고 생각한다.					
30	나는 다른 사람을 신뢰하는 편이다.					

채점 방법

아주 그렇지 않다 : 1점

그렇지 않다 : 2점

보통이다 : 3점

그렇다 : 4점

아주 그렇다 : 5점

리더십의 영역별 진단

영역	문항	점 수
의사소통 기술	3, 15	( ) / 10
의사결정 기술	1, 4, 8, 16, 19	( ) / 25
인간관계 기술	5, 9, 17, 20, 23, 25, 29	( ) / 35
학습능력 기술	6, 10, 21, 27	( ) / 20
집단관리 기술	7, 28, 30	( ) / 15
자기이해 기술	2, 12, 13, 22, 24, 26	( ) / 30
집단활동 기술	11, 14, 18	( ) / 15

평가 방법

90이하 : 리더십 개발이 매우 필요하다.

90-110 : 리더십 개발이 필요하다.

110-130 : 리더십이 좋다.

130점 이상 : 리더십이 매우 좋다.

소감 나누기

활동 02

리더십 특성 찾기

내 주변에서 리더십이 뛰어나다고 생각되는 남성, 여성을 선택하여 그들의 특성에 대해 생각하며 작성해 봅시다.

구분	리더십이 높은 사람
남성	대상(구체적) : 선택한 이유 : 대상의 특성(구체적 언어나 행동) :
여성	대상(구체적) : 선택한 이유 : 대상의 특성(구체적 언어나 행동) :
● 나와 공통된 리더십 특성은? ● 내가 계발하고 싶은 리더십 특성은?	

※ “리더십이 높은 사람의 공통된 특성 5”를 조별로 토의한 후 정리한다.

특성 1.

특성 2.

특성 3.

특성 4.

특성 5.

※ 다른 팀(조)에서 발표한 특성에는 어떤 것이 있는지 정리한다.

제3장
리더십 이론

학습목표

- 리더십의 개념을 이해한 후 설명할 수 있다.
- 리더십 이론의 장점과 단점을 비교하여 제시할 수 있다.
- 전통적 리더십 이론과 현대 리더십 이론의 차이점을 3가지 이상 제시할 수 있다.

1 리더십의 개념

인류의 역사 속에서 어느 조직이나 집단에도 리더는 항상 존재했다. 그리고 우리는 리더라는 단어를 듣게 되면 조직의 장을 연상하고 나폴레옹, 이순신, 세종대왕, 공자, 예수, 간디 등의 여러 역사 속의 인물들을 떠올리게 된다. 그리고 그 인물들이 가지고 있는 자질과 역할 등을 우리는 리더십이라고 부르고 있다. 리더십은 리더가 갖는 성향, 행동, 상황 등과 관련되는 제반 특성들을 묶어 부르는 일반적인 개념이다. 하지만 리더십이라는 단어를 조금 더 자세히 들여다보면, 아주 다양한 의미가 함축되어 있음을 알 수 있다. 리더십에 어떤 의미들이 함축되어 있는지는 리더십에 대한 개념 정의를 통해서 살펴볼 수 있으며, 학자들의 개념 정의는 〈표 3-1〉과 같다.

〈표 3-1〉 리더십의 정의

저자	설 명
Cattell	리더십은 집단활동의 변화를 가장 효율적으로 창출하는 것이다.
Cowley	리더십은 다른 사람들이 자기를 따르게 하는 요소이다.
Hemphill & Coons	리더십은 집단의 활동을 공유된 하나의 목표로 집중시키려는 개인의 행동이다.
Homano	리더십은 집단이 가장 소중하게 여기는 규범을 적절하게 실현하는 것이다.
House & Bouditch	리더십은 조직의 목적, 개인의 목적 등을 달성하게 위해 다른 사람들의 행동을 변화시키거나 그에 영향을 미치는 노력이다.
Koontz & O'Donnell	리더십은 공동의 목적을 성취함에 있어서 리더를 추종하도록 사람들에게 영향을 미치는 활동이다.
Kotter	리더십이란 바람직한 목표를 성취시키기 위하여 다른 사람들을 동기부여하고 지휘하며 영향력을 행사하는 능력이다.
Shetty	리더십의 관리적 기능은 개인적 욕구를 충족시키면서 조직의 목적을 성취시키도록 조직성원의 동기를 유발하는 데 도움이 되는 환경을 조성하는 과정이다.
Tannenbaum, Weshler & Massarik	리더십은 주어진 상황에서 구체적 목표의 달성을 통해 행사되는 대인적 영향력으로서 커뮤니케이션 과정을 통하여 행사된다.
Peters & Austin	리더십은 비전이요 우렁찬 응원가요 열정이다.
Terry	리더십원 집단의 목적을 위해 자발적으로 노력하도록 사람들에게 영향을 미치는 활동이다.

이러한 리더십에 관한 정의를 종합하여, 이강옥과 그의 동료(2001)는 리더십을 '어떤 상황에서 목표 달성을 위해 어떤 개인이 다른 개인이나 집단의 행위에 영향력을 행사하는 과정'이라고 설명하였다. 하지만 리더십에 대한 개념을 이렇게 표면적으로 정의할 수 있다고 하더라도 그 속에 잠재되어 있는 의미를 파악해야 제대로 리더십의 개념을 이해할 수 있을 것이다. 그렇다면 과연 리더십의 단어 속에 포함되어 있는 의미가 무엇인지를 살펴보자.

첫째, 리더십 속에는 목표 설정이라는 요소가 들어가 있다. 목표란 조직이 달성하고자 하는 바람직한 미래의 상태를 의미한다. 따라서 목표는 미래의 궁극적인 상태일 뿐 현실로서 그 상태가 존재하는 것은 물론 아니다. 그러나 목표는 미래의 그러한 상태에 도달하도록 구성원의 현재 행동과 반응에 영향을 주는 사회적인 힘을 갖는다.

둘째, 리더십 속에는 개인과 조직의 재편이라는 요소가 들어가 있다. 리더십은 설정된 목표에 비추어 현재의 상황은 어떠한지를 파악하고 그 목표를 성취하기 위한 자신의 강점과 약점은 무엇이며, 목표 달성의 추진력을 불어 넣으려면 어디에 역점을 두어야 하는지, 어떻게 하면 약한 기능을 강화시킬 수 있는지 등에 관한 문제를 해결하기 위해 개인과 조직의 구조와 기능을 재편성할 수 있는 능력을 포함한다. 이는 새로운 아이디어를 시도해 보고자 하는 열의와 사람과 조직을 조화시키려는 혁신적인 정신과 조직 관리능력을 말하는 것이다.

셋째, 리더십 속에는 명쾌한 의사전달에 의한 동기 부여와 활력 고취라는 요소가 들어가 있다. 리더십은 바람직한 목표 달성을 위한 개인 및 집단을 움직이는 기술이다. 따라서 개인에게나 집단에게 목표와 과업을 설명하고 설득시킬 수 있는 의사전달의 능력이 필수적이다. 의사전달의 과정을 통하여 목표 달성을 위한 동기를 부여하여야 하고 활력을 불어넣어주어야 한다.

넷째, 리더십 속에는 목표 구현을 위한 수단의 동원이라는 요소가 들어가 있다. 목표 구현을 위한 수단에는 인적, 물적, 그리고 상징적인 것 등이 포함되어 있는데 이러한 자원을 최대한 동원하여 적절히 배분하면서, 각 자원의 효과가 극대화될 수 있도록 해 주어야 한다. 처음에는 여러 가지 자원 중에서 한 두 가지로부터 시작하였다 하더라도 진행과정에서 눈 위에 굴리는 공처럼 다른 자원들을 덧붙일 수 있어야 한다.

다섯째, 리더십 속에는 과업에 대한 의미 부여라는 요소가 들어가 있다. 인간은 모든 일에 의미를 부여하고 추구하는 존재이다. 따라서 자기가 하는 일에 의미를 발견할 때 비로소 사명감을 가지고 자신의 역할에 최선을 다 할 수 있다. 이런 맥락에서 현재 하고 있는 일 에 의미를 부여하는 계속적인 과정이 바로 리더십인 것이다. 철학자 프랭클은 살아있는 자체가 중요한 것이 아니라 삶에 대한 어떤 의미를 부여하느냐가 인생의 성공과 행복의 척도가 된다고 설명하였다.

결국 리더십이란 목표를 설정하고, 설정된 목표에 달성하는 방향으로 개인과 조직을 재편성하여, 명쾌한 의사전달에 의한 동기를 부여하면서, 개인과 집단을 변화시키고, 목표 구현을 위한 수단 동원하고 과업에 대한 진정한 의미를 찾는 과정이라고 할 수 있다.

리더십 ⇨

- 목표 설정
- 개인과 조직의 재편성
- 명쾌한 의사전달을 위한 동기와 활력 부여
- 목표 구현을 위한 수단 동원
- 과업의 의미 발견

⇨ 목표 달성

리더십은 오늘날 경영 자체와 동일시 할 만큼 조직행동에 있어 매우 중요한 위치를 차지하고 있다. 우리는 흔히 한 조직의 성패를 효과적인 리더십의 발휘 여부와 관련지어 생각하기도 한다. 더욱이 경영의 제반 활동이 인간 중심으로 전개되고 있고, 이러한 인간을 통하여 목표를 달성하는 과정으로 이해되는 현대적 경영의 관점에서 리더십의 중요성은 크게 부각되고 있다. 왜냐하면 목표의 달성이 조직구성원의 활동을 통하여 성취된다는 사실은 조직의 리더로 하여금 구성원의 노력을 통합하고 조정하도록 하는 리더십의 필요성을 더욱 절실히 느끼도록 하고 있기 때문이다. 따라서 조직의 리더들은 조직의 목표 달성을 위하여 구성원들의 사기를 앙양하고, 구성원의 잠재적 능력을 활성화시키도록 유도하기 위하여 리더십 기술을 필수적으로 배워야 한다.

리더십은 매우 다양한 상황에서 상이하게 이해되고 있기 때문에 그만큼 그것에 대한 근거 없는 믿음과 신뢰도 다양하게 존재한다. 어떤 곳에서 리더십은 지도자의 능력이기도 하고, 어떤 시간에서 리더십은 독재의 또 다른 표현이기도 하며, 어떤 상황에서 리더십은 생명이기도 하다. 리더십이라는 용어가 이렇듯 다양하게 표현되다보니 그에 따른 잘못된 신념도 많다. 그러나 잘못된 신념은 결국 잘못된 판단의 근거가 되기 때문에 우리가 알고 있는 잘못된 신념은 수정되어야 한다. 우리가 알고 있는 리더십의 잘못된 신념은 어떤 것들이 있는지를 살펴보면 다음과 같다.

첫째, 리더십은 타고나는 것이라는 생각이다. 이 생각은 리더가 될 사람은 특정한 조건을 가지고 태어난 사람이라는 생각이다. 지능, 인종, 신분 등은 종종 리더십의 결정적인 조건으로 인식되기도 한다. 즉, 리더십은 특수한 사회경제적 조건과 문화 속에 존재하므로 그런 배경을 지니고 태어난 사람들이 그에 해당하는 교육과 전수의 과정을 통해 리더십을 가지게 된다고 생각한다. 그러나 리더십은 선천적인 것이 아니라 후천적인 것이다. 누구나 지속적인 자기 개발과 훈련을 통해서 리더십을 개발할 수 있다. 인간 자체가 원래 그러했다고 주장하는 '타고난 리더십'은 없다.

둘째, 나이가 들수록 리더십은 세련되어진다는 생각이다. 대개의 리더십은 경험으로 부터 큰 영향을 받기 때문에 경험은 리더십의 매우 중요한 항목이 된다. 똑똑하지만 리더십을 발휘하지 못하는 젊은 사람들이 노숙한 경험자의 조언을 구하는 이유도 여기서 찾을 수 있다. 하지만 모든 경우가 그런 것은 아니다. 안타깝게도 나이가 들어도 세련되기는커녕 더욱 유치하고 치졸해지기도 한다. 나이가 들어감에 따라 경험은 쌓여가겠지만, 고뇌하지 않고 대화하지 않고 변화하지 않아 경우도 많으며 이런 경우 리더십은 결코 숙련되었다고 할 수 없다.

셋째, 내 상사는 정말 리더십이 없다는 생각이다. 절대 다수의 직장인이 자신의 상사는 리더십이 없다고 생각한다. 직장인만 그런 것은 아니고 학교에서 교수나 선배에 대해, 혹은 가정에서는 특히 아버지에 대해 그런 생각을 가질 수 있다. 그러나 리더십이라는 것이 늘 모두에게 이해되는 방식으로 구현되지 않음을 기억해야 한다. 현재 자신이 영향을 받고 있는 리더십이 자신이 원하는 방식이 아닐 수 있다.

넷째, 리더십은 사업과 회사를 위해서만 필요한 것이라는 생각이다. 리더십은 매우 일상적인 단어다. 정확히 말하자면 '사회를 구성하고 있는 인간'을 위해 필요한 것이다. 그 사회의 구성 요소 중 하나가 '회사'일 뿐이다. 리더십은 회사와 가정, 지역 사회, 봉사 단체에서 모두 필요한 것임에도 불구하고 회사나 기업 및 조직에서만 필요로 하는 것이라고 잘못 생각하고 있다.

다섯째, 리더십에 대한 가장 큰 오해는 '리더십이란 명령이다'라고 생각하는 것이다. 명령은 리더의 권한이지만 명령이 곧 리더십인 것은 아니다. 리더십은 종종 명령의 문제와 결부되지만 두 개념은 서로 다르다. 명령은 일방적인 전달에 불과하지만, 리더십은 자발적인 동의에 기초해 영향력을 끼치는 것이다. 즉, 리더십은 조직을 위해 좋은 결정을 내리고 이를 구성원들이 받아들일 수 있도록 결정을 내리는 과정에 여러 가지 지식이나 기술, 정보력, 지혜, 목표의식, 장기적 안목을 갖추어야 하며, 이 결정을 구성원들에게 전달하기 위하여 솔선수법, 공감 능력, 대인관계 능력 등이 포함되어야 한다.

2 전통적 리더십 이론

리더십에 관한 연구는 학자들에 따라 여러 가지 다양한 접근방법으로 수행되어 왔다. 즉 리더십의 연구는 리더십 과정의 어느 측면을 강조하느냐에 따라 전통적으로 세 가지 이론으로 분류 할 수 있다. 주로 1940년대와 1950년대에 리더를 중심으로 성공적인 리더의 개인적 특성 및 자질에 연구의 초점을 맞춘 특성론적 접근법과 1950년대와 1960년대에 리더와 부하간의 관계를 중심으로 리더십 효과성을 설명하고자 하는 행동적 접근법, 그리고 1970년대 이후 특성론적 접근법이나 행동적 접근법과는 다르게 효과적인 리더의 행동이나 특성은 상황에 따라 다르다는 것은 강조하는 상황적 접근법이 그 것이다.

1) 특성이론

리더십 연구에 있어서 가장 오랜 역사를 지니고 있는 이론이 특성이론이다. 이 이론은 1930년대에서부터 1950년대까지 리더십을 설명하는 가장 전형적인 방식이었다. 특성이론은 개인적 자질과 특성이 리더십에 영향을 준다는 것을 전제하고 그 특성을 연구하였다. 특성이론에서 리더는 태어나는 것이지 만들어지는 것이 아니라고 주장하며 리더의 자질을 갖고 태어난 사람들은 어떤 시대나 어떤 상황에서도 사람들을 위대하게 이끄는 특별한 능력을 가지고 있다고 생각되었다. 스톡딜(Stogdill)은 성공한 리더들이 가지고 있는 공통 특성을 연구하여 개념화하면서 다음과 같은 리더의 특성을 설명하였다.

리더의 첫 번째 특성은 신체적 특성으로 리더의 연령, 신장, 체중, 외모, 관상, 건강상태 등이다. 신체적 특성은 리더십을 발휘할 수 있는 역량과 밀접한 관계를 갖고 있을 뿐 아니라 집단구성원에게 주는 인상에도 중요한 작용을 한다고 전제되고 있다.

리더의 두 번째 특성은 지능으로서 성공적인 리더는 일반적으로 판단력과 결단력, 지식수준, 표현능력 등이 높다고 인식되고 있으며 지능 또한 일반적으로 부하들에 비하여 높다는 것이 여러 연구결과에서 나오고 있다. 그러나 리더와 부하간의 지능의 차이가 너무 많으면 상호간의 사고방식과 지각 그리고 의사소통 등 많은 문제가 발생할 수 있기 때문에 지능 외의 리더의 다른 특성들을 고려하지 않으면 안 된다.

리더의 세 번째 특성은 성격으로, 성공적인 리더는 자신감, 창의성, 민첩성, 독립성 등이 강하며 이러한 성격적 특성은 조직체의 상위계층으로 올라갈수록 더욱 중요해진다는 것이 연구결과에 나타내고 있다. 최근에는 개인의 정서적 민감도가 리더십에 중요하다는 의견과 함께 감성지수에 대한 관심도 증대되고 있다.

리더의 네 번째 특성은 사회적 배경으로, 교육정도, 사회적 지위, 가정배경 등이 좋을수록 리더십이 높다는 생각이다. 즉, 어느 정도 이상의 사회경제적 조건과 지위를 지닌 배경에서 태어나고 성장하여야 리더가 될 수 있다고 설명한다.

리더의 다섯 번째 특성은 사회적 특성으로 협조심과 사교능력 및 사회적 참여도 등이다. 이런 사회적 특성을 가진 자가 리더가 될 수 있다. 특히 사회적 특성 중에서 대인관계를 적극적으로 형성하는 능력이 중요하게 고려되고 있다.

〈표 3-2〉 특성이론에서 설명하는 리더의 특성

연구영역	세부사항
신체적 특성	연령, 신장, 체중, 외모, 관상, 건강상태 등
지능	판단력, 결단력, 지식수준, 표현능력 등
성격	독립성, 자신감, 지배욕구, 공격성 등
사회적 특성	협조심, 사교능력, 사회적 참여 등
과업관련특성	과업에 대한 성취욕구, 책임감 등

이렇게 리더가 되기 위한 전제조건으로 여러 가지 특성을 제시하고 이런 특성을 가진 자만 리더가 될 수 있다고 주장하는 특성이론은 몇 가지의 한계점을 지니고 있다.

우선, 연구자의 관점에 따라 리더십의 특성이 다르게 제시하고 있다는 점이다. 어떤 연구자는 신체적 특성을, 그리고 또 다른 연구자는 지능이나 성격 등을 리더십 특성으로 제시함으로써 리더십의 특성을 공통적으로 제시하지 못하고 있다. 이는 모든 것이 리더십의 특성이며 동시에 어느 것도 리더십의 특성이 아니라는 것을 의미한다.

둘째, 리더십의 특성을 인정한다 하더라도 신체적, 지적, 성격적 그리고 사회적 특성 등의 다양한 요소 중에서 특성간의 우선순위를 정할 수 없다는 점이다. 신체적 특성이 보다 중요한지, 지적 특성이 보다 중요한지, 아니면 성격적이며 사회적 특성이 중요한지 무엇을 먼저 들어서 설명할 수가 없다.

셋째, 일반적으로 리더십은 상황에 따라 다르게 요구된다고 볼 수 있다. 그런데 특성이론은 리더십이 발휘될 수 있는 상황적 요소를 무시하고 지나치게 리더의 개인적 특성에 초점을 맞춤으로써 상황과 무관하게 리더십 특성을 가진 자는 어떤 상황에서나 리더십을 발휘할 수 있다고 주장한다. 이는 경험적으로 인정되기 어려운 주장이다.

이런 특성이론이 가지고 있는 한계점을 보완하여 리더가 어떤 사람이냐 라는 것보다 리더가 무엇을 하고 있느냐를 부각시킨 행동이론과 특정한 상황에서 요구되는 리더십이 다르다는 점에 착안하여 상황과 리더십을 연결시켜 설명하는 상황이론의 연구가 진행되기 시작한다.

2) 행동이론

1950년대부터 리더로서 가지고 있어야 할 보편적인 특성이 교육과 훈련을 통하여 양성될 수 있다는 행동이론이 제기되었다. 특성이론이 선천적인 특질을 중심으로 리더십을 설명하였고 그에 대한 비판이 제기되면서, 행동이나 스타일은 후천적인 것이므로 리더십에 대한 교육과 개발이 가능함이 강조되었다.

행동 이론은 리더십을 발휘하는 리더의 실제 행위에 관심을 가지면서 리더가 어떻게 행동하는가를 분석하기 시작하였다. 즉 리더십이 발휘되고 있는 현장 분석을 통하여 리더의 행위를 관찰하고 기록하면서 리더의 행위에 일정한 패턴이 존재한다는 사실을 확인하고 이를 리더십 스타일이라고 불렀다. 리더는 특정한 스타일을 이용하여 조직의 목표 달성과 높은 생산성 그리고 조직 구성원의 사기를 유지한다. 때문에 리더로서의 자질을 타고난다는 유전적인 요인을 중시하는 것이 아니라 리더로서의 특정한 스타일을 습득했느냐가 중요한 것이다. 누구나 적절한 훈련을 통하여 리더가 될 수 있다는 관점 하에서 행동이론은 리더나 관리자들이 실제로 직무 수행에서 어떠한 행동을 하는지 그리고 이러한 행동과 관리적 유효성 사이에는 어떠한 관련성이 있는가를 파악하는 데 초점을 두고 있다.

리더십의 행동이론 연구로서 대표적인 것은 오하이오대학의 리더십 연구이다. 오하이오대학의 햄필(Hemphill)은 52개조의 폭격기 탑승원을 조사대상으로 하여 그들의 사령관이 가지고 있는 리더십 행동을 300여 명의 탑승원들에게 기술하게 하였다. 그 결과 1,800가지의 서로 다른 리더십 행동의 예가 수집되었고, 그 중에서 중요한 리더십 기능을 잘 나타내는 것으로 판단되는 예들만 간추려 150개의 진술들을 정리하였다. 150개의 진술문을 분석한 결과 크게 리더의 행위를 두 개의 차원으로 나누어 설명하였다. 그 하나가 구조주도(initiating structure) 차원이며, 나머지 하나가 고려(배려, consideration) 차원이다.

구조주도 차원이란 리더가 집단의 목표 달성을 위해 자신의 역할과 부하 직원의 역할을 규정하고 구조화하는 행위에 초점을 둔 것으로 직무, 직무 관계, 목표를 조직화하는 행동 등을 의미한다. 고려 차원이란 상호 신뢰, 부하의 아이디어 존중, 부하의 감정에 대한 배려 등의 특징을 가지고 있는 직무 수행상의 사회적 행위를 의미한다. 즉, 리더가 부하들의 복지와 안녕, 지위, 공헌 등에 관심을 가져주는 행동을 말한다. 구조주도와 고려의 두 가지 차원을 높고 낮음으로 조합하면 4가지 형태의 리더십 유형이 존재하게 된다. 그 중에서 높은 구조주도와 높은 고려를 동시에 가지는 형태를 가장 이상적인 리더십 스타일이라고 설명하였다.

오하이오 대학의 연구 결과는 리더의 행위, 즉 리더십 스타일에 초점을 두어 연구를 진행함으로써 교육과 훈련을 통한 리더십 개발을 강조하였고, 수많은 리더십 훈련 프로그램을 등장시킨 계기가 되었다. 구조주도와 고려 차원이 모두 높은 리더십 스타일은 그렇지 못한 리더보다 부하의 높은 업적과 관련이 있다고 설명하였다. 그러나 그 이후의 후속 연구들에서는 모든 상황에서 동일한 결과를 보여주지 않았다. 이는 리더십 스타일이 리더십을 발휘해야 하는 상황적인 요인과 이론적으로 통합될 필요가 있음을 보여준다.

3) 상황이론

리더십을 설명하는 행동이론은 어떤 유일한 이상적인 리더십 스타일을 발견하려는 연구였지만, 그 유효성의 측면에서는 적절하지 못하였다. 즉 어떤 상황에서나 효과적인 유일한 리더십 스타일은 존재할 수 없다고 비판되면서, 리더십의 유효성은 리더십을 발휘해야 하는 상황과 연결시켜야 설명할 수 있다는 관점이 등장하게 된 것이다.

상황이론은 리더는 상황에 의해 만들어진다는 주장이다. 위대한 지도자가 나타나는 시대, 장소, 환경 등 개개의 상황에 의해 적합한 리더십의 자질이 결정되기 때문에, 개별적인 상황이 개인의 능력을 향상시키고 리더로서 상응한 품성을 형성하는 것이라고 설명하는 하우스(House)의 경로-목표이론이 대표적인 상황이론이다. 경로-목표이론은 리더가 특정한 상황적 제약 속에서 어떻게 구성원이 목표를 성취하는데 도움을 줄 수 있으며, 구성원에게 동기 부여하고 성과를 얻을 수 있는지에 대하여 설명하였다. 즉, 효과적인 리더십은 구성원으로 하여금 목표를 인지하게 하고 목표를 스스로 개발하게 하며 목표 달성 경로를 찾는데 영향을 주는 것이다. 경로-목표이론은 리더십 행위 이론에 속하기 때문에 리더십 스타일은 리더가 상황에 맞추어 변경할 수 있다고 본다.

경로-목표이론에서는 리더십 스타일을 지시적, 지원적, 참여적, 그리고 성취지향적 리더십으로 분류하고, 각각 리더십의 힘이 발휘되기에 적합한 상황을 제시하고 있다. 지시적 리더십은 조직 구성원을 통제 감독하면서 행위의 규정을 마련하고 준수하도록 하면서 직무를 명확히 해주는 것이다. 이러한 지시적 리더십은 직무의 구조화가 이루어지지 않은 경우, 구성원들이 리더가 지시해 줄 것을 기다리는 경우, 구성원이 작업에 필요한 기술이나 정보사항 등을 리더에게 의존하는 경우에 효과적이다.

지원적 리더십은 리더가 구성원의 복지와 안녕에 대하여 절실한 관심을 보이고 우호적인 분위기 조성과 작업수행의 만족을 위해 노력하는 행위로, 기업이 극히 구조화되어 있는 경우나 직무의 성격상 집단간의 상호작용이 필요한 경우, 스트레스를 주고 불만족스러운 과업을 수행하는 경우에 효과적이다.

참여적 리더십은 리더가 의사 결정을 하는데 구성원들과 상의하고 그들의 아이디어를 진지하게 고려해 주는 행위로, 과업이 적당히 흥미 있으면서 구조화되어 있는 경우, 강한 독립심과 성취 욕구를 지닌 구성원들이 경우, 구성원이 과업달성을 위해서 필요한 지식과 정보를 갖추고 있는 경우에 효과적이다.

성취지향적 리더십은 리더가 구성원들에게 도전적인 목표를 설정해주고 그들이 그러한 목표를 달성할 것이라는 자신감을 심어줌으로써 구성원들이 최고의 성과를 달성할 수 있도록 하는 행위로, 대부분 참여적 리더십의 상황과 유사하며 복잡한 과업을 수행하는 성취지향적인 구성원들이 있을 경우 더욱 효과적이다.

이처럼 경로-목표이론은 구성원들의 특성과 환경적 요인이 결부되어 리더십이 발휘된다고 보고 있다. 따라서 리더의 행동은 상황에 따라 수정되면서 구성원의 특성 및 과업의 환경적 요소들과의 상호작용을 통하여 적절하게 조정되어야 한다. 또한 리더가 구성원에게 목표에 대한 기대감과 유의성에 영향을 주면서 그들의 동기수준과 노력 그리고 성과와 만족감을 높일 수 있어야 한다. 하지만 경로-목표 이론은 너무 복잡하여 이론을 검증하는 과정이 어렵다는 결점을 지니고 있다.

3 현대의 리더십 이론

현대의 리더십 이론은 리더십을 발휘하는 영역이 조직이나 집단에서 개인으로 변화된 것과 연관을 갖는다. 산업사회까지는 사회생활의 가장 중요한 단위가 집단과 조직이었다. 개인은 조직에 속해 있는 존재로 인식되었으며 리더십도 조직의 책임자가 가져야 할 자질로 인정되었다. 그러나 지식정보사회가 되면서 조직의 힘만큼 조직 속의 개체의 힘도 중요하다는 인식이 일어나기 시작했다. 조직의 성과가 조직 자체가 가지는 원리나 규정에 의해 달성되는 것이 아니라 개인의 열정과 헌신을 통해서 가능해진다고 인식되기 시작한 것이다.

이렇듯 사회를 구성하고 있는 단위가 변화하기 시작하면서 리더십을 설명하는 이론도 변화되었다. 과거 리더십 이론이 주로 조직을 끌고 가는 관점에서 설명되어졌다면, 현대 리더십 이론은 조직보다는 개인으로 옮겨져 자신의 삶과 목적을 위해 리더십이 설명되어져야 하는 것이다. 즉, 리더십 이론의 초점이 조직에서 개인으로 옮겨진 것이다. 개인에 초점을 맞춘 현대의 리더십 이론은 셀프리더십과 수퍼 리더십, 변혁적 리더십 그리고 컬러리더십으로 정리될 수 있다.

1) 셀프리더십과 수퍼리더십

리더십의 새로운 패러다임으로 최근 들어 등장한 개념인 셀프리더십과 수퍼리더십은 10여 년에 걸친 각종 컨설팅, 조사, 집필을 통해 지식근로자 관리라는 문제에 대한 해답으로서 개발된 개념이다.

셀프리더십이란 스스로 자기 자신에게 영향을 미치기 위해 사용되는 사고 및 행동전략을 통틀어 일컫는 개념이다. 즉 스스로 자신을 이끌기 위해 취하는 행동으로서 자신의 삶에 대해 스스로 책임을 지는 행동이라고도 말할 수 있다. 자율과 책임이 주어질 때 사람들은 스스로 책임지고 행동한다. 우리는 우리 스스로가 설정한 목표와 비전, 그리고 내적 보상과 같은 자기 동기부여를 통해 일에 심취하기도 하고, 자신의 앞길을 개척해 나가기도 한다. 이처럼 세상을 살아가면서 스스로의 생각과 행동을 변화시켜서 자신의 목적을 달성해 나가야 한다. 그러기 위해서는 자신이 자신의 삶의 주인이 되는 것, 자신의 정체성을 찾고 스스로 생각하고 행동하도록 해야 한다. 그렇게 할 때 행동의 결과에 상관없이 다른 사람들로부터 호감을 얻을 수 있으며, 능력을 인정받게 되고, 자신의 행동을 통해 스스로 즐거움도 누리게 되는 것이다.

셀프리더십은 세상과 자신 사이의 상호작용 속에서 어떤 상황이든 가장 영향력을 발휘는 것은 바로 나 자신이라는 점을 전제한다. 또한 행복한 인생을 이루기 위해 무슨 일을 어디에서 어떻게 하는가는 자기 자신에게 달려 있으며, 진정으로 원하는 행복을 얻기 위해서는 자신을 스스로 리드할 수 있어야 할 것이며, 자신을 진실로 리드할 수 있는 것은 자기 자신뿐이라는 인식에 바탕을 두고 있다.

리더십은 궁극적으로 타인에게 영향을 미치는 과정이며 그 핵심은 동기부여와 행동변화라고 할 수 있다. 타인에게 동기를 부여하고 행동을 변화하게 함으로써 리더는 조직 목표를 보다 효과적으로 달성할 수 있다. 그러나 궁극적으로 모든 리더십은 셀프리더십으로부터 시작된다. 즉, 타인에게 영향력을 미치기 전에 자신이 먼저 스스로 동기부여를 하고 행동 변화를 하여야 한다. 동양에서는 이미 오래전부터 "수신제가치국평천하(修身齊家治國平天下)"라는 말이 있었다. 이는 결국 남을 다스리기 전에 먼저 자기를 다스리라는 의미이며, 따라서 셀프리더십의 당위성을 말하는 것이라고 하겠다.

셀프리더십의 요소는 자기이해, 자기통제능력, 자기주도능력, 자신감 네 가지로 나누어 볼 수 있다. 자기이해의 핵심은 자기의 특징을 파악하는 것이다. 자신의 장점과 단점, 성격적 특징, 가치관, 그리고 행동 특성을 파악하고 이해하는 것이다. 자신의 특징 중에서 자기가 계속해서 발전시킬 것은 무엇이며 개선시키거나 변화시켜야 할 것은 무엇인지를 파악하고 변화를 위한 노력을 기울이는 것이 중요하다.

자기통제능력은 자신의 생각이나 감정 그리고 행동을 제어할 수 있는 능력을 말한다. 앞에서 언급한 '수신'이란 말도 자기통제능력과 관련된다. 자기통제의 핵심은 생각, 정서, 행동의 통제이다. 사람들은 반드시 자기가 원하는 생각, 감정, 행동을 하거나 표출하는 것은 아니다. 원치 않는 부정적 생각이나 부정적 정서, 그리고 잘못되거나 비생산적인 행동으로 인하여 자기 자신 뿐만 아니라 주변에 문제를 일으키거나 생산적인 삶을 살지 못하는 경우가 많다. 따라서 자신이 원하는 방향으로 자기를 통제하거나 조절할 수 있는 능력은 셀프리더십의 핵심 요소이다.

자기주도란 스스로 주인의식과 책임의식을 가지고 행동하는 것을 말한다. 사람들은 자신을 둘러싸고 있는 환경 '때문에' 원하는 것을 할 수 없다고 말하는 경향이 있다. 그러한 태도는 불리한 여건에 끌려가는 태도이며 결국은 스스로 주인 되지 못하고 자신을 둘러싸고 있는 여건이 주인이 되게 하며 그 여건에 스스로를 맞추어가는 하인 노릇을 하게 한다. 하지만 '~에도 불구하고' 하고자 하는 일을 할 수 있다는 마음과 태도를 갖는다면 스스로 주인이 될 수 있다. 이처럼 여건에 끌려가는 대신에 그 여건을 뛰어넘을 수 있는 태도와 능력이 중요하다.

자신감은 자신의 능력에 대한 믿음으로서 과거의 성취 경험에서 나온다. 작아도 성취 경험이 있는 사람은 그 경험으로 인해서 '할 수 있다'는 태도를 가지게 된다. 하지만 사람들은 큰 성취는 만족하고 기억하지만 작은 성취는 대수롭지 않게 생각하는 경향이 있다. 그 결과 자신의 내면에 잠재되어 있는 능력을 인식하지 못하는 경향이 있다. 중요한 것은 작은 성취 경험에 대해서도 스스로 축하할 수 있으며 자신의 내면에 있는 잠재 능력을 일깨울 수 있어야 한다. 이러한 자신감은 결국 힘들고 어려운 여건 속에서도 당당하게 대처고 역량을 발휘할 수 있는 근거가 된다.

그렇다면 과연 셀프리더십은 타고나는 것인가? 만들어지는 것인가? 물론 유전적 성향, 가정교육, 사회적 환경에 의해서 영향을 받기는 하겠지만 셀프리더십도 학습될 수 있다. 셀프리더십을 학습할 수 있는 방법으로는 구경하면서 배우는 이른바 관찰모방 학습법이 있다. 우리는 의도적이든 의도적이지 않든 주변의 중요한 타인들로부터 영향을 받는다. 중요한 타인의 셀프리더십은 큰 영향력과 자극을 준다. 스스로 도전적인 목표를 세우고 달성하는 기쁨을 즐기는 것을 관찰하는 과정을 통하여 자유와 성취감을 간접적으로 경험하는 것도 하나의 방법이 될 수 있다. 두 번째로 성공 체험 연습하기 방법으로 목적을 가지고 리더십 프로그램을 교육받거나 훈련받을 필요가 있다. 최근 들어 리더십 센터에서 셀프리더십 프로그램이 활성화되고 있다. 이런 기관들의 교육을 토대로 하여 셀프리더십의 요소를 학습 받고 실제 생활에서 응용해 보는 것이다.

세 번째로 일하며 성취하는 방법이 있다. 조직이 진정으로 바라는 업무 목표를 제대로 알면서 삶의 진정한 가치와 조직의 성과 목표를 이해하기 위해 스스로 목표를 세우고 달성 과정을 점검하도록 지원하는 것이 필요하다.

한편, 수퍼리더십은 다른 사람 또는 구성원들을 이끌고 리드해야 할 책임을 진 사람들에게 해당되는 개념이다. 수퍼리더란 조직의 구성원들로 하여금 스스로를 리더십을 가질 수 있도록 이끌어주는 사람으로서 구성원들 개개인이 셀프리더가 되도록 영향력을 미치는 사람이다. 수퍼리더십을 가진 사람은 구성원들을 교육시키는 시스템을 개발하고 실행하며, 조직의 구성원들을 지원하며 자극하는 사람이다.

수퍼리더십은 전통적 개념의 리더십과는 다르다. 수퍼리더십은 셀프리더십의 배양과 실행을 자극하고 활성화하는 데에 주요 목표가 있으며, 수퍼리더십이 제시하는 영향력은 셀프리더십을 이끌어내기 위해 과정상 필요한 것으로 본다. 셀프리더십이 함의하는 자기 영향력은 높은 성과를 낼 수 있는 중요한 능력으로, 리더가 조직의 구성원들로 하여금 더욱 높은 실적과 목표 달성을 올리도록 하고 싶으면 구성원들 스스로가 더 많은 업무나 일을 수행할 수 있도록 자율성과 책임을 부여해야 한다. 또한 조직의 구성원들에게 중요한 프로젝트를 위임하고, 이를 통하여 구성원 스스로 학습하도록 권장해야 한다.

구성원들이 조직의 어떤 위치에 배정되는 순간부터 완전한 셀프리더십을 발휘할 수는 없다. 따라서 수퍼리더십은 구성원들이 조직에 입문하는 순간부터 필요하다. 셀프리더십은 학습을 통하여 얻어지는 것이기 때문에 리더는 구성원들로 하여금 스스로를 리드하도록 이끄는 중추적인 역할을 해야 한다. 리더가 해야 할 중추적인 역할이란 모델링과 참여 유도 그리고 셀프리더십의 점진적인 개발이다. 구성원들에게 셀프리더십을 교육시키는 첫 단계는 리더가 먼저 셀프리더십을 실천하는 것이다. 즉 리더는 셀프리더십의 모델이 되어야 한다. 리더는 관찰가능한 분명한 방법으로 셀프리더십의 전략을 실천함으로써 구성원들의 모델이 될 수 있고, 구성원들은 리더가 보여준 모범적인 기준을 받아들이고 그 기준에 따라 자신을 평가하게 된다. 참여 유도 단계에서 리더의 건설적인 제안이나 지시 등은 중요하다. 리더의 효과적인 행동과 지도 그리고 그와 결부된 질문은 구성원들에게 셀프리더십을 체득하고자 하는 의욕을 불러일으키게 된다. 참여유도는 구성원들에게 셀프리더십의 사고와 행동을 실천할 훈련 기회를 제공하는 것이다. 마지막으로 구성원들이 점차 셀프리더십을 발휘하기 시작하면 리더는 구성원들의 셀프리더십을 강화하는 방법을 바꾸어야 한다. 리더는 처음부터 구성원들이 구체적인 성과와 관련된 행동들을 하도록 장려하다가 시간이 흐름에 따라 차츰 셀프리더십의 과정 자체를 장려하는 쪽으로 바꾸어야 한다. 즉 구성원들에게 직접 지시를 하거나 성과를 독려하기보다는 격려하고 지도하며, 자기목표 설정이나 자기강화, 자연적인 보상의 추구, 건설적인 사고 확립 등과 같은 과정을 장려해야한다. 구성원들이 셀프리더십을 갖도록 하는 가장 중요한 요소의 하나는 타인 즉, 수퍼리더의 인정과 격려이다.

읽기자료 셀프리더십과 도전

셀프리더십은 대단한 업적을 남기는 사람에게나 필요한 특별한 것이 아니라, 자기가 옳다고 여기는 삶을 살고자 하는 모든 사람에게 반드시 필요한 삶의 슬기이다. 어떤 상황이든 영향력을 미치는 최종 요소는 당신 자신이다. 우리는 도전, 방해물, 그리고 많은 어려운 상황에 직면하곤 하지만 이 모든 것들은 셀프리더십이 더욱 중요하고 보상 받을 만한 것임을 알게 해준다. 역사상 많은 인물들이 자신의 꿈을 이루는 과정에서 '할 수 없다'는 도전에 직면하여 성공을 이루어 냈다.

농구 황제 마이클 조던(Michael Jordan)은 전 시대를 통틀어 최고의 농구 선수라고 할 수 있다. 그러나 그는 고교 재학시절 학교 농구팀에서 탈락되었었다. 루드비히 반 베토벤(Ludwig van Beethoven)도 명실공히 세계가 인정한 유명 작곡가이지만, 어린 시절 음악 선생님으로부터 재능이 없다는 평을 들었다. 실제로 그 선생은 베토벤에 대해 "작곡가로서 그는 전혀 희망이 없었다"고 말했다. 월트 디즈니(Walt Disney) 역시 세계적인 만화가이자 영화제작자인 그는 젊은 시절 창의적이거나 독창적인 아디어가 전혀 없다는 평가를 받으며 시절 캔사스 시에서 신문 편집자로 일하라는 충고를 받았다. 알버트 아인슈타인(Albert Einstein)도 열 살 때 뮌헨교장으로부터 "너는 절대로 제대로 자라지 못할 거다"라는 가혹한 말을 들었다. 전기, 축음기 외에도 백여가지 이상의 유용한 발명을 한 토마스 에디슨(Thomas Edison)은 어린 시절 교사로부터 "너무 바보 같아서 가르칠 수 없다"는 말을 들었다. 스티브 잡스(Steve Jobs) 역시 애플 컴퓨터를 설립하기 전 개인용 컴퓨터에 관심을 갖고 있을 때 아타리와 휴렛 패커드로부터 입사를 거부당했다. 휴렛패커드의 인사 담당자는 "헤이, 우리는 당신 같은 사람은 필요없어. 당신은 아직 전문대학도 마치지 않았잖아"라고 했다. 그래서 잡스는 그 아이디어를 혼자 추구했고, 결국 애플사는 세계적 컴퓨터 회사로 성장했다.

2) 변혁적 리더십

변혁적 리더십은 최근에 심리학, 경영학, 사회학, 정치과학 등의 분야에서 폭넓게 알려지고 연구되는 주제이다. 번즈(Burns)는 기본적으로 아들러, 매슬로우, 피아제, 에릭슨, 로티치, 콜버그 등과 같은 학자들에 의해 제시된 인간주의 심리학 혹은 도덕발전 이론에 의거하여 리더십에 대한 일반 이론을 구축하고자 하였다.

번즈에 의하면, 리더십이란 목적 있는 권력으로서 여러 가지 형태의 권력 현상 중 하나이다. 그리고 리더십에서는 권력 그 자체보다 설득, 집단 태도에의 민감한 반응, 그리고 집단의 요구에 응하는 책임감 등이 더 중요한 요소이기 때문에 개념상 단순한 권력 행사나 지배와는 구별된다. 지금까지 권력과 지배 중심으로 엘리트 능력을 분석해 왔으나, 그러한 권력자원들이 아무리 풍부해도 정치적 비전과 권력운용기술이 빈곤한 엘리트가 얼마든지 많음을 지적하고 리더는 일상적인 경험과 직무상의 훈련 과정 그리고 여러 가지 협상 과정을 거치면서 지도자로서의 능력을 습득해야 한다고 주장한다.

상호동원과정 그리고 목적 있는 권력으로서의 리더십에 대한 정의를 전제로 번즈는 리더십을 거래적 리더십(transactional leadership)과 변혁적 리더십(transformational leadership)으로 나눈다. 전자의 경우, 리더와 팔로우어는 상호 합의된 공동 목표를 추구하기보다 각자의 관심사와 이해관계의 필요에서 법적 조건과 제반 규정에 따라 리더십 과정에 참여한다. 예를 들면 민주주의가 제도화된 국가에서 국회의원들이 법안들에 대해 서로 거래하고 교환하는 과정에서 발휘되는 리더십이다. 반면 후자는 리더와 팔로우어 사이에 형성된 공동 목표를 추구한다. 변혁적 리더는 팔로우어에 대한 교육적 역할을 담당하며 경우에 따라 목표와 가치를 변경하거나 이를 더욱 고차원의 목표로 고양시킬 수도 있다. 즉, 변혁적 리더십에서의 리더는 부하들의 의식구조, 가치체계, 태도와 믿음에 혁신을 가져옴으로써 더 넓고 높은 목적을 성취하도록 한다고 보고 있다.

따라서 변혁적 리더십에서는 구성원에 대한 높은 기대의 표현을 통하여 그리고 구성원들에게 확신적 태도를 보여줌으로써 구성원들의 자기 확신을 고양시키고자 한다. 또한 리더 자신의 자기 확신에 찬 태도와 행동은 구성원들에게 역할모델로 작용하여 구성원 스스로 자발적으로 조직의 목표 달성에 참여하고자 한다.

변혁적 리더십에서는 리더의 카리스마와 지적 자극 그리고 개별적 배려를 중시한다. 카리스마는 구성원들에 대한 높은 기대감과 리더 자신의 확신 그리고 구성원에 대한 리더의 신뢰감에 의해 형성하면서 리더의 계획에 대한 강력한 지지와 몰입, 리더와 구성원들의 동일시 과정을 의미한다. 지적 자극이란 구성원들에게 문제점을 새로운 방식으로 보도록 시도하는 것으로 구성원들은 스스로 문제에 대한 해결책을 탐구하게 함으로써 구성원들의 문제 해결 능력을 고양 학습시키는 것을 의미한다. 개별적 배려란 리더의 관심사항과 구성원들의 관심사항을 공유하는 과정으로 구성원들이 개인적 욕구를 스스로 확인하게 만들고 보다 높은 차원의 욕구를 가질 수 있도록 하는 과정을 의미한다.

3) 컬러리더십

리더는 다양한 리더십의 요소를 갖추어야 한다. 한 가지 유형만으로는 조직을 오래도록 이끌 수가 없다. 때로는 강하게 영향력을 행사해야 하지만 때로는 부드럽게 섬겨야 하는 경우가 있다. 구성원의 요구가 다양해지고 있기 때문에 리더 또한 다양한 리더십의 특성을 지녀야 한다. 칼라리더십은 리더로서 갖추고 있어야 할 리더십의 유형을 각각의 색깔로 비유하여 설명하는 것이다.

1990년대에 들어서면서 리더십에 큰 변화가 찾아온다. 리더는 더 이상 절대적인 성공의 상징이 아니며, 성공과 실패의 굴곡을 겪어 나가는 모습을 보여줄 수밖에 없게 되었다. 또한 조직이 네트워크를 형성하면서 시스템적으로 연계되어 있어서 리더의 수평적인 이동이 빈번해졌다. 능력만 검증되면 다양한 분야에서 얼마든지 역량을 발휘할 수 있는 포괄적 리더십 시대로 접어들고 있는 것이다. 포괄적 리더십의 시대에서 리더는 다양한 리더십 요소를 갖추어야 한다. 즉, 한 가지 스타일만으로는 조직을 오래도록 이끌 수 없다. 강하게 밀어붙이는 힘도 갖추어야 하지만 때로는 부드럽게 섬겨야 하는 힘도 갖추고 있어야 하는 것이다. 또한 구성원과 함께 행동해야 하지만 구성원에게 올바른 비전을 제시할 수 있는 힘도 가지고 있어야 하는 것이다.

지금까지 리더십을 확립하는 방식을 살펴보면, 성공한 다른 사람의 리더십을 배우는 식이었다. 하지만 내가 아닌, 자신의 특성을 무시한 다른 사람의 리더십을 배우는 것은 오히려 혼란만 더할 뿐이다. 인류 역사 속의 진정 성공한 리더에게는 자기만의 차별화된 컬러가 있다.

컬러리더십은 획일화된 리더십에 의존해 조직을 이끌고 나가기보다는 리더 자신의 고유한 특성과 개성에 맞는 리더십의 패턴을 찾아야 한다는 점을 강조한다. 또한 컬러리더십은 리더가 자신의 경험과 강점을 바탕으로 자신에게 가장 잘 어울리면서 효과적인 리더십 스타일을 개발해야 함을 강조한다. 컬러리더십은 무지개 빛깔 7개의 색깔에 리더십의 스타일을 비유하여 설명하고 있다. 컬러리더십에서는 빨간색의 서번트 리더십, 주황색의 브랜드 리더십, 노란색의 사이드리더십, 초록색의 파워리더십, 파란색의 슈퍼리더십, 남색의 비전리더십 그리고 보라색의 변혁적 리더십으로 구성된다.

〈컬러리더십〉

리더십컬러	키워드	컬러리더십이 돋보이는 환경	목표
서번트리더십	사랑	복잡한 갈등이나 대립을 해소하고 싶다.	좋은 가치 추구
브랜드리더십	창의	차별화된 경쟁력을 만들고 싶다.	표준 장악
사이드리더십	예방	의견수렴 통한 공감대를 확립하고 싶다.	처음부터 올바르게
파워리더십	성실	팀으로부터 즉각적인 결과를 만들고 싶다.	지속적 혁신 체질화
슈퍼리더십	지식	권한위임을 통한 책임을 명확히 하고 싶다.	셀프리더 만들기
비전리더십	비전	새로운 비전이나 방향설정이 필요하다.	공통 언어 만들기
변혁적리더십	용기	업무능력 개선, 장기적 경쟁력이 필요하다.	처음 정신 유지

컬러리더십에 관심을 가져야 하는 첫 번째 이유는 누구나 리더가 될 수 있는 힘을 가지고 있다는 것이다. 어느 소수의 특정 계층의 사람에게만 리더의 힘이 존재하는 것이 아니라 모든 인간은 리더의 힘을 다 가지고 있다. 즉 누구에게나 강점이 있으며, 자신의 강점을 빛나게 하는 삶을 살아가고자 하는 열정과 열망이 있는 것이다. 누구나 7가지의 리더십 스타일 중 자신과 가장 잘 부합하는 스타일의 리더십을 찾을 수 있고 그것을 개발하면 자신의 고유한 리더십 스타일을 개발할 수 있다.

컬러리더십에 관심을 가져야 하는 두 번째 이유는 최근 들어 사회 구성원들이 다양한 리더십의 스타일을 요구하고 있기 때문이다. 구성원들은 리더에게 은연중에 독특한 사람이기를 기대하고 바란다. 그리고 그들의 기대는 다양한 요구로 표출되기 마련이다. 리더는 자신의 리더십에 대한 기대를 명확하게 이해하고 있어야 하며 그들의 기대에 부응하는 리더십 스타일을 개발하여야 한다. 고정된 한 가지 리더십 스타일만으로 모든 상황에서 영향력을 행사하려고 하면 구성원의 지지와 동의를 받기 어렵기 때문이다.

컬러리더십에 관심을 가져야 하는 세 번째 이유는 원칙중심의 사회가 그 어느 시대보다도 절실히 요구되고 있기 때문이다. 현대 사회는 그 무엇보다도 원칙을 중시하기 때문에 원칙을 존중하는 리더에겐 저절로 자신만의 리더십 컬러가 탄생되기 마련이다. 자신의 리더십 컬러에 중요한 원칙을 설정하고 지키는 것이 미래를 예견하고 살아갈 수 있는 방법이다.

컬러리더십에 관심을 가져야 하는 네 번째 이유는 지금의 리더십이 너무 복잡하기 때문이다. 리더십의 개념들이 너무 산만하게 거론되고 있으며, 어떤 리더십이 진정한 리더십인지 구분하기 어려울 정도이다. 컬러리더십은 리더십 스타일을 다양하게 제시함으로써 리더십의 개념을 확장하는 효과가 있으며 경직된 리더십 개념을 극복할 수 있다. 결국 컬러리더십은 누구나 자신만의 개성적인 리더십 스타일을 개발할 수 있다는 점을 강조함과 동시에 사회가 복잡, 다양화 되면서 요구되는 리더십도 복잡해지는 상황에 대응하기 위한 개념이라고 할 수 있다.

활동 01

나의 컬러리더십 진단하기

유의사항

진단표의 자가진단 내용은 제3자의 관점에서 서술되어 있습니다. 이는 보다 객관적인 시각에서 진단할 수 있도록 의도된 것입니다.

번호	내용	아주 미흡	미흡	보통	동의	적극적 동의
1	그의 비전은 우리들에게 희망을 주고 우리 스스로 열성을 갖도록 만든다.	0	2	5	8	10
2	독특한 발상을 중시 여기며 미래를 보는 안목이 탁월하다.	0	2	5	8	10
3	어떤 상황에서도 항상 문제의식을 갖고 개선가능성을 본다.	0	2	5	8	10
4	구성원의 요구사항을 수시로 파악해서 공감대를 이루려고 노력한다.	0	2	5	8	10
5	모호한 행동을 취하지 않으며 한 번 결정을 하면 즉시 실행에 옮긴다.	0	2	5	8	10
6	성과를 높이는데 책임감을 중요시 여긴다.	0	2	5	8	10
7	갈등과 대립의 순간에도 용기 있는 결단을 내린다.	0	2	5	8	10
8	경쟁을 즐기며 경쟁할 수 있는 자체가 기회라고 생각한다.	0	2	5	8	10
9	자신이 맡은 일은 빈틈없이 치밀하게 처리한다.	0	2	5	8	10
10	순발력과 융통성이 있다는 평가를 받고 있으며 급변한 상황에서도 여유 있게 대응한다.	0	2	5	8	10
11	원하는 방향으로 조직을 이끄는 능력이 있다.	0	2	5	8	10
12	리더로서 신뢰가 있다는 평판을 가지고 있다.	0	2	5	8	10
13	하는 일에 대부분 열정적으로 참여하고 추진한다.	0	2	5	8	10
14	다양한 요소를 고려한 계획 수립 및 실행 능력이 탁월하다.	0	2	5	8	10
15	꾸준한 성격이며 정신적, 신체적인 인내성이 강해서 계속 발전시키는 것을 중시한다.	0	2	5	8	10
16	리더가 되는데 필요한 성실성을 가지고 있다.	0	2	5	8	10
17	대인 커뮤니케이션 능력(연설, 발표, 혹은 설득 등)이 우수하다.	0	2	5	8	10
18	그의 유머는 리더십에 좋은 영향을 미친다.	0	2	5	8	10
19	외부 활동이 활발하여 내부에서 필요한 부분을 조직 외부에서 찾아내어 해결하는데 적극적이다.	0	2	5	8	10
20	보다 나은 결과를 위해서 의도적으로 상황을 연출하기도 한다.	0	2	5	8	10
21	어려운 상황과 다루기 힘든 사람을 협상으로 처리하는 능력이 있다.	0	2	5	8	10
22	언행에 있어서 겸손한 사람이라는 평가를 받고 있다.	0	2	5	8	10
23	마음에 있는 생각은 솔직히 털어놓는 성격이다.	0	2	5	8	10
24	리더는 도덕/윤리적으로 깨끗해야만 한다고 믿고 실천하는 사람이다.	0	2	5	8	10
25	상호 인격을 존중하며 다른 사람의 실수도 사랑으로 포용한다.	0	2	5	8	10

진단 문항 (각 문항의 점수를 그 문항의 모든 빈칸에 다 적어넣으시오)		빨간색 (서번트)	주황색 (브랜드)	노란색 (사이드)	초록색 (파워)	파란색 (수퍼)	남색 (비전)	보라색 (변혁적)
예	1. 비전(예시용)			(8)	(8)		(8)	
방향 설정	1. 비전							
	2. 창의성							
	3. 문제의식							
	4. 의견 수렴							
결단력	5. 신속성							
	6. 책임감							
	7. 용기							
	8. 경쟁심							
	9. 치밀성							
	10. 유연성							
추진력	11. 통솔력							
	12. 신뢰							
	13. 열정							
	14. 전략적 사고							
	15. 지속적 개선							
	16. 성실							
대인 관계	17. 커뮤니케이션							
	18. 유머							
	19. 정치성							
	20. 쇼맨십							
	21. 교섭 능력							
	22. 겸손							
	23. 직선적							
가치관	24. 도덕성							
	25. 인간 중시							
합계점수(세로 합산)								

〈컬러리더십 분류표〉

리더십 컬러	10	20	30	40	50	60	70	80	90	
서번트 리더십										
브랜드 리더십										
사이드 리더십										
파워 리더십										
수퍼 리더십										
비전 리더십										
변혁적 리더십										

컬러리더십의 해석

- 빨간색 리더(서번트 리더십: 끝없는 사랑형 리더)
  - 따뜻한 마음과 인간에 대한 깊은 애정으로 신뢰를 구축하여 영향력을 행사하는 리더십.
  - 사랑으로 모든 것을 해결, 역삼각형의 파워구도를 즐김, 네트워크형 조직 구조 선호, 이해관계자의 요구를 파악, 좋은 가치를 추구.
- 주황색 리더(브랜드 리더십: 이미지 관리형 리더):
  - 다소 튀지만 독창적인 아이디어로 남보다 앞서 독보적 경쟁력을 확보하는데 가치를 두는 리더.
  - 남을 뒤따르는 자는 성공할 수 없다. 중간에서 경쟁력을 찾지 않는다, 블록버스터에 도전, 경쟁 환경 변화에 민감.
- 노란색 리더(사이드 리더십: 안전제일주의형 리더):
  - 구성원들과 동고동락하는 자세로 참여 선도하여 불확실한 미래에 대비해 전략적으로 준비하고 대응해나가는 리더.
  - 1:10:100의 원리(사전예방으로 손실가능성을 최소화), 항상 문제의식을 가짐, 노심초사형. 경쟁력의 다원화를 창출, 시스템으로 경영.
- 초록색 리더(파워 리더십: 탱크주의형 리더)
  - 성실과 끈기를 바탕으로 말 보다는 행동으로 솔선수범하며 조직을 이끄는 리더.
  - 에버그린 정신, 행동으로 지시, 채널 집중화, 가시적 목표제시, 지속적 혁신의 체질화.
- 파란색 리더(수퍼 리더십: 권한 위임형 리더)
  - 구성원들의 기본 역량을 중시하고 그들의 멘토 되기를 즐기며 풍부한 지식을 활용해 경영하는 박식한 리더.
  - 인재양성, 인적자원 가치의 차별화, 셀프리더십, 파트너십 개념 추구.
- 남색 리더(비전 리더십: 카리스마형 리더)
  - 강력하게 올바른 비전을 제시하고 구성원 모두가 동참하도록 하는, 미래에 대한 희망의 상징이 되는 리더.
  - 리더와 구성원은 같은 방향으로 뛴다. 주춧돌 개념으로 비전을 확장, 비전 성취를 공유, 비전의 계승자를 키움. 공통 언어가 중요.
- 보라색 리더(변혁적 리더십: 뉴웨이브형 리더)
  - 주어진 환경에 순응하지 않고 근본적인 가치추구를 통해 올바른 방향으로 변혁시키려고 도전하는 리더.
  - 나의 약점은 나의 강점, 약점에서 가치 창조, 신기술에 먼저 도전하라, 실패를 두려워말라, 처음의 정신을 유지하라.

제2부

셀프리더십

제4장
자존감 증진

학습목표

- 자존감의 개념을 이해하여 일상생활에 적용할 수 있다.
- 자존감과 의사소통 사이의 관계를 이해하고 설명할 수 있다.
- 자존감을 높이는 방법을 알고 실행할 수 있다.

1 자존감의 이해

1) 자존감의 개념과 유형

자존감은 그 동안 광범위하게 연구 되어왔음에도 불구하고 보편적인 개념 정의가 없었다. 학자들 중에는 자존감을 자아개념과 동일한 것으로 가정하여 쓰기도 하지만 엄밀한 의미에서 자존감은 자아개념과 구별된다. 자아개념은 판단적인 개념이 아니라 일련의 기술적인 개념 즉, 자기 자신에 대한 지각으로 자신의 특성에 대한 긍정적 혹은 부정적인 감정이 포함되지 않는 반면에, 자존감은 자신의 특성, 능력, 행위에 대한 그 자신의 판단과 평가를 나타낸다. 즉 자존감은 자기평가(self-evaluation)의 개념으로 자신의 가치와 능력, 행복해질 수 있는 권리 등에 대한 개인적인 신념을 말한다. 이는 자신의 어떤 행위나 지위에 대한 평가이기 보다 자신의 인격에 대한 신뢰도를 말하는 것이며, 타인과 비교해 볼 때 자신이 어떠하다는 객관적인 비교가 아니라 자기 자신의 주관적인 지각을 말한다. 이러한 지각을 바탕으로 자신이 얼마나 가치가 있고, 능력이 있는지에 대하여 높게 또는 낮은 수준으로 자신을 평가하게 된다.

자존감은 우리 자신에게는 생각하는 능력이 있으며, 인생의 역경에 맞서 이겨 낼 수 있는 능력이 있다는 자신에 대한 믿음이며, 우리 스스로가 가치 있는 존재임을 느끼고 필요한 것과 원하는 것을 주장할 자격이 있으며, 행복해질 수 있고, 또 자신의 노력으로 얻은 결과를 스스로 즐길 수 있는 권리가 있다는 자신에 대한 믿음이다. 그리고 자기 자신을 가장 가치 있는 것으로 여기는 사람은 정신적으로 건강한 사람이라고 할 수 있다.

자존감은 세 가지 요소로 구성되어 있다. 첫째는 사랑을 받고 있다는 소속감이다. 이것은 누군가가 자기를 원하고 있으며, 돌보아주며, 사랑한다는 것을 느끼는 것이다. 낮은 자존감을 가진 사람들이 느끼는 자신에 대한 거부감은 출생 전 부모들이 가졌던 잘못된 태도에서 기인한다. 즉, 원하지 않는 아이를 가졌을 때, 그 어머니의 뱃속에 있는 아이는 소속감을 거의 누리지 못하게 된다. 출생 이후에도 가정과 자신이 속한 집단에서 다른 사람으로부터 사랑받고 있다는 느낌이 소속감을 가지게 한다. 자존감의 두 번째 요소는 가치감이다. 가치감은 자신의 가치와 중요성을 느끼는 것으로서 자신의 가치에 대한 내적인 믿음과 감정을 말한다. 가치감이 높으면 비윤리적인 행동을 자제할 수 있고 더 차원이 높은 비전을 가질 수 있다. 자존감의 세 번째는 요소는 자신감이다. 자신감은 자신의 능력에 대한 믿음이다. 주어진 과업을 잘 수행할 수 있다는 믿음, 어려운 환경이나 조건을 극복할 수 있다는 믿음, 인생 자체를 긍정적으로 볼 수 있는 믿음 등이 자신감이다. 또한 주어진 일을 실패했을 경우라도 다시 도전할 수 있는 용기도 자신감에서 나온다. 정리하면 가까운 사람으로부터 사랑을 받고 있다는 소속감과 자신의 중요성에 대해 느끼는 가치감, 그리고 자신의 능력에 대해 가지는 자신감이 결합하여 자존감을 구성하게 된다.

[그림 4-1] 자존감의 구성요소

이러한 자존감은 자신에 대한 가치 평가로서 개인이 누리는 삶의 모든 과정에서 매우 커다란 영향력을 발휘하게 된다. 우리 주변에서 살고 있는 모든 사람들이 성공하고 행복한 것은 아니다. 일부는 성공과 행복을 추구하면서 살지만, 그렇지 않는 경우도 존재한다. 무엇이 차이를 만들어 내는가를 살펴보면, 결국 자신에 대한 가치 평가의 수준이 다르다는 점이다. 자기 자신에 대한 평가를 높은 수준으로 바라보는 사람이 있는가 하면 자기 자신에 대한 평가를 낮은 수준으로 바라보는 사람이 있다.

리즈너(Reasoner, 1982)는 자아존중감이 높은 사람과 낮은 사람을 비교하면서, 자존감이 높은 사람은 자기 자신과 타인을 수용하며 타인의 능력과 자신의 능력을 잘 인식한다고 하였다. 그리고 주위 환경이나 사회적 관계에서 안정감을 느끼며, 소속감을 가질 뿐만 아니라 문제에 대하여 자신감을 가지고 도전하여 성취감이 높으며, 자기 행동에 대하여 책임을 질 줄 안다고 한다. 또한 자존감이 높은 사람은 목표를 잘 세우고 미래에 대한 이상으로 동기화되어 그 목표를 이루기 위하여 주위의 자료들을 잘 이용하는 반면에, 자존감 낮은 사람은 실패를 두려워하여 모험을 하는 일이 적고 타인에 대해 필요 없는 신경을 쓰며, 의존심이 많아 문제를 스스로 해결해 나가지 못한다고 하였다.

자존감이 높은 사람은 자신의 지각이나 판단에 대하여 자신감을 가지며 자신의 견해를 표방하는데 개방적이며 자기표현이 분명하고 활기찰 뿐만 아니라, 집단적 활동에도 적극적으로 참여하는 등 대인관계에 있어서 보다 원활하고 자연스러운 모습을 보인다. 그리고 자신에 대한 부정적 선입견이 적기 때문에 외부로부터의 정보를 쉽게 받아들여 문제를 쉽게 처리하는 특징을 보인다. 그러나 자존감이 낮은 사람은 실패를 예견하고 위협을 쉽게 느끼며 항상 불안하고 초조하여 새로운 일을 시작하기를 두려워하며 매사에 소극적이고 가능하면 현실을 도피하려 하기 때문에 잠재능력을 계발하기가 어렵다.

이처럼 자존감은 높낮이에 따라 개인의 행동 양식, 성취동기 목표의 계획 및 달성, 자기실현 및 사회적 행동 등에 서로 다른 영향을 미친다. 자신과 사물을 보는 방식이 건강하지 못하다면 열등감, 부적절함, 불행감, 무가치함 등의 부정적인 정서를 가질 수 있고 이러한 정서는 낮은 자존감을 가져다준다. 자존감이 낮은 사람은 자신의 단점을 받아들이기 어렵고 또 그것을 부정적인 시각으로만 보게 된다. 이러한 사람은 목표를 달성할 수 없을 것이라고 생각하며 스스로를 가치가 없다고 판단한다. 그러나 자존감이 높은 사람은 자신이 구체적인 단점을 가지고 있다는 사실은 받아들이지만, 그것이 전적으로 쓸모없는 것이라는 생각을 하지 않고 그 단점 때문에 자신을 부정적으로 인식하지도 않는다.

〈표 4-1〉 자존감 높낮이에 따른 사람들의 특징

낮은 자존감	높은 자존감
나는 다른 사람들로부터 인정과 사랑받기를 원한다.	나는 나 자신과 다른 사람들로부터 인정과 사랑을 받는다.
비일치적 의사소통방식 • 나는 다른 사람의 인정을 받기 위해 무엇이든지 하겠다(회유). • 나는 잘못이 없고, 다른 사람들이 문제의 원인이다(비난). • 나에게 인간관계는 별로 중요하지 않다. 단지 상황이 옳으냐 그르냐 하는 것이 중요할 뿐이다(초이성). • 나는 현실을 부정한다(산만).	일치적 의사소통방식 • 나는 적절하게 행동한다. • 나는 다른 사람의 차이점을 존중한다. • 나는 다른 사람들을 수용한다. • 나는 주어진 상황을 받아들인다.
경직되거나, 공격적이거나, 또는 비굴하거나, 방어적이거나, 산만한 태도를 취한다.	자신감 있고, 적절하며, 능률적인 태도를 취한다.
상황에 반사적으로 반응한다.	상황에 주도적으로 반응한다.
규칙과 의무감에 매여 자신이 바라는 대로 살지 못한다.	자신의 삶에 대해 스스로 선택하고 책임지며 산다.
행동 기준의 잣대가 외부에 있다.	행동 기준의 잣대가 자기에게 있다.
방어적이다.	정직하며 신뢰감을 준다.
감정을 억압한다.	감정을 수용하며 전인성을 추구한다.
안전하고 익숙한 것을 선택한다.	새로운 것을 시도한다.
과거지향적(현재상태를 유지하고자 한다.)	현재 및 미래지향적(변화를 시도한다.)

하지만 자존감은 고정불변의 것이 아니라 변화가 가능하다. 자존감은 구체적이고 일시적인 평가보다는 비교적 지속적인 개인의 자아평가와 관련이 있다. 그러나 동시에 자존감에 대한 평가는 평가의 신뢰도나 일반성 그리고 평가가 이루어지는 상황에 따라 달라질 수도 있다. 그리고 자아평가는 사람이 개인적 표준이나 가치에 비추어 자신의 행동, 능력, 태도 등을 검사하여 가치 결정에 도달하는 것으로서 판단을 하는 과정이지 판단의 결과가 아니다. 따라서 낮은 자존감은 개인의 노력에 따라서 얼마든지 긍정적인 자존감으로 바꿀 수 있다.

2) 자존감의 형성원리

자존감의 형성원리를 이해하는 것은 자존감을 증진시키는 방법을 이해하는 것이다. 자기 자신에 대한 긍정적 평가와 관련된 자존감은 사회적 비교(social comparision),

반영된 평가(reflected appraisals), 자아귀인(self attribution), 심리적 중심성(psychological centrality)의 네 가지 원리에 의해 형성되어진다.

우선, 인간은 다른 집단 혹은 다른 사회범주에 속해 있는 사람들과 자신을 비교함으로써 자신을 평가하고 판단한다. 그리고 사회는 사회구조를 구성하는 여러 요소들-집단, 지위, 사회적 범주-에 의거하여 위계적으로 구조화되어져 있다. 이러한 사회구조는 사람들로 하여금 자신의 사회적 위치를 다른 사람들의 위치와 비교하고 평가할 수 있도록 해준다. 따라서 자존감은 이러한 비교와 평가의 원리에 의하여 형성되어 진다고 볼 수 있다. 즉 인간은 자신의 능력 및 사회적 지위를 타인의 것과 비교함으로써 자신을 긍정적으로 혹은 부정적으로 평가한다.

자존감은 또한 타인의 눈에 반영된 평가에 의해서도 형성된다. 자아는 타인과의 상호작용 과정에서 형성되어지는 것으로 시간이 경과함에 따라서 다른 사람들이 자기를 보는 것처럼 자기 스스로를 보게 된다. 즉, 자존감은 타인의 눈에 비추어진 자신의 모습을 통해서도 형성되어질 수 있다. 우리는 타인의 눈에 비친 자기 자신을 보고 자기 자신에 대한 감정을 발달시키기도 한다. 그런데 이 반영된 평가의 과정은 세 가지 요소가 통합된 것으로 볼 수 있다. 다른 사람의 평가인 직접적인 반영과 이에 대한 행위자의 인식인 지각된 자아, 그리고 사회 전체의 태도의 반영인 일반화된 타자이다. 이들 요소 중에서 자존감 형성에 더욱 중요한 것은 실제 타인의 평가보다는 행위자가 그것을 어떻게 인식하느냐가 더 중요하며 한 두 사람의 태도보다는 사회 전체의 태도가 더 중요하다. 그러므로 이 원리에 따르면 지속적인 상호작용을 맺고 있는 다른 사람이 자신을 가치 있게 평가해 준다면 스스로도 자신을 가치 있게 볼 것이다.

자존감을 형성하는 또 하나의 원리로 자아귀인이 있다. 이 원리는 귀인이론과 관계가 있다. 귀인이란 어떤 현상의 원인을 추론하는 과정이다. 즉, 사물의 관찰을 통해 어떤 현상에 대한 인과적 설명을 추론할 때 그 원인을 외적인 것(환경)에서 찾을 수도 있고 내적인 것(행위자의 의도, 동기, 경향)에서 찾을 수도 있다. 자아귀인이란 자신의 행위나 행위로 인하여 생긴 결과를 관찰하고서 이 현상의 원인을 외부적 요인이 아니라 자기 내부에서 찾고, 결국 자신의 성향으로 결론을 내리는 것을 의미한다. 즉, 자신이 이룩한 업적을 관찰하는 것이 자신에 대한 존경과 가치에 대한 평가를 하게 하는데 중요한 기반이 된다는 것이다. 그러므로 긍정적인 자아 개념의 형성은 지속적인 자아귀인을 통해 이루어진다는 것을 이 원리는 제시하고 있다. 예를 들면 계속 시험에서 좋은 성적을 얻은 학생은 자신의 지능이 뛰어나다고 생각하여 자존감이 높아진다는 것이다.

자존감을 형성하는 마지막 원리로는 심리적 중심성이 있다. 자아는 지능, 도덕심, 친절, 사회적 지위, 대인관계 등의 여러 요소들이 단순히 집적되어 있는 것이 아니라 위계적 구조를 가지고 있다. 자아의 각 요소가 가지는 상대적 중요성이 자존감을 형성하는 원리가 된다. 즉, 어떤 요소는 개인 관심의 핵심을 차지하는 반면에 어떤 요소는 주변적 역할을 하는데 인간의 인지구조 안에서 중요한 위치를 차지하고 있는 요소가 그 사람의 자존감 형성에 더 크게 기여하게 되는 것이다. 또한 자기 스스로도 자아를 구성하고 있는 요소 중 어떠한 것에 가치를 두느냐가 자존감 형성에 중요하다.

2 자존감과 의사소통의 유형

의사소통은 자존감을 측정할 수 있는 수단이면서 서로의 감정을 나누며 상대방을 이해할 수 있는 방법이기 때문에 적절한 의사소통은 서로의 자존감을 높여 주어서 좋은 인간관계를 형성할 수 있게 해준다. 특히 타인과의 상호작용이 활발하게 이루어지면 서로가 자존감 형성에 영향을 끼치기 때문에 건강한 의사소통은 좋은 관계를 형성하는 데 필수적이라 할 수 있다. 또한 자존감의 향상 없이는 효과적인 관계 개선에도 한계가 있어 의사소통과 자존감은 아주 긴밀한 관계를 가지고 있다. 사티어(Satir)는 의사소통 유형을 일치적 의사소통과 비일치적 의사소통으로 나누었으며, 일치적 의사소통은 높은 자존감과 비일치적 의사소통은 낮은 자존감과 관계가 있다고 하였다.

1) 일치형 의사소통과 높은 자존감

일치형 의사소통은 의사소통의 내용과 내면의 감정이 일치하는 의사소통 유형이다. 이 유형은 매우 진솔하게 의사소통을 하는 것을 말하며, 자신의 감정이 단어로 정확하고 적절하게 표현된다. 일치형 의사소통을 하는 사람들의 특징은 상대방이나 자신의 의견을 다 중요하게 여길 수 있는 능력을 지니고 있으며, 자신과 다른 의견은 차이가 나는 것일 뿐 좋고 나쁜 것은 아니라고 여긴다. 나의 의견이 중요하면 다른 사람의 의견도 중요하며 서로가 표현할 권리를 가지고 있다고 믿는다. 감성과 이성이 적절히 조화되어 목소리가 분명하며 상대방을 쳐다보며 말하고, 자기의견과 생각, 욕구를 분명히 표현하면서도 다른 사람의 의견을 잘 듣고 타협 할 줄 안다. 일반적으로 일치형 의사소통은 자존감이 높은 사람들이 하는 의사소통 방식이다. 일치형의 의사소통을 사용하는 사람은 다음과 같은 자존감의 모습을 보여준다.

- 자신의 독자성을 존중한다.
- 개인적인 특질을 존중한다.
- 자신과 다른 사람을 신뢰한다.
- 모험을 하기도 하고 상처를 입기도 한다.
- 자신의 내적 그리고 외적 자원들을 사용한다.
- 친교가 개방적이다.
- 자신에게 자유롭고 다른 사람을 수용하는 데 있어 자유롭다.
- 자신과 다른 사람을 사랑한다.
- 변화에 대하여 융통성이 있고 개방적이다.

2) 비일치형 의사소통과 낮은 자존감

사람들은 대인관계를 할 때 자신의 존재 가치에 위협을 받게 되면 즉각적으로 방어적 자세를 취하게 된다. 이는 일종의 생존반응으로서 자신의 존재 가치를 지키고자하기 때문이다. 이 경우 그는 자신의 내면의 감정과 표현되는 언어 사이에 불일치를 경험하게 되는데 이를 비일치형 의사소통이라고 한다.

특히 자존감이 낮은 사람은 자기를 솔직하게 드러내기를 두려워하고, 외부 환경의 변화에 큰 영향을 받고, 쉽게 좌절하며, 자신감이 부족하여 결정 내리는 것을 어려워한다. 또한 자기 잘못을 인정하기 힘들어 하고, 자기가 항상 옳아야 한다고 생각하며, 다른 사람을 용서하는 것을, 힘겨워하기도 한다. 지나치게 어떤 것에 몰두한다거나 자기 자신과 타인에 대해, 완벽주의적인 태도를 가지며 현실을 도피하는 성향도 있다. 이렇게 자존감이 낮은 사람은 다른 사람과의 의사소통에서도 역시 그 특징들을 나타나게 되는데, 비일치적 의사소통 혹은 역기능적 의사소통이 바로 그것이다.

비일치형 의사소통은 스트레스가 있고, 자존감이 상했다고 느끼고, 자기 가치를 상실했거나 자기 가치에 대해 의심을 하는 상황에서 나타난다. 그리고 언어적 메시지와 비언어적 메시지가 불일치하기 때문에 이중 메시지를 전달한다는 특성을 지니고 있다. 이러한 비일치형 의사소통은 크게 회유형, 비난형, 초이성형 그리고 산만형의 4유형으로 분류할 수 있다.

회유형의 의사소통은 자기의 가치와 감정을 무시하고 다른 사람의 비위에 맞추려는 성향을 말한다. 이 유형은 상대방의 의견에 동조하고 비굴한 자세를 취하며, 사죄와 변명을 하는 등 지나치게 착한 행동을 한다. 상대방에게 동의하는 말을 하기 때문에 다른 사람의 입장과 주장은 존중하지만 자신의 진정한 감정을 존중하지 않는다. 다음은 회유형의 의사소통을 하는 사람이 지닌 낮은 자존감의 특징이다.

- 남의 기분을 존중한다.
- 남의 눈치를 보면서 자기를 희생한다.
- 반대의견을 말하지 않고 무조건 참는다.
- 화내는 것을 두려워한다.
- 무력하다.
- 자기책임화가 강하다.
- 지나치게 겸손하여 스스로 가치가 없다고 생각한다.
- 나는 쓸모없는 존재라고 생각한다.

- 자기를 사랑해 줄 사람이 없다고 생각한다.
- 모든 것이 다 내 탓이라고 생각한다.

비난형은 회유형과 반대되는 유형으로 자신의 생각만 옳다고 주장하며 상대방을 무시하는 성향을 말한다. 자신을 보호하고 다른 사람을 괴롭히고 나무라면서 다른 사람의 가치를 격하시키고 자신과 상황에만 가치를 둔다. 자신은 힘이 있어 강한 사람으로 보이려고 다른 사람의 결점을 발견하여 지적하고, 적개심, 폭군, 잔소리, 난폭한 언행을 한다. 비난형의 의사소통을 하는 사람이 지닌 낮은 자존감의 특징은 다음과 같다.

- 자기주장이 강하고 고집이 세다.
- 체면을 중시하고 타인에게 복종과 충성을 요구한다.
- 편견이 강하다.
- 명령적이며 지시적이다.
- 상대방을 무시하고 남의 탓으로 돌린다.
- 내가 제일 잘 안다고 생각한다.
- 내 말이면 다 통해야 한다고 생각한다.

초이성형은 자신과 타인 모두를 무시하고 상황만을 중시한다. 이 유형은 규칙과 옳은 것만을 절대시하는 극단적인 객관성을 보인다. 초이성형은 자신이나 다른 사람을 과소평가하고 지나치게 합리적이며 자료와 논리를 중요시한다. 어떠한 감정도 드러내지 않고 매우 정확하고 이성적이면서 조용하고 냉정하고 차분하다. 철두철미하고 냉담하고 무표정한 모습을 띠고 있으며 말을 할 때 거드름을 피우며 길게 말하고, 현명하고 침착한 것 같이 보인다. 초이성형의 의사소통을 사용하는 사람이 지닌 낮은 자존감적인 특징은 다음과 같다.

- 인정이 적으며 비사교적이다.
- 어떤 일이든지 완벽하게 하려고 하기 때문에 융통성이 적다.
- 불평과 불만이 많으며 이유를 잘 따진다.
- 비관적 태도를 지니고 있다.
- 지나치게 합리적이며 자기 책임이 강하다.
- 자존심이 지나치게 강하고 잘난 척을 한다.
- 남을 인정하지도 존중하지 않는다.

산만형의 의사소통은 초이성형과 반대되는 것으로 자신과 타인뿐 아니라 상황마저도 무시한다. 계속해서 움직이기 때문에 진지한 대화가 이루어지지 않으며, 생각이 자꾸 바뀌고 동시에 여러 가지 행동을 한다. 혼란하고 산만하여 자기 자신, 타인, 상황 모두를 중요시하지 않는다. 위협을 무시하고 마치 위협이 존재하지 않는 것처럼 행동하며, 초점이 없기 때문에 말의 의미나 내용도 없이 혼자 바쁘고 분주하다. 산만형의 의사소통을 사용하는 사람이 지닌 특징은 다음과 같다.

- 상황에 맞지 않는 말을 한다.
- 일관성 없이 말한다.
- 정확한 답을 회피하고 솔직하지 못하다.
- 무책임하고 거짓말을 한다.
- 난처할 때 농담하고, 말할 때 딴전을 피운다.
- 화제를 자주 바꾸고 횡설수설한다.
- 상대방에게 적절하게 반응하지 못한다.

낮은 자존감을 지닌 사람들은 비일치형의 의사소통방식을 사용하기 때문에 타인과의 관계 형성에 문제가 생기게 마련이다. 자존감 때문에 의사소통에 문제가 생긴 것인지, 아니면 의사소통 때문에 자존감에 문제가 생긴 것인지를 분명히 말할 수는 없다. 하지만 자존감은 개인적 차원의 심리적 속성이라고 한다면 의사소통은 관계에서 발생하는 심리적 속성의 차이이기 때문에 개인의 심리적 속성을 변화시키는 것이 보다 용이하다고 할 수 있다. 따라서 개인의 자존감을 바꾸기 위한 의도적인 혹은 적극적인 노력이 필요하다. 첫 자존감이 형성될 때는 자연스럽게 형성되지만 낮은 자존감을 바꾸는 것은 저절로 되지 않는다. 보다 적극적이면서 의도적으로 바꾸려고 노력해야만 변화가 가능한 것이 자존감이다. 그리고 자존감이 바뀌게 되면 결국 의사소통양식 또한 바뀌게 될 것이다.

3 자존감 증진 방법

인간의 행동을 이해하고 설명하기 위해 많은 심리학의 이론들이 존재한다. 그 중에서 개인의 성장과 변화를 위한 체계적인 심리치료법으로 교류분석이론이 있다. 교류분석은 성격이론의 하나로서 인간행동에 대한 이해체계를 설명한다. 특히 우리의 삶과 인생에서 발생하는 고통과 스트레스를 경감시켜주고, 자신의 성장과 자각을 증진시키면서 대인관계에서 발생하는 여러 갈등 등을 해결하고 개선하는데 도움을 준다.

교류분석에서 인간은 생리적 욕구와 심리적 욕구를 가졌다고 가정한다. 생리적 욕구는 공기, 물, 음식과 같이 개체를 유지하려는 것과 관련된 욕구이고, 심리적 욕구는 자극의 욕구, 인정의 욕구, 성취의 욕구와 같이 심리적 만족과 관련된 욕구이다. 이러한 생리적 욕구와 심리적 욕구는 인간 행동의 동기로 작용한다. 인간이 의사소통을 하는 목적은 심리적 욕구를 충족시키기 위해서라고 볼 수 있다. 심리적 욕구 중 자극의 욕구는 일종의 일차적 욕구로써 인정자극을 통해 이루어지며, 이는 한 사람이 다른 사람에게 주는 신체적 접촉 또는 심리적 인정을 말한다. 어떤 사람이 다른 한 사람의 타인에게 메시지를 보낼 때, 그는 상대방의 반응을 기대하고 있는데, 이 때 사람들은 미소, 수긍, 안면 찌푸리기, 말에 의한 인사 등과 더불어 다른 사람을 인정한다.

이처럼 자신과 타인을 인정하는 모든 행위를 스트로크(인정자극)라고 부른다. 인간의 몸과 마음이 건강하게 성장하기 위해서는 적절한 수준의 신체적 접촉의 자극과 마음의 접촉 자극이 필요하다. 그래서 우리는 신체적 접촉을 하면서, 마음을 함께 공유하고 나누면서 삶을 살아간다. 그런데 이러한 스트로크의 자극이 때로는 자신과 타인의 몸과 마음을 성장시키지만, 때로는 자신과 타인의 마음을 파괴시키기도 한다. 왜냐하면 긍정적 스트로크도 있지만 부정적 스트로크도 있기 때문이다. 그리고 우리는 긍정적 스트로크가 충분하지 않으면 부정적 스트로크를 찾게 된다.

긍정적 스트로크는 따뜻한 신체접촉, 긍정적인 평가, 승인 등 인간에게 있어서 유쾌한 스트로크를 말한다. 이것은 사람을 기분 좋게 만들고, 사람의 의미를 느끼게 하며, 건전한 정서와 지성을 갖추게 한다. 긍정적 스트로크로는 I am OK – You are OK(자아 긍정–타인 긍정)라는 인생 태도를 형성하게 함으로써 심신의 성장을 촉진하기 때문에 무조건 주어지는 것이 바람직하다. 긍정적 스트로크를 충분히 받고 자라난 사람은 타인으로부터의 칭찬이나 승인을 순순히 받아들이며, 또한 자기가 속하고 있는 집단에 주어지는 칭찬도 자신에게 주어지는 것과 같은 것으로 받아들일 수 있게 된다.

이처럼 긍정적 스트로크는 개인의 자존감, 타인의 자존감, 개인의 사회적 책임감, 비평적 사고 그리고 자주적인 판단력을 길러주는 강력한 방법이다. 따라서 타인과의 접촉, 타인들로부터 받는 인정은 한 개인으로 하여금 긍정적인 자존감을 느끼게 하여 자신을 긍정적인 존재로 인식할 수 있게 해준다. 결국 타인들로부터 받는 긍정적 스트로크는 한 개인으로 하여금 긍정적 자존감을 느끼게 하고 자신을 긍정적인 존재로 인식할 수 있게 하여 자아상 강화에 아주 강력한 효과를 낸다고 할 수 있다(Birnbaum, 1987).

한편, 사람이 긍정적 스트로크를 충분히 받지 못하면 상대방을 노하게 한다든가 상처를 입히면서 주목 또는 애정을 얻으려 하는데 이를 부정적 스트로크라고 한다. 부정적 스트로크는 상대방을 미워하는 표정과 말, '자기 부정-타인 부정'과 같은 감정으로서 인간의 성장 발달에 많은 장애가 된다. 부정적 스트로크를 받는 사람은 정서적, 신체적, 지적으로 상대를 손상시키며 인격 장애를 일으키거나 절망적으로 생활하게 되어 I am not OK - You are not OK(자아 부정-타인 부정)라는 생활 자세를 형성한다. 부정적 스트로크는 대인관계에 있어서 상대방의 가치를 경시한다든가 그 능력을 과소평가하는 행위와 깊이 관련된다. 또한 긍정적 스트로크를 받지 못하고 성장하게 되면 부정적 스트로크들이 자리 잡고 있어서 자신을 부정적으로 보는 가치관을 형성하게 되어, 자신에 대한 평가를 부정적으로 형성하게 된다.

긍정적 스트로크

- 상대가 좋게 느낀다.
- 신체적 자극 : 머리를 쓰다듬니다, 손을 잡아준다,
어깨를 토닥거려준다.
- 칭찬해주는 말 : "좋은 일을 했어!", "훌륭해, 아주 잘했어!",
"너와 같이 있어서 행운이야!"

부정적 스트로크

- 상대가 나쁘게 느낀다.
- 신체적 자극 : 때린다, 꼬집는다, 걷어찬다.
- 상처입히는 말 : "그것밖에 못해!", "너 뭐야?", "헤어지자!"

인간은 한 평생 스트로크를 주고받으면서 살고 있으며, 성장하면서 스트로크의 성질도 살갗을 통한 접촉에서 말이나 동작에 의한 애정표현으로 변화되어 간다. 사람이 사회생활을 영위하는 기본적 동기는 바로 스트로크를 주거나 받기 위한 것이라고 할 수 있다. 따라서 우리는 되도록 많은 스트로크를 주고받아야 하며 특히 긍정적 스트로크를 많이 주고받도록 노력하여야 한다.

자존감은 타인으로부터 받은 피드백에 의해서 형성되기 때문에 타인들로부터 긍정적으로 평가 받는 것이 중요하다. 타인, 특히 자신에게 영향력을 많이 미치고 있는 사람으로부터 진정으로 인정받는다면 자존감은 향상되고, 정신적으로 성장 발달하게 된다. 즉, 긍정적 스트로크는 사람을 건설적인 방향으로 변화시켜 자신의 잠재력을 최대한 발현할 수 있게 하는 근거가 된다. 이런 차원에서 부정적 스트로크를 최소화 하면서 긍정적 스트로크를 적극적으로 받는 것은 자존감 증진의 핵심적인 방법이 된다.

긍정적 스트로크를 많이 받기 위해서는 부정적 스트로크를 주는 사람과의 관계를 줄이고 긍정적 스트로크를 주는 사람과의 관계를 증진시켜야 한다. 그리고 자신도 다른 사람에게 긍정적 스트로크를 많이 주어야 한다. 특히 가족, 친구 등 자신과 가까운 사람일수록 긍정적 스트로크를 주도록 노력하여야 한다. 자존감은 스스로의 인식에 의해서도 영향을 받지만 타인과의 관계 속에서 형성되기도 한다는 점을 고려하면 긍정적 스트로크를 주고받는 것이야말로 자존감 증진의 핵심적인 수단이라고 할 수 있다.

스트로크를 주자!

스트로크를 주어야 할 경우는 주자.

원하는 스트로크가 있다면 타인에게 부탁하자.

원하는 스트로크가 오면 즐겁게 받아들이자.

원하지 않는 스트로크는 사양하자.

자기 자신에게 스스로 스트로크를 부여하자.

활동 01

Satir의 의사소통 유형 검사

※ 다음 각 문항을 읽고, 평상시 자신의 의사소통과 일치하는 점수를 아래 답안지에 기입하시오.

번호	문 항	전혀 아니다	조금 아니다	보통 이다	조금 그렇다	매우 그렇다
1	나는 상대방이 불편하게 보이면 비위를 맞추려고 한다.	1	2	3	4	5
2	나는 일이 잘못되었을 때 자주 상대방의 탓으로 돌린다.	1	2	3	4	5
3	나는 무슨 일이든지 조목조목 따지는 편이다.	1	2	3	4	5
4	나는 생각이 자주 바뀌고 동시에 여러 가지 행동을 하는 편이다.	1	2	3	4	5
5	나는 타인의 평가에 구애받지 않고 내 의견을 말한다.	1	2	3	4	5
6	나는 관계나 일이 잘못되었을 때 자주 내 탓으로 돌린다.	1	2	3	4	5
7	나는 다른 사람들의 의견을 무시하고 내 의견을 주장하는 편이다.	1	2	3	4	5
8	나는 이성적이고 차분하며 냉정하게 생각한다.	1	2	3	4	5
9	나는 다른 사람들로부터 정신이 없거나 산만하다는 소리를 듣는다.	1	2	3	4	5
10	나는 부정적인 감정도 솔직하게 표현한다.	1	2	3	4	5
11	나는 지나치게 남을 의식해서 나의 생각이나 감정을 표현하는 것을 두려워한다.	1	2	3	4	5
12	나는 내 의견이 받아들여지지 않으면 화가 나서 언성을 높인다.	1	2	3	4	5
13	나는 나의 견해를 분명하게 표현하기 위해 객관적인 자료를 자주 인용한다.	1	2	3	4	5
14	나는 상황에 적절하지 못한 말이나 행동을 자주 하고 딴전을 피우는 편이다.	1	2	3	4	5
15	나는 다른 사람이 내게 부탁할 때 내가 원하지 않으면 거절한다.	1	2	3	4	5
16	나는 사람들의 얼굴표정, 감정, 말투에 신경을 많이 쓴다.	1	2	3	4	5
17	나는 타인의 결점이나 잘못을 잘 찾아내어 비판한다.	1	2	3	4	5
18	나는 실수하지 않으려고 애를 쓰는 편이다.	1	2	3	4	5
19	나는 곤란하거나 난처할 때는 농담이나 유머로 그 상황을 바꾸려 하는 편이다.	1	2	3	4	5
20	나는 나 자신에 대해 편안하게 느낀다.	1	2	3	4	5
21	나는 타인을 배려하고 잘 돌보아 주는 편이다.	1	2	3	4	5
22	나는 명령적이고 지시적인 말투로 상대가 공격받았다는 느낌을 줄 때가 있다.	1	2	3	4	5
23	나는 불편한 상황을 그대로 넘기지 못하고 시시비비를 따지는 편이다.	1	2	3	4	5
24	나는 불편한 상황에서는 안절부절 못하거나 가만히 있지를 못한다.	1	2	3	4	5
25	나는 모험하는 것을 두려워하지 않는다.	1	2	3	4	5
26	나는 다른 사람들이 나를 싫어할까 두려워서 위축되거나 불안을 느낄 때가 많다.	1	2	3	4	5
27	나는 사소한 일에도 잘 흥분하거나 화를 낸다.	1	2	3	4	5
28	나는 현명하고 침착하지만 냉정하다는 말을 자주 듣는다.	1	2	3	4	5
29	나는 한 주제에 집중하기보다는 화제를 자주 바꾼다.	1	2	3	4	5
30	나는 다양한 경험에 개방적이다.	1	2	3	4	5

번호	문 항	전혀 아니다	조금 아니다	보통 이다	조금 그렇다	매우 그렇다
31	나는 타인의 요청을 거절하지 못하는 편이다.	1	2	3	4	5
32	나는 자주 근육이 긴장되고 목이 뻣뻣하며 혈압이 오르는 것을 느끼곤 한다.	1	2	3	4	5
33	나는 나의 감정을 표현하는 것이 힘들고, 혼자인 느낌이 들 때가 많다.	1	2	3	4	5
34	나는 분위기가 침체되거나 지루해지면 분위기를 바꾸려 한다.	1	2	3	4	5
35	나는 나만의 독특한 개성을 존중한다.	1	2	3	4	5
36	나는 내 자신이 가치가 없는 것 같아 우울하게 느껴질 때가 많다.	1	2	3	4	5
37	나는 타인으로부터 비판적이거나 융통성이 없다는 말을 듣기도 한다.	1	2	3	4	5
38	나는 목소리가 단조롭고 무표정하며 경직된 자세를 취하는 편이다.	1	2	3	4	5
39	나는 불안하면 호흡이 고르지 못하고 머리가 어지러운 경험을 하기도 한다.	1	2	3	4	5
40	나는 누가 나의 의견에 반대하여도 감정이 상하지 않는다.	1	2	3	4	5

※ 의사소통 유형 검사 답안지

1	2	3	4	5
6	7	8	9	10
11	12	13	14	15
16	17	18	19	20
21	22	23	24	25
26	27	28	29	30
31	32	33	34	35
36	37	38	39	40
회유형	비난형	초이성형	산만형	일치형

활동 02

자기 스트로크

1. 자신의 장점 10가지를 작성한다.

1.

2.

3.

4.

5.

6.

7.

8.

9.

10.

2. 자신의 장점을 조별(전체) 한명씩 돌아가면서 발표한다.

3. 자신의 장점 10개 중에서 타인에게 인정받기 원하는 것을 5개 선택한다.

1.

2.

3.

4.

5.

4. 인정받기 원하는 스트로크를 조원들과 주고 받는다.

5. 소감 나누기

제5장 자기 관리

학습목표

- 자기 관리의 중요성을 이해하고 설명할 수 있다.
- 지적 능력 관리를 위한 방법을 학습하여 적용할 수 있다.
- 건강 관리를 위한 방법을 학습하여 적용할 수 있다.
- 감정 관리를 위한 방법을 학습하여 적용할 수 있다.
- 시간 관리를 위한 방법을 학습하여 적용할 수 있다.

1 자기 관리의 중요성

현대의 리더십은 셀프리더십을 핵심으로 하고 있다. 셀프리더십은 자신의 삶의 주인은 자신이라는 생각에 기반을 둔 것으로 자기의 생활의 원칙을 스스로 정하고 지켜나가는 것을 말한다. 이는 자기 관리 능력과 밀접히 연관되어 있다. 즉, 자기 관리 능력은 셀프리더십의 핵심적인 내용이라고 할 수 있다.

자기 관리는 인간이 가지고 있는 자원의 유한성과 관리의 효과를 동시에 인정하는 개념이다. 인간은 누구나 신체를 가지고 있으며 지성과 감성을 가지고 있다. 그리고 누구에게나 하루 24시간이 주어져 있다. 우리가 가지는 신체의 수명은 길어야 100세 정도로 제한되어 있고, 지성과 감성 역시 많이 사용하면 소진되는 특징을 가지고 있다. 이렇게 인간이 가지고 있는 자원은 유한하므로 자원에 대한 관리가 필요하다.

관리는 자원의 효용을 극대화 하는 것이다. 누구에게나 동일하게 주어진 시간도 관리를 하면 더 많은 일을 할 수 있고 관리하지 않으면 의미 없이 소진되어버린다. 건강 역시 관리를 할 때 더 건강한 상태를 유지할 수 있다. 젊은 시절 건강을 관리하지 않으면 나이가 들어 자기 의지대로 육체를 사용할 수 없게 되며 수명도 짧아지게 된다. 사람이 가지고 있는 감정 역시 관리되어야 한다. 감정이 관리되지 않으면 쉽게 분노하거나 자기 연민에 빠지게 되지만 관리를 하면 감정 조절이 가능하며, 부정적인 감정에 쉽게 빠져들지 않을 수 있다. 따라서 우리가 가지고 있는 유한한 자원은 관리될 필요성이 있다.

관리를 효과적으로 하기 위해서는 관리의 방법을 잘 알아야 한다. 관리의 방법을 모르면 필요성은 인정하고 있어도 실제 관리를 할 수 없기 때문이다. 이 단원에서는 지적 관리, 건강 관리, 시간 관리, 감정 관리 등의 영역에서 관리의 방법을 제시하고자 한다. 이 방법이 유일하거나 어느 경우에나 적합한 방법은 아니지만 관리의 기본적인 방법으로서 각 개인에게 적합한 형태로 적용하면 효과를 거둘 수 있는 방법이다.

그리고 더 중요한 것은 관리의 방법을 아는 것이 아니라 실제 관리방법을 실천하는 것이다. 즉, 자기 관리는 지식의 문제가 아니라 실천의 문제라는 점을 인식하여 관리방법을 실천에 옮기는 것이 무엇보다 중요하다.

2 지적 능력의 관리

대학 진학이 보편화 되면서 대학교육은 그 성격이 변화되고 있다. 즉, 과거에는 대학 교육이 자연과 인문 형상의 기본 원리를 이해함으로써 새로운 지식을 창출하는 과정이었다면 근래의 대학교육은 실용적 지식을 습득하는 것으로 그 성격이 변화되고 있다. 특히, 일부 대학에서는 대학교육의 목표를 취업에 필요한 지식과 기능을 함양하는 것으로도 인식되고 있다. 즉, 대학교육의 기능적 측면이 강조되고 있다.

그럼에도 불구하고 대학생이 과거에 비해 더 많은 학습을 하여야 한다는 것도 사실이다. 과거와 달리 대학 교육이 보편화 되면서 대학을 졸업하였다는 것은 아무런 보장도 해주지 못하기 때문에 대학시절에 어떤 공부를, 얼마나 하였느냐가 중요해졌다. 사회에 진출하고 자신의 삶을 준비하기 위해서는 지적 능력을 갖추는 것이 무엇보다 중요해지고 있다.

또한 현대 사회는 지식정보사회이다. 지식정보사회에서는 지식의 양이 급증하면서 지식의 수명도 짧아지고 있다. 따라서 대학 시절에 배운 지식은 금세 낡은 지식이 되기 십상이다. 이는 학습하는 지식의 양도 중요하지만 지속적으로 학습할 수 있는 평생학습능력도 중요함을 의미한다. 또한 지식정보사회에서는 개인이 한 직종에서 평생 일을 하는 것을 기대하기 어렵게 되었다. 직장 또는 직업을 변경하는 주기가 점차 짧아지고 있기 때문에 지속적으로 사회 변화에 대응할 수 있는 능력도 갖추어야 한다.

이런 면에서 대학생은 교양지식(Liberal Arts)과 전공지식(Technology)을 겸비하여야 한다. 실용적 지식에 대한 선호가 높아지면서 교양지식은 기초적인 지식, 실용성이 없는 지식이라고 인식되어 대학과 대학생으로부터 외면당하고 있다. 그러나 교양지식은 단순히 기초적인 지식을 말하는 것이 아니라 인간과 사회 그리고 사물에 대한 인식론적 기반이다. 교양적 지식이 없으면 자신이 가지고 있는 전문적 지식이 사회에서 어떤 작용을 하는지, 개인과 사회의 관계는 무엇인지, 그리고 자신은 어떤 존재인지에 대한 인식이 부족할 수 있다. 이는 성찰 없는 인간, 사이보그와 유사한 인간상을 초래할 수 있다.

교양지식은 리버럴 아트(Liberal Arts)라고 한다. 즉, 교양은 자유로운 지성을 지향한다. 자유롭다는 것은 기존의 습관과 통설, 그리고 대중적인 인식으로부터 자유롭게 사고하고 판단하는 것을 말한다. '모두가 Yes라고 할 때 홀로 No라고 할 수 있는 힘'이 바로 교양이다. 이 자유로운 사고는 비판적 사고, 성찰적 사고, 통섭적 사고로 구성된다. 비판적 사고는 어떤 주장을 긍정하기만 하는 것이 아니라 그 한계를 찾을 수 있는 사고력이다. 비판적 사고는 새로운 주장과 대안을 마련하는 근거가 된다. 성찰적 사고는 자신의 행동을 제3자의 입장에서 돌아볼 수 있는 능력을 말한다. 누구나 자신의 행동은 정당하다고 인식할 수 있지만 자신이 행한 일을 돌아보면서 반성하고 개선점을 찾는 것이 성찰적 사고이다. 한편, 통섭적 사고는 여러 분야 또는 관점에서 한 가지 현상을 살펴보는 것이다. 교육과 관련된 현상을 교육의 관점에서만 바라보면 자기 논리에 함몰되기 쉽다. 그러나 교육 현상을 정치적 관점, 경제적 관점, 그리고 문화적 관점 등으로 통섭적으로 보면 교육 현상이 가지는 여러 측면이 종합적으로 논의될 수 있다. 이런 사고력이 교양적 지식이며 이런 교양적 지식을 갖추어야 전공 지식에 대한 탐구와 자신의 정체성 그리고 지속적인 자기 개발과 성장이 가능하게 된다.

한편 전공지식은 자신이 선택한 특정 분야의 심도 있는 지식을 말한다. 그 분야를 전공하지 않는 사람은 따라오지 못할 정도의 전문성을 갖추어야 하는 것이 전공지식이다. 특정 분야를 전공하였다는 곳은 이론적 지식과 함께 실무적 지식을 갖추는 것을 의미한다. 특히, 근래에는 이론적 지식보다 실무적 지식의 중요성이 더 강조되고 있다. 지식정보사회에 접어들면서 단순한 사실의 확인이나 이론적 지식은 정보통신기기를 이용하면 쉽게 찾을 수 있기 때문에 단순한 지식과 정보의 습득은 차별적 요소가 되지 못한다. 오히려 그 분야의 실무적 지식은 경험을 통하여 습득되는 것이기 때문에 단시간에 습득하기는 어렵고 그래서 실무적 지식이 전공 역량의 핵심적인 요소로 부각되고 있다.

또한 근래 들어서 학습자 위주의 교육과정 편성으로 전공에서 필수과목의 수가 줄어들고 있다. 즉, 학생들은 학과에 개설된 많은 전공과목 중 자신이 원하는 과목을 선택하여 수강할 권리를 가지게 되었다. 이 과정에서 전공 이수에 핵심적이지만 이수하기 어려운 과목은 기피하고 쉬운 과목을 선택하는 경향도 나타나고 있다. 전공 지식을 강화하기 위해서는 핵심적인 과목을 이수하는 것이 필요하다. 이수하기 어렵고 많은 노력이 필요하지만 전공에서 핵심적으로 요구되는 과목이라면 반드시 이수하는 것이 전공 지식을 강화하는 방법이다.

지적능력의 관리에서 또 다른 중요한 측면은 능동적 학습자가 되는 것이다. 고등학교까지는 정해진 과목을 정해진 시간에 학습하여야 했고 대부분의 과목에서 정답이 있는 교육을 받았다. 그러나 대학생이 되면 이수할 과목과 시간을 스스로 정해야 한다. 교육과정의 이수만 능동적으로 하여야 하는 것이 아니다. 학습 과정 자체도 능동적으로 이루어져야 한다. 강의 시간에 교수가 하는 강의내용만 학습하는 것은 올바른 학습방법이 아니다. 수강하는 과목과 관련된 학습꺼리는 스스로 찾고 교수가 부과하지 않은 것도 학습하여야 한다. 즉, 수동적 피교육생이 아니라 능동적 학습자가 되어야 한다.

대학생의 지적 관리는 정해진 교육과정에 의해서만 이루어지는 것이 아니다. 외국어 학습, 현장실습, 인턴십, 진로 개발에 필요한 짓기의 탐구 등은 학교의 공식적 교육과정으로는 제공되지 않는 경우가 대부분이다. 자신이 필요하다고 생각하는 분야의 지식은 스스로 학습하고 역량을 개발하여야 한다. 이렇게 하기 위해서는 누가 지시하고 시키는 것만 하는 것이 아니라 스스로 판단하여 학습을 하여야 한다. 능동적 학습자가 되는 것이 지적 능력의 관리에서 중요한 이유이다.

3 건강 관리

1) 식생활

우리 사회가 지식정보화 사회로 접어들면서 근무형태가 다양해지고 생활리듬에도 변화가 생겨나고 있다. 또한 서구식 인스턴트 음식이 보편화되어 식생활에 적신호가 나타나고 있으며 그 결과 웰빙 식품의 중요성이 강조되고 있다. 그리고 외식을 할 기회가 잦아지면서 식생활도 불규칙해지고 있다. 이러한 바르지 못한 식생활은 뇌혈관 질환, 심장병, 암, 당뇨, 등 만성 퇴행성 질환으로 이어지고 있으며 올바른 식사는 현대인의 건강을 유지하기 위한 필수요인으로 강조되고 있다.

건강한 생활인으로 살기 위해서는, 규칙적인 시간에, 단백질, 지방, 탄수화물, 칼슘, 그리고 무기질과 비타민으로 분류되는 5가지 식품군을 골고루 섭취해야 한다. 그리고 과식하지 않고 자신의 체중과 활동량에 알맞게, 싱겁게, 그리고 즐겁게 식사하는 것 또한 중요한 식습관이다.

식습관 중 가장 기본적인 것은 규칙적으로 식사를 하는 것이다. 한 끼 식사를 완전히 소화시키기 위해서는 대략 3~6시간을 필요로 하다. 따라서 소화기관의 휴식시간을 감안할 때 수면시간을 제하고 하루에 세 끼 5~6시간 간격으로 식사를 하는 것이 가장 바람직하다. 불규칙적인 식사습관으로 식사를 제 때 하지 않으면 위에 부담을 주게 되면서 위산과다나 위산이 적게 나오는 저산증, 혹은 위하수증 등의 위장 질환을 일으킬 수 있다. 또한 식사를 거르면 몸이 비상사태에 돌입하게 되고 다음 식사 때 섭취하는 음식이 그대로 지방으로 저장되면서 비만을 유발하게 된다. 올바른 식생활을 위한 구체적인 사항은 다음과 같다.

첫째, 음식을 섭취할 때는 5가지 식품군의 고른 섭취가 요구되는데, 우리 몸은 탄수화물, 단백질, 지방, 등 3대 영양소뿐 아니라 칼슘과 비타민 및 무기질이 골고루 필요하다(표 5-1 참조). 그러나 우리나라 사람들의 식생활 문화가 서구화되어가면서, 많은 사람들이 바르지 못한 식생활로 특정 영양소를 과다하게 혹은 과소하게 섭취하고 있으며, 칼슘이나 비타민 A 부족현상을 보이는 등 고르지 못하게 영양분을 섭취하는 것으로 나타났다(박현조, 2001).

〈표 5-1〉 5가지 기초 식품군

단백질	근육과 혈액을 만들며, 체내에서 연소하여 에너지를 공급하는 영양소.	고기, 생선, 계란 및 콩류. 쇠고기, 돼지고기, 닭고기, 햄, 소시지, 생선, 포, 채, 조개, 굴, 계란, 콩, 두부, 된장, 두유, 땅콩, 잣, 호두, 아몬드 등이 포함됨.
칼슘	뼈와 치아 형성, 혈액응고, 근육수축, 및 신경자극 전달 기능.	우유, 유제품 및 뼈째 먹는 생선. 우유, 치즈, 요구르트, 멸치, 뱅어포, 잔 새우, 잔 생선, 사골, 등이 포함됨. 섭취량이 많지는 않아도 뼈를 형성하는 칼슘 섭취를 위해 중요.
비타민 및 무기질	다른 영양소의 흡수를 도움. 극소량으로 우리 몸의 생리 기능을 조절함	채소류, 과일류, 해조류, 버섯류. 각종 채소, 버섯, 감자, 고구마, 김, 미역, 과일, 과일주스가 포함됨.
탄수화물	탄소, 수소, 산소의 화합물. 체내에서 연소하여 에너지를 공급하는 영양소.	곡류 및 감자류. 우리 식생활의 주식으로 쌀, 보리, 팥, 옥수수, 밀, 감자, 고구마, 토란, 밤, 밀가루, 미숫가루, 국수, 떡, 빵, 과자, 사탕, 설탕, 꿀 등이 포함됨.
지방	여러 기관을 보호하고 체내에서 연소하여 에너지를 공급하는 영양소	유지류. 식용유, 참기름, 들기름, 버터, 마요네즈 등이 포함됨. 음식 조리에 꼭 필요한 만큼만 사용하고 가급적이면 적게 먹는 것이 바람직함.

둘째, 체중과 활동량에 알맞은 양의 식사가 요구된다. 일반적으로 정상 체중에 비해 20% 이상 과체중이거나 10% 이상 저체중일 경우 상대적으로 건강상태가 저하된다. 오전에 활동량이 많은 사람은 아침 식사를 가장 많이 하는 것이 좋다. 아침이나 점심 때 먹은 음식물은 대부분 몸에 축적되지 않고 활동 에너지로 사용되지만, 저녁에 섭취된 음식물은 운동량이 적어 별로 소모되지 않고 축적되므로 가능한 한 저녁식사량은 줄여야 한다. 아침을 많이 먹으면 하루 종일 포만감을 유지시켜 음식물의 섭취량을 줄일 수 있다. 하루 섭취량이 2,000kcal라고 간주할 때 700kcal 이상을 아침에 섭취하는 것이 좋으며, 그게 어렵다면 적어도 1:1:1의 비율을 유지하는 것이 바람직하다.

개인이 섭취해야 하는 하루 에너지양은 기초 대사량과 활동대사량, 그리고 식품이용을 위한 에너지양을 모두 더한 값으로 이루어진다. 기초 대사량은 휴식을 취하고 있거나 아무 것도 하지 않고 가만히 있을 때 우리 몸을 유지하기 위해 필요한 에너지양으로 남자는 대략 체중 1kg당 1시간당 1kcal, 여자는 0.9kcal을 소모한다. 활동 대사량은 수면과 휴식 시간을 제외한 일상생활 속의 활동에 소모하는 에너지로 활동 강도에 따라 다르다. 앉아서 쉬거나, 독서, 운전 등 아주 가벼운 활동은 기초 대사량의 20~40%를 추가하고, 걷기, 버스타기, 청소기 세탁기 돌리기 등의 가벼운 활동은 기초 대사량의 55~65%를 추가한다. 가볍게 자전거 타기, 볼링, 청소 등의 보통 활동은 기초 대사량의 70~75%를 추가하고, 수영, 등산, 테니스 등 심한 활동은 85~100%를 추가한다. 그리고 식품이용을 위한 에너지량은 섭식 후 이를 소화, 흡수, 운반하는 등 대사될 때 일어나는 과정에 필요한 에너지로 하루에 필요한 에너지의 약 10%를 차지한다. 식사 자체에 소모되는 에너지양이 가장 큰 것은 단백질이고, 다음이 탄수화물이며, 지방은 열량과 소화율은 높으면서 이용하는데 드는 에너지 소모량은 매우 낮다. 따라서 개인이 필요로 하는 하루 에너지를 충당하는 3대 영양소인 단백질, 지방, 탄수화물은 1:1:3의 비율로 섭취할 것을 권장한다.

셋째, 싱거운 음식이 권장된다. 소금 성분인 나트륨은 우리 몸에 필요한 성분으로 부족하게 섭취하는 경우에는 식욕감퇴, 권태, 피로 현상이 나타나지만, 보통 식품을 통해 자연스럽게 섭취하게 된다. 그러나 이 나트륨 성분을 과잉으로 섭취하게 되면 심장, 뇌, 신장 등의 기능에 부담을 주어 설사와 고혈압, 동맥경화증을 유발할 수 있다. 환경부에서 제공하는 환경용어사전에 따르면 세계보건기구가 권장하는 하루 식염섭취량이 5그램 이하이지만, 대한고혈압학회가 추정하는 우리나라 사람들의 하루 소금 섭취량은 약 15~20그램이다. 고혈압 등이 더 이상 성인에 국한된 병이 아니라 아동이나 젊은 층에게도 나타나는 현상을 감안할 때, 평소에 염분을 지나치게 섭취하지 않도록 각별히 주의를 기울일 필요가 있다.

넷째, 식사할 때는 즐거운 식사이어야 한다. 편안하고 즐겁게 온 가족이 함께 하는 식사시간은 가족원들에게 건강한 삶을 제공하는 중요한 요소가 된다. 그러나 현대사회는 매우 역동적으로 바쁘게 돌아가고 있어서 온 가족이 오순도순 식탁에 둘러앉아 식사를 즐길 수 있는 기회가 예전 같이 흔하지 않다. 일주일에 몇 번이나 가족이 함께 단란한 식사를 하는지 손으로 꼽을 수 있을 정도로 각자의 생활이 바빠졌기 때문이다. 중요한 것은 물리적인 환경 못지않게 심리적인 환경이 즐거운 식사에 영향을 미친다는 점이다. 어디에서 어떤 형태로 누구와 식사를 하건 간에 자기 자신과 상대방 및 환경에 대해 긍정적인 마음을 가지면서 즐거움 속에서 식사를 하는 자세가 중요하다.

2) 생활습관

사람들이 건강하기 위해서는 무조건 운동을 열심히 해야 한다고 생각한다. 그러나 원래 몸이 약한 사람이 너무 운동을 열심히 하면 몸이 더 약해질 수도 있다. 무조건 열심히 하기보다 왜 몸이 약하고 건강하지 못한지를 먼저 살펴보고 그 대안을 찾아야 한다. 인간의 몸이 건강을 잃어버리는 이유로는 신체의 구조가 왜곡되어 있기 때문이거나 또는 몸에 독소가 남아있기 때문이기도 하다(원동연, 2002). 이 두 가지 문제점을 해결하기 위한 효과적인 원칙들로는 다음과 같은 것들이 있다.

첫째, 바른 자세가 필요하다. 우리 몸은 평소의 좋지 않은 자세 때문에 알게 모르게 척추가 굽는다. 굽은 척추는 신경계와 내장을 압박하게 된다. 엑스레이 촬영을 해보면 굽은 척추가 우리 내장과 신경계를 얼마나 압박하고 있는지 확인해 볼 수 있다. 자세가 바르지 않던 사람이 바른 자세를 갖기 시작하는 것은 건강을 회복하는 가장 빠른 길이다.

둘째, 부드러운 관절이 필요하다. 신체를 유지시켜 주는 중요한 요소 중의 하나는 뼈와 뼈 사이의 관절이다. 우리 몸은 관절을 통해 서로 연결되어 있다. 그런데 몸 구석구석에는 거의 사용하지 않아 굳어진 관절들이 많이 있다. 굳어져 있는 관절들을 운동을 통해 부드럽게 해주면 혈액 순환이 잘되고 유연한 몸으로 건강을 유지할 수 있다. 노인들의 경우 지출하는 약 값 중에 '관절염 치료'약 값의 비중이 가장 크다고 한다. 젊을 때부터 적절한 운동을 해야 건강하고 유연한 몸을 노년까지 유지할 수 있다

셋째, 다섯 가지 감각기관을 튼튼히 해야 한다. 인간은 시각, 청각, 후각, 미각, 촉각의 오감을 가지고 있으며, 이는 각각 눈, 귀, 코, 혀, 피부를 통해 감지된다. 감각기관은 신체 중 피부의 보호를 별로 받지 못하는 상태에서 바깥 공기와 직접 접촉하는 기관들이다. 따라서 잘못 관리되었을 때는 탈이 나기도 쉽고, 온갖 질병들이 다섯 가지 감각기관을 통해 우리 몸에 침투하게 된다. 감각기관이 건강하면 상쾌한 생활을 할 수 있다.

넷째, 규칙적인 배변 습관이 중요하다. 보통 건강을 유지하기 위해 잘 먹어야 한다고 생각한다. 그러나 무엇을 먹느냐의 문제보다 더 중요한 것은 배변 습관이다. 내장운동을 통해 내장을 강화시키고 부드럽게 해줌으로써 규칙적으로 배설하는 것이 건강에 아주 중요하다. 배변 습관이 좋지 못하거나 불규칙한 배설로 인해 변비가 생기면 몸에 독소가 남아 건강을 해치게 된다.

다섯째, 숙면해야 한다. 잠을 깊이 자는 사람은 하루 종일 활동을 통해 체내에 축적된 피로 물질과 독소들을 깨끗이 순화시켜 다음날의 활동도 원활하게 할 수 있다. 수면은 크게 비렘수면(Non-Rapid Eye Movement)과 렘수면(Rapid Eye Movement)으로 나눈다. 비렘수면은 감각중추의 억제 정도로 뇌파의 파형이 바뀌는 현상에 따라 4단계로 구분되며, 4단계로 진행될수록 점차 깊은 잠에 빠진다. 잠들기 시작하여 깨우면 곧바로 일어나는 초기 30초~7분가량의 시기가 1단계이고, 전체 수면의 50% 정도를 차지하며 깨웠을 때 잠이 들었다고도 꿈을 꾸었다고도 하지 않는 보통 정도 깊이의 수면상태인 2단계 이다. 전체수면의 10~20%정도를 차지하며 잠에 취해 세게 흔들어 깨워도 어디가 어딘지 모르고 다음날 기억도 못할 만큼 깊은 잠에 빠지는 상태가 잠든

지 30~45분이 지나 도달하게 되는 3, 4단계 이다. 보통 델타수면이라고도 불리는 3, 4단계에 잠에 문제가 생기면 야뇨증, 몽유병, 야경증, 악몽 등이 나타나기도 한다. 과로하거나 피곤하면 이 3, 4단계의 수면이 증가하여 깊은 잠을 자면서 피로를 푼다.

렘수면은 근육을 별로 쓰지 않아 사지의 힘은 빠지는 대신 안구운동이 활발하게 관찰되는 상태이다. 렘수면은 총 수면시간의 20~25%를 차지하며, 렘수면과 꿈이 동일한 것은 아니지만 꿈을 잘 기억하기 때문에 꿈 수면이라고도 부른다. 렘수면 동안에는 호흡이 불규칙해지고 심장박동과 혈압이 오른다. 남자들의 경우 음경이 발기되고 근육에 힘이 빠지는 현상을 보인다. 렘수면이 방해를 받으면 다음날 불안초조해지고 산만하여 집중력 장애 현상이 나타난다. 비렘수면의 1단계부터 렘수면까지가 한 번의 주기가 되며 보통 90~100분 정도를 한 주기로 하여 이 과정이 하룻밤에 4~5차례 반복된다. 새벽이 될수록 비렘수면의 3, 4단계 잠은 줄고 2단계 수면과 꿈이 많아지면서 꿈을 많이 꾸게 된다.

수면시간이 부족하면 집중력이 저하되고, 능률이 떨어지며, 운전 중 사고위험이 증가한다. 또한 면역력이 저하되어 각종 질환에 걸리기 쉽고, 심장병이나 비만, 우울증, 노화 촉진 등의 확률이 높아진다. 그러나 사람들에게 적당한 하루 수면시간은 개인마다 다르다. 일반적으로 취침하여 자명시계에 의존하지 않고 저절로 일어날 수 있는 시간이 개인에게 필요한 수면시간이다. 잠을 적게 자면서 하루를 길게 살려고 노력하기보다는 자신에게 알맞은 시간 동안 숙면을 취하고 낮 동안에 집중할 수 있도록 관리하는 것이 중요하다.

그러나 잠을 적게 자는 사람들 중에 정력적이고, 외향적이며 야심 찬 사람이 많다고 한다. 에디슨, 나폴레옹, 대처 등이 그 예이다. 반면에 하루 10시간 이상씩 자야했다는 아인슈타인을 보면, 잠을 오래 잔다고 해서 무능하다고 말할 수는 없다. 자는 동안 꿈속에서 영감을 얻어 우수한 업적을 이룩한 문학자들과 과학자들도 종종 있다.

읽기자료 효과적으로 5차원 건강법을 실시하는 방법(원동연, 2002)

아침에 일어나자마자 온 몸 가볍게 두드리기

- 잠잘 때 이완되었던 근육과 각종 내장과 순환기 등을 자극하여 활동을 시작하도록 준비시켜 주는 매일 운동.
  * 잠자리에 앉은 채로 천천히 자신의 몸을 부드럽게 두드리기
  * 주먹을 살짝 쥐고, 허벅지, 배, 허리, 가슴, 어깨, 목, 머리 등을 가볍게 두드리기.

세수하면서 오관운동

- 눈의 피로, 축농증, 비염, 기억력 감퇴, 두통 등의 예방을 돕는 매일 운동.
  * 눈 운동: 눈 주위 뼈를 부드럽게 눌러 준 다음, 눈동자를 상하좌우, 대각선, 원 모양 등으로 돌리며 안구 근육 풀어주기.
  * 코 운동: 코 양옆을 위아래로 20회 비비기.
  * 귀 운동: 집게손가락과 가운데 손가락 사이에 귓바퀴를 끼우고 아래위로 30회 비비기.
  * 치아 운동: 어금니를 20회, 앞니를 20회, 딱딱 부딪쳐 준 후, 혀로 잇몸을 힘 있게 누르기.
  * 혀와 편도 운동: 혀를 내밀어 턱 밑으로 최대한 길게 늘어뜨리기. 혀와 편도를 강하게 해줌.

일하다가 쉬는 시간에 바른 자세 갖기

  * 허리 곧게 펴기 → 허리 뒤로 젖히기 → 허리 굽혀 뻗기 → 몸통 돌리기 동작을 연속적으로 1~2회 하기. 점차 늘려 익숙해지면 매번 7회 반복하기.
  * 삼수(목, 손 발목, 허리) 운동: 발끝으로 마(馬)자 쓰기 + 발가락 돌리기; 무릎 돌리기; 허리 돌리기; 손목 X자로 비틀기 + 어깨 돌리기; 머리끝으로 봉(鳳)자 쓰기. 왜곡된 신체구조의 교정을 도움.

저녁시간에 체력단련

- 하루에 10분 정도 팔굽혀 펴기, 다리 굽히기, 윗몸 일으키기, 허리 들어올리기, 물구나무서기를 하되, 취약한 신체부분 운동을 집중적으로 하기.
  * 팔굽혀펴기 운동: 어깨, 허리, 팔의 힘을 길러줌.
  * 다리 굽히기: 다리 체력을 강화시켜줌.
  * 윗몸 일으키기: 허리 유연성의 강화 및 복부 지방의 제거
  * 허리 들어올리기: 허리를 강하게 해줌.
  * 물구나무서기: 근육과 장기들을 자극하고 머리를 맑게 해줌.

자기 전에 내장운동, 호흡법, 수면법

- 잠자리에 들 때마다 앉아서 최대한 부드럽게 하는 내장 강화운동.
  * 손바닥으로 복부 문지르기, 허리 주무르기, 손 주무르기, 발 주무르기 및 발바닥 두드리기.
  * 고르고 길게 복식 호흡(3초 호흡), 항문수축 호흡.
  * 수면 훈련: 발바닥 두드리기, 마음의 힘 빼기(심호흡), 몸의 힘 빼기.

4 감정 조절

인간은 감정의 동물로서 사회생활을 하는 데 감정의 경험과 처리는 중요하다. 특히 긍정적인 감정보다는 부정적인 감정과 관련해서는 더욱 그러하다. 인간관계에 있어서 사소한 감정적인 문제들이 발전하여 큰 갈등과 위기가 되고 결국에는 관계의 파괴로까지 연결되는 상황들을 우리는 흔히 겪게 된다.

우리는 일상생활 속에서 감정이란 용어를 빈번히 사용하면서도 실제로 감정이 무엇인지를 설명하려 하면 어려움을 느낀다. 감정은 흔히 느낌, 정서 등의 용어와 혼용되기도 한다. 감정이란 다음과 같은 속성을 갖는 정서적 경험이다.

1) 생리적 경험

사람이 만약 특정한 정서를 경험한다면 내적인 생리적 변화가 일어날 것이다. 예로서 만약 우리가 불안하거나 공포를 느낀다면 가슴이 뛰는 것을 경험하게 된다. 뿐만 아니라 혈압이 상승하거나 아드레날린의 분비가 증가하며 소화기능이 떨어지고 눈동자가 커지게 된다. 이와 반대로 행복한 정서를 느낀다면 몸의 긴장이 이완되고 엔돌핀이 분비되어 소화기능이 회복된다. 즉 정서적 경험과 생리적 변화는 밀접한 관계가 있음을 알 수 있다.

2) 비언어적 반응

감정은 생리적 변화와 동시에 외적으로는 신체로 표출되는 비언어적 반응으로 나타나기도 한다. 당황하거나 놀랄 때 얼굴이 붉어지거나 땀이 난다. 그리고 얼굴이 찡그러지거나 목소리가 떨리기도 할 것이다. 때문에 우리는 상대방의 표정이나 자세, 몸가짐 등을 보고 그의 정서 상태를 판단할 수 있다.

3) 인지적 정서

주어진 상황에서 어떤 정서를 경험하게 되면 머리에서는 자동적으로 인지적 해석을 하게 된다. 사람은 특정한 정서를 경험할 때, 외적 상태에 근거해서 인지적 해석을 내리는 경향이 있다. 즉 외적사태가 어떠냐에 따라 정서적 경험이 달리 해석될 수 있다. 동일한 강도의 소리인데도 낮에 들었다면 아무렇지 않게 넘겼을 소리를 밤에 깜깜할 때 듣는다면 순간적으로 소름이 돋고 등골이 오싹해지는 공포경험을 하는 것과 같은 이치이다. 사람이 어떤 상황에서 특정한 정서를 경험하는 것은 그 순간 인지적 해석에 의해 많이 좌우된다고 할 수 있다.

어떤 사건이나 상황에 대하여 어떻게 해석하고 생각하느냐 그리고 그것에 대하여 어떤 신념을 가지고 있었느냐에 따라서 정서나 감정은 전혀 다르게 경험될 수 있다. REBT(Rational Emotive Behavior Therapy)에서는 생각과 감정의 관계를 논리적으로 설명하고 있는데, 사람이 외적 사태에 대하여 어떻게 해석하고 생각하느냐에 따라 바람직한 정서적 결과, 즉 생산적 감정을 경험하게 될 수도 있지만 그 반대로 바람직하지 않은 비생산적 감정을 경험하게 될 수도 있다고 한다.

외적 상황을 어떻게 해석하고 생각하느냐 하는 점이 바로 합리적 신념과 비합리적 신념의 두 가지로 나누어진다. 합리적 신념이란 어떤 상황을 이해하고 해석하는 객관적이며 타당한, 근거 있는 신념을 말하며 비합리적 신념이란 주관적이며 근거가 없는, 그래서 왜곡되기까지 하게 되는 신념을 말한다.

우리는 특정한 상황에 대하여 합리적인 신념과 생각으로 해석하고 받아들이면 바람직한 정서, 즉 생산적 감정을 경험하지만 비합리적 신념으로 이해하면 비생산적 감정을 경험할 수밖에 없다. 늦게 오는 식구를 기다리는 나머지 가족들이 “그럴만한 사정이 있을 것”이라고 생각하면 ‘곧 오겠지’라는 단순한 마음을 가질 수 있지만 “사고가 났을 것”이라고 생각한다면 불안, 걱정, 긴장과 같은 심정 때문에 초조해질 것이다. 동일한 상황에서 두 가지 서로 다른 생각 때문에 초래되는 결과는 상반되는 감정을 준다는 것을 알 수 있다.

일어나는 사건이나 상황자체를 바꿀 수는 없다. 일어날 수밖에 없는 사건과 상황이라면 그 사건으로 인하여 걱정과 불안과 같은 비생산적인 감정을 일으키지 않도록 하여야 한다. 그러기 위해서는 주어진 상황에서 자신의 생각이나 신념을 바꾸어야 하며, 이 것이 효율적으로 자신의 감정을 관리할 수 있는 방법이다.

아래의 비합리적 생각들은 결과적으로 비생산적인 감정을 유발시키는 원인이 될 수 있다.

- 완벽주의 : 조금이라도 불완전한 자신을 받아들이지 못하고 반드시 완전해야 한다고 믿는다.
- 인정 : 모든 사람들로부터 반드시 인정받아야 한다.
- 당위성 : 만사는 반드시 일정한 어떤 식으로 또는 어떤 방향으로 이루어져야 한다.
- 과잉 일반화 : 제한된 증거를 바탕으로 전체로 확대하여 일반화하는 경향을 갖고 있다.
- 무력감 : 스스로 어떻게 해볼 수 있는 일인데도 절대로 그렇게 할 수 없다고 믿는다.

- 부정적 예언 : 자신이 어떻게 하고자 시도를 하는 일은 결과적으로 제대로 되지 않을 것이라고 믿는다.

이러한 비생산적인 감정은 최소화 하는 것이 필요하다. 감정은 저절로 조절되지 않는다. 의식적인 노력으로 부정적 감정을 최소화 하고자 할 때 부정적 감정은 통제될 수 있다. 부정적인 감정을 조절하는 방법으로는 다음과 같은 것이 있다.

첫째, 자신의 정서적 반응에 민감하고 인정한다.
둘째, 그러한 반응의 원인이 될 만한 선행사건이 무엇인지 생각한다.
셋째, 그 사건에 대한 자신의 해석과 생각이 어떠한지 분석한다.
넷째, 비합리적 생각이 발견되면 타당성을 검토하고 그것을 버리고 합리적 생각으로 바꾼다.

비합리적인 생각이나 신념을 합리적으로 바꾸는 것 이외에 가정이나 학교에서 정서적으로 자신을 지지해주는 조직을 형성하므로 감정 관리를 할 수 있는 방법도 있다. 이 방법은 과다한 부정적 스트레스로부터 견딜 수 있게 해주는 것으로서 마치 전투할 때 입는 갑옷과 같은 기능을 한다. 옛날 사람들은 가족이나 친척들로부터 축하나 위로와 같은 정서적 지지를 많이 받았지만 오늘날은 이러한 정서적 지지 조직과 지지 체계를 새로 만들어야 할 필요가 있다. 만약 가정이나 학교에서 정서적 지지기반이 부족하다고 느끼면 이러한 방법을 활용하면 좋을 것이다.

동아리나 모입에 가입하여 사회활동을 하면 서로가 어려운 일을 도와주고 좋은 일은 축하해 주므로 정신적으로 건강한 생활을 유지할 수 있다. 현대사회는 가정이나 조직도 해체되기 쉬운 사회이기 때문에 서로 돕고 이해하고 협조해주는 정서적 공동체를 만들어 활동하는 것은 매우 유익한 일이다.

정서적 지지는 나의 개성을 인정해 주고 나의 좋은 면을 부각시키려고 하는 선의의 사람들로부터 나오는 것이다. 모든 사람은 자신의 실제 모습을 수용 받고 인정받고 싶어 한다. 다시 말해 있는 그대로의 자기 모습을 남으로부터 평가받고 싶어 한다. 그러므로 진실한 의미의 정서적 지지는 나를 잘 알고 나를 진정으로 사랑하는 사람으로부터 나오는 것이다.

5 시간 관리

인간은 살면서 물질이나 명예, 권력, 지식, 건강 등 많은 것을 소유하지만 그것들을 모두 조절할 수 있는 것은 아니다. 하지만 죽을 때까지 자율적으로 통제할 수 있는 것이 바로 시간이다 시간을 잘 조절하여 사용하면 삶의 효율을 높일 수 있다. 시간을 효과적으로 사용하는 것은 자기관리 능력의 기본이다.

시간 관리란 자신이 수행해야 하는 전체적인 역할들을 보고 그것을 균형 있게 할 수 있도록 시간을 안배하는 것이다. 자신이 수행해야 하는 역할 전체를 보는 눈이 결여되어 있을 때 우리는 한쪽으로 치우쳐서 흥미를 느끼는 일에만 몰두한다든지, 아니면 한두 가지의 역할에만 집중하고 나머지는 소홀히 하기 쉽다.

모든 사람은 공평하게 하루 24시간을 가지고 있다. 단지 그 시간을 어떻게 쓰고 있는가에 따라 삶의 질이 달라질 뿐이다. 삶의 질에 대한 생각은 지극히 주관적이어서 동일한 활동을 하면서도 그에 따른 만족도는 다르다. 중요한 것은 개인이 중요하게 여기는 것들을 우선적으로 하면서 살아가고 있는지, 아니면 전혀 중요하지 않은 일을 하면서 의미 없이 시간을 보내고 있는지 여부이다.

우리가 일상적으로 하고 있는 일은 중요도와 시급성에 따라 중요하면서 긴급한 일과 중요하지만 급하지 않은 일, 그리고 중요하지 않지만 급한 일, 중요하지도 않으면서 급하지도 않을 일의 4가지로 구분할 수 있다. 중요하면서 긴급한 일을 우선적으로 하는지, 긴급하지는 않지만 중요한 일을 그 다음으로 하고 있는지, 급하지만 그리 중요하지 않은 일은 세 번째로 처리하는지, 급하지도 중요하지도 않은 일은 나머지 시간으로 남겨두었다가 하는지 작성한 목록과 점검한 내용을 기준으로 자신에게 중요한 일이 무엇인지 의식적으로 되새기며 시간 관리를 잘 하는 습관을 들이는 것은 행복한 미래를 위한 초석을 다지는 것과 같다.

책상 앞이나 방문처럼 시선이 자주 가는 곳에 중요한 일의 목록이나 자투리 시간을 이용해 할 수 있는 일을 적어놓는 것은 빈둥거리는 시간을 절약하는 습관을 기르는 방법이 될 수 있다. 결과적으로, 사람들과의 교제시간이나 삶을 재충전시켜주는 여가시간을 충분히 확보함으로써 보다 만족스러운 현재와 미래를 기약할 수 있게 되는 것이다. '성공하는 사람들의 7가지 습관'시리즈로 잘 알려진 스티븐 코비는 인생의 중요한 열쇠는 얼마나 의도대로 완벽한 삶을 살고 있는가가 아니라 자신의 계획과 목표를 끊임없이 되새기면서 순간에 최선을 다하고 있는가라고 하였다(스티븐 코비, 2002). 우리의 비전과 목표를 향해 노력하되 가족 내에서 자신의 위치와 역할, 사회 봉사활동을 하는 사람으로서의 역할, 근로자로서 할 일 등 삶의 여러 역할들을 주 단위로 계획, 수행, 평가할 기회를 가지면서 최선을 다할 때 우리는 성공적인 삶을 살고 있다고 자부할 수 있을 것이다.

이러한 시간 관리에 대해 거부감을 느끼는 사람의 경우, 시간관리를 함으로써 생기는 여가(leisure)에 대한 매력을 생각해볼 수 있다. 즉 시간 관리의 최종적인 목표는 여유 있는 삶이라고 할 수 있다. 여가는 의무적인 일이나 직업적인 업무를 떠나 한가하게 즐기는 여유로운 휴식이나 재미를 찾기 위한 취미활동을 의미한다.

과학이론 중에 '자유에너지론'이라는 것이 있다. A라는 물질이 보유하고 있는 전체의 에너지는 모두 300이고 B는 500이라고 하자. 그런데 A는 자신을 유지하는데 200의 에너지를 소모해서 자유에너지 100을 갖고 있다. B는 자신의 큰 몸집을 유지하느라고 비교적 많은 에너지를 소비하여 모두 450의 에너지를 소모한다. 그러면 B의 자유에너지는 50인 것이다.

이 이론에서는 자연계에서 A와 B중 누가 더 효율적인 에너지를 가졌는지를 판단할 때, 필요한 에너지를 소모하고 남은 자유에너지만을 놓고 판단한다. 비록 A가 외형은 작지만, 자유에너지는 B보다 50이 더 크기 때문에 결국 A가 B보다 더 큰일을 할 수 있는 잠재력을 갖고 있다는 것이다.

이와 같은 원리는 자연계에서 배울 수 있는 매우 중요한 진리이다. 우리에게 같은 24시간이 주어지지만, 그 시간들을 잘 관리하고 효율적으로 사용해 시간의 자유에너지를 많이 소유한 사람들이 진정 자신과 가족 그리고 사회를 위해 기여할 수 있는 능력을 가진 사람들이다. 자신의 시간을 철저히 관리함으로써 삶을 질서화한 사람들은 자유에너지를 확장시킬 수 있고, 그로 말미암아 훨씬 더 여유 있게 자신이 가지고 있는 능력을 가치 있는 곳에 사용할 수 있다(원동연, 2002).

활동 01

자기 관리 능력 평가하기

목표

자기관리에 대한 이해와 동기를 갖도록 하며 효과적으로 자기를 관리하는 방법과 기술을 익히도록 한다.

※ 다음은 여러분이 일상생활에서 어떠한 방식으로 시간을 사용하고 있는지 알아보기 위한 것입니다. 각 문항을 잘 읽고 여러분 자신에게 해당된다고 여겨지는 번호에 V표 하시오.

♠ 자기관리 검사

번호	나는 무슨 일을 할 때_________	전혀 아니다	약간 아니다	보통 이다	약간 그렇다	매우 그렇다
1	분명한 목적을 가지고 한다.	1	2	3	4	5
2	목표(장기, 중기, 단기)를 세운다.	1	2	3	4	5
3	행동에 옮길 수 있는 구체적인 목표를 세운다.	1	2	3	4	5
4	목표 달성 예정일을 정한다.	1	2	3	4	5
5	해야 할 일의 우선순위를 정한다.	1	2	3	4	5
6	일의 중요도(중요한 일과 덜 중요한 일)에 따라 순서를 정한다.	1	2	3	4	5
7	일의 긴급도(급히 처리해야 할 일과 급하지 않은 일)에 다라 순서를 정한다.	1	2	3	4	5
8	일의 중요도와 긴급도 모두를 고려하여 순서를 정한다.	1	2	3	4	5
9	계획하는 시간을 따로 마련한다.	1	2	3	4	5
10	계획(장기, 중기, 단기)을 세운다.	1	2	3	4	5
11	계획을 세우고 계획한 일과 그 일에 필요한 소요시간을 써둔다.	1	2	3	4	5
12	빡빡한 계획보다는 여유있는 계획을 세운다.	1	2	3	4	5
13	계획표에 따라 생활하는 편이다.	1	2	3	4	5
14	계획한 것을 실천하는데 별 어려움을 느끼지 않는다.	1	2	3	4	5
15	실행하는데 어려움이 생기더라도 강한 의지력과 투지를 발휘하여 목표를 달성한다.	1	2	3	4	5
16	계획은 좋은데 실천이 따르지 않는다는 말을 주변에서 자주 듣지 않는다.	1	2	3	4	5
17	일의 진행과정과 성과에 대해 평가해 본다.	1	2	3	4	5
18	이 일이 나에게 필요한 일이고 가치있는 일인지 생각해 본다.	1	2	3	4	5

번호	나는 무슨 일을 할 때__________	전혀 아니다	약간 아니다	보통 이다	약간 그렇다	매우 그렇다
19	내가 끝내지 못한 일은 무엇이고 그 원인은 무엇인지 생각해 본다.	1	2	3	4	5
20	다음 계획에 반영시킬 것이 무엇인지 생각해 본다.	1	2	3	4	5
21	목표수행에 도움이 될 만한 가능한 다양한 정보(TV, 신문, 잡지, 컴퓨터 등)를 모은다.	1	2	3	4	5
22	정보를 이용한 후, 내용에 대한 간단한 요약과 메모를 해 둔다.	1	2	3	4	5
23	정보에 대한 정확성과 유용성을 따져본 후 이용한다.	1	2	3	4	5
24	정보를 얻고, 이용하는데 어려움이 없다.	1	2	3	4	5

채점방법

각 영역별 해당문항들의 점수(1점-5점)를 더하여 그 총점을 아래 표에 적어주십시오.

채점기준

각 영역별로 자기관리 능력이 어느 정도 되는지 알아보십시오.

영 역	해 당 문 항	점수의 범위	본인의 점수	총점
목표 세우기	1-4번	4-20점		
우선순위 정하기	5-8번	4-20점		
계획하기	9-12번	4-20점		
실행하기	13-16번	4-20점		
평가하기	17-20번	4-20점		
정보이용하기	21-24번	4-20점		

영역별 점수 평가

4- 8점 : 떨어진다

9-12점 : 보통이다

13-16점 : 뛰어나다

17-20점 : 매우 뛰어나다

총점 평가

24-48점 : 떨어진다

54- 72점 : 보통이다

78-96점 : 뛰어나다

102-120점 : 매우 뛰어나다

활동 02

일의 우선순위 정하기

목표

자신의 일상적인 활동을 중심으로 하루 일과 시간을 분석하고 이를 우선순위 정하기 방식으로 정리해 봄으로써 시간을 효율적으로 활용하는 방안을 학습한다.

1. 평상시의 나의 일주일 생활을 떠올리며, 일주일 동안 했던 활동들을 아래 표에 표시해 봅시다.

구 분	월(/)	화(/)	수(/)	목(/)	금(/)	토(/)	일(/)
am 6:00							
:30							
7:00							
:30							
8:00							
:30							
9:00							
:30							
10:00							
:30							
11:00							
:30							
pm 12:00							
:30							
1:00							
:30							
2:00							
:30							
3:00							
:30							
4:00							
:30							
5:00							
:30							
6:00							
:30							
7:00							
:30							
8:00							
:30							
9:00							
:30							
10:00							
:30							
11:00							
:30							
am12:00							
:30							
1:00							
:30							
2:00							
:30							
3:00							
:30							
4:00							
:30							
5:00							
:30							

2. 나의 1주일 활동시간을 계산해봅시다.

구분	활동명	1주일 시간	비 고
1	수면		
2	식사시간		
3	텔레비전		
4	대인관계(친구, 데이트)		
5	수강시간		
6	공부시간		
7	이동시간		
8	취미/가족 시간		
9	종교생활		
10	컴퓨터, 핸드폰 사용		
11	모임(동아리)		
12	운동		
13	준비시간		
14	아르바이트		
15			
합 계		시간	

3. 유형별 활동을 우선순위에 따라 정리해 봅시다.

순위	일의 설명	활동 내용과 시간
1순위	중요하면서도 긴급한 일	
2순위	중요하지만 긴급하지 않은 일	
3순위	중요하지 않지만 긴급한 일	
4순위	중요하지도 않고 긴급하지도 않은 일	

4. 자신의 시간활용을 평가하고 개선방안을 도출해 보자.

시간활용에 대한 평가	시간활용 개선 방안

5. 소감 나누기

제6장 개인의 비전 수립과 진로 탐색

학습목표

- 비전의 중요성을 인식하고 그 의미를 설명할 수 있다.
- 구체적으로 개인의 비전을 수립하여 표현할 수 있다.
- 자신의 심리적, 성격적 특성의 장단점을 파악할 수 있다.
- 비전에 따라 자기 자신의 진로를 탐색할 수 있는 능력을 기른다.

1 비전의 의미와 조건

1) 비전의 의미

비전이란 말 그대로 보는 것, 즉 시각적인 것을 말한다. 비전을 정의할 때 '보통의 관점과는 다르게 보는 안목'을 의미하고 이는 '눈에 보이지 않는 것을 볼 수 있는 통찰력'을 의미하기도 한다. 또 비전은 '리더가 조직이나 그룹을 이끌기 위해 바라보는 분명한 그림'으로 정의할 수도 있다. 비전(vision)이란 '미래의 모습에 대한 지혜로운 이해'라고 웹스터 사전에서는 정의하고 있다. 켄 블랜차드(Kenneth H. Blanchard)는 비전이란 '의미 있는 목적이고 뚜렷한 가치이며, 미래의 청사진'이라고 하였다. 즉 비전은 살아가는 이유이며 선택을 해야 할 때 무엇을 선택하여 결정할 것인가에 대한 가치 기준이며, 꿈을 실현하기 위한 노력의 결과로 얻을 수 있는 미래에 대한 청사진이다.

비전은 일반적인 꿈이나 야망과는 다르다. 꿈은 막연하고 추상적이어서 그것을 실현시키기 위한 행동으로 이어지는 힘이 약하다. 즉, 꿈은 바라고 원하는 그림이기는 하지만 그 길을 가는 동안 어떤 행동과 선택을 하여야 하는지를 결정해 주는 기준을 제공하지는 못한다. 야망은 강한 욕망이나 바라는 것을 전제로 이루고자 하는 강한 동기를 가지고 있다는 점에서 꿈과는 다르다. 하지만 야망은 강한 욕망 때문에 그것을 달성하기 위한 수단과 방법은 중요하게 고려하지 않는다. 꿈이나 야망과 달리 비전은 이루어야 할 목표와 그것을 이루어가는 수단을 선택하는 가치기준이 분명하다. 꿈은 다소 허황하며 야망은 지나치면 타인에게 해를 끼칠 수도 있지만 비전은 구체적이고 실현가능한 목표를 가지고 있으며 그 목표를 이루어가는 과정도 중요하게 생각한다.

조직차원에서 비전은 '리더가 조직이나 그룹을 이끌기 위해 바라보는 분명한 그림'으로 정의할 수도 있다. 스티븐 코비(Stephen Covey)는 비전을 가리켜 '지성의 눈으로 미래를 보는 것'이라고 정의한다. 이러한 것을 종합해 볼 때 비전은 지성과 상상력이 결합되어 하나의 선명한 그림으로 창출되는 것으로 '한 개인 혹은 집단이 추구하는 목표 혹은 과업에 대한 통찰력 있는 분명한 그림'이라고 정의할 수 있다.

비전이 있는 개인은 지금 자신이 하고 있는 일의 의미에 대해 설명할 수 있다. 또한 비전은 한 개인에게 '나는 왜 사는가?'라는 질문에 대한 답을 제공할 수 있다. 니체는 살아야 할 이유를 아는 사람은 어떤 고통도 견딜 수 있다고 말했다. 내가 왜 지금 여기에서 살고 있는지에 대한 의문을 대부분의 사람들은 일생동안 또는 어느 시점에서 하게 된다. 그 답을 어떤 사람은 명료하게 구하기도 하고 어떤 사람은 그 답을 구하지 못한 채 인생을 마감하기도 한다. 비전의 유무가 그 차이를 결정한다.

2) 비전의 조건

어떤 사업을 하기 위해서는 반드시 필요한 세 가지 단계가 있다. 바로 의도(will)와 구체적인 세부계획(design) 그리고 실행(operation)이다. 비전도 마찬가지이다. 비전을 달성하기 위해서도 위의 세 가지 단계가 필요하다.

먼저 의도는 사명(Mission)에 해당한다. 사명은 존재 이유라고도 할 수 있다. 어떤 비전을 수립하기 위해서는 먼저 존재 이유를 알아야 한다. 대학의 존재 이유는 사회를 변화시킬 수 있는 새로운 지식을 창출하고 그것을 학생들에게 교육하는 것이며, 병원의 존재 이유는 아픈 사람을 치료하고 건강을 회복시키는 것이다. 비전은 이런 존재 이유를 성공적으로 감당할 때 얻을 수 있는 장래의 모습이다.

존재 이유에 근거하여 비전을 설정하면 그 비전을 달성하기 위한 실행 계획을 세워야 한다. 실행 계획은 구체성을 가지고 단계별 달성 목표를 설정하여 수립하는 것이 바람직하다. 이렇게 하면 계획을 실행하는 과정에서 당초 계획과 다를 경우 달성 목표를 수정하기가 쉬워 목표 달성에 대한 의지를 유지할 수 있다. 실행 계획이 수립되면 반드시 이를 실행에 옮겨야 한다. 아무리 의도가 좋고 실행 계획이 훌륭하여도 이를 실행하지 않으면 아무 의미가 없기 때문이다.

수립된 계획을 실행하는 데는 자기 보상이 중요하게 작용할 수 있다. 비전을 수립하고 실행하는 것은 누구의 감시와 감독도 받지 않는다, 그리고 실행을 잘 하였다고 보상해주는 사람도 없고 실행을 하지 않았다고 비난을 하거나 벌을 주는 사람도 없다. 오로지 자기 자신만이 실행하고 있는지, 그리고 실행을 위해 노력하고 있는지를 알 수 있을 뿐이다. 따라서 실행이 잘 되고 있을 때는 스스로 칭찬을 하고 보상을 하면 실행에 대한 의미가 부여되고 의지도 더 굳세게 할 수 있다.

세계적인 패션 디자이너인 피에르 가르뎅은 중요한 결정을 할 때마다 동전을 던졌다고 한다. 예를 들어 치마 길이를 길게 할 것인지, 짧게 할 것인지를 놓고 마치 도박을 하듯 동전 하나에 그 중요한 결정을 맡긴 것이다. 그럼에도 불구하고 그가 성공할 수 있었던 이유는 일단 한번 결정한 것은 최선을 다해 실천했기 때문이다.

대부분의 사람들은 의사결정에는 큰 비중을 두면서도 막상 그 결정을 실천하는 데에는 큰 신경을 쓰지 않는다. 수립한 비전을 실천하는 것에 큰 비중을 두어야 한다. 많은 사람이 아주 훌륭한 결정을 내리지만 그 결정을 실천하는 데는 소홀히 함으로써 훌륭한 결정의 가치가 훼손되는 일이 적지 않다. 이런 맥락에서 보면 계획을 수립하는 것보다 더 중요한 일이 실천이라고 할 수 있다.

비전을 수립하기 위해서는 우선 폭넓은 인생의 경험이 필요하다. 대학생은 그 어느 때보다 자유롭게 많은 경험과 지식을 쌓을 수 있는 기회를 누린다. 대학생은 일을 하고 돈을 벌어야 하는 의무에서도 다른 어떤 사람들보다 자유롭다. 또한 아이를 양육하거나 제자를 가르치는 일에서도 자유롭다. 반면에 책을 보고, 토론하고, 배우는 것이 보장된 생활을 할 수 있다. 또한 다양한 삶의 방식을 경험할 수 있는 기회가 제공된다.

대학생은 국내·외 여행을 하면서 다양한 삶의 모습을 경험해보아야 한다. 다양한 국가에서 정치, 경제, 사회, 문화, 환경, 교육이 사람들에게 어떤 영향을 미치고 있으며, 사람들은 더 살기 좋은 국가를 만들기 위해서 무엇을 고민하고 무엇을 실천하며 살고 있는지 경험해보아야 한다.

대학생은 봉사활동, 동아리 활동, 사회단체 활동, 각가지 예술적인 활동 등에 직접 참여하여 경험을 축적해야 한다. 경험을 통해 지식을 얻는 것은 세상 밖에서 뒷짐을 지고 바라보는 것과는 다르다. 한 대학생은 기차를 타거나 자동차를 타고 가면서 논에서 농사짓는 모습을 바라보면서 참 평화롭고 한가롭기도 하여 '다음에 나도 농사나 지을까'하고 생각을 했었다고 한다. 그러나 그는 농촌 봉사활동에 참여하여 농민과 함께 직접 논에서 일해 보는 경험을 통해, 농사가 멀리서 바라보는 것과는 달리 얼마나 많은 땀방울을 필요로 하는지를 체험적으로 알게 되었다고 한다.

> 마하트마 간디는 원래 변호사였다. 그는 조국의 독립을 위한 지도자가 되기 전에 인도 전역을 여행했다. 그는 책을 통해서 읽은, 그리고 사람들의 말을 통해 들은 조국의 현실이 아닌 자신이 눈으로 목격하고 몸으로 겪은 조국의 현실을 알고 싶었기 때문이다. 그는 인도 전역을 돌며 국민들이 백인들에게 어떤 대우를 받는지를 보았으며, 자신의 국민들이 헐벗고 굶주림 속에 고통받고 있는 실상을 직접 보았다. 또한 식민치하의 국민들이 식민지하에 있으면서 독립에 대해 어떤 생각을 가지고 있는지도 사람들과 직접 만나 대화하면서 체험적으로 알게 되었다. 이런 체험은 마하트마 간디가 수없이 많은 어려움을 견디면서 조국의 독립이라는 비전을 실현하는데 가장 큰 자양분이 되었다.

대학생은 책과 TV, 영화 등 매체를 통해서도 간접경험을 많이 하여야 한다. 인터넷, 책, TV, 영화 등 매체의 발달로 직접 체험하기 어려운 것을 간접적으로 경험할 기회가 매우 많아졌다. 매체를 적극적으로 활용한다면 세상에 대한 다양한 경험을 많이 할 수 있을 것이다. 이러한 폭넓은 경험은 의미 있는 사색을 하도록 유도한다. '세상에서 내가 무엇을 할 것인가? 이 세상에 내가 존재하는 이유는 무엇인가? 나는 무엇을 가치 있게 여길 것인가? 내가 앞으로 만들어갈 세상은 어떤 모습이어야 하는가?'를 사색하기 위해서는 경험이 필수적이다. 많은 경험의 축적은 비전의 훌륭한 재료가 된다.

비전은 한 사람이 경험하는 그 시대의 거울이며, 시대의 요청에 대한 응답이기도 하다. 우리는 과거를 통해 현재에 살면서 미래를 바라본다. 과거에 경험한 것을 바탕으로 현재를 살아가는 지혜를 배우며 미래에 살아갈 모습을 구상하게 된다.

자신에게 맞는 비전을 세우기 위해서는 자신이 중요하게 생각하는 가치가 무엇인지 분명하게 알아야 한다. 즉, 자신이 세상을 살아가면서 중요하게 생각하는 것은 무엇이며, 가치 없게 생각하는 것은 무엇인지를 알아야 한다. 자신의 가치를 분명하게 안다는 것은 선택의 기준을 안다는 것을 말한다. 예를 들어, 강도가 나에게 칼을 들이대고 내가 가진 재물과 건강 중 하나를 내놓으라고 한다면 무엇을 내놓을 것인가? 내가 직업을 선택할 때 보수는 적지만 안정적인 직장과 불안정 하지만 보수가 높은 직장 중 어느 것을 선택할 것인가? 주말에 내 취미활동을 위해 시간을 사용할 것인가, 아니면 가족과 함께 하는 시간을 보낼 것인가? 등의 문제에 봉착하게 되면 내가 중요하게 생각하는 가치가 무엇인지 드러나게 된다.

현대사회에서는 경제적인 것에 많은 가치를 부여하고 있다. 그러나 모든 사람에게 경제적인 가치가 가장 중요한 것은 아니다. 어느 수련회에서 게임을 하다가 한 여학생의 헤어드라이어를 실수로 밟아 깨뜨린 일이 있었다. 그 여학생은 매우 슬프게 울었다. 값 싼 헤어드라이어였지만 그 여학생의 아버지께서 병들어 투병생활을 오래하셨다가 얼마 전에 돌아가셨는데 아버지가 병드시기 전에 마지막으로 여학생에게 사준 의미 깊은 헤어드라이어였다. 여학생은 그 드라이를 사용할 때마다 아버지를 떠올렸다고 했다. 여학생은 더 비싸고 디자인이 좋은 헤어드라이어 보다 아버지의 추억이 담긴 그 드라이어가 더욱 소중했기 때문이다. 이처럼 사람마다 소중하게 생각하는 것은 서로 다르다.

매우 극단적인 예가 되겠지만, 강도의 예로 돌아가 보자. 만일 강도가 집과 자녀 가운데 무엇을 내놓을 것이냐고 물으면 사람들은 너무도 쉽게 집을 내놓겠다고 할 것이다. 그런데 만일 자녀와 배우자 가운데 누구를 내놓을 것이냐고 묻는다면 하늘이 무너지는 고통 속을 거닐게 될 것이다. 가족과 국가의 이익 가운데 무엇을 선택할 것이냐는 주제가 영화 속에 많이 등장한다. 자신의 가치를 분명히 아는 것은 자신이 선택해야 하는 순간에 무엇을 선택할 것인지를 알도록 도와준다.

사람들은 자신이 가치 있다고 생각하는 일에 모든 자원을 투자한다. 자신이 무엇을 중요하게 생각하는지 알지 못할 때 자신의 시간과 돈과 노력을 어디에 투자해야할 것인지를 모르게 된다. 비전이 있는 사람은 자신이 중요하게 생각하는 것이 무엇인지를 알고 가치 있다고 생각하는 것에 자신이 가진 자원을 투자하게 된다.

2 비전의 개발

1) 비전을 만드는 방법

가슴 뛰는 비전을 가진 사람은 언제 어디서나 자기표현을 하는 특징이 있다. 마음 속이 비전으로 가득 차 있는 사람은 기회만 주어지면 자신의 비전과 관련된 이야기를 하게 된다. 이처럼 자기표현을 하다보면 비전이 더욱 구체화될 뿐만 아니라 그것을 통해 조력자까지 얻게 됨으로써 비전을 이루게 될 가능성도 더 높아지게 된다.

비전을 개발하기 위해서는 우선 자신의 가치를 탐색하는 것이 중요하다. 자신이 어떤 가치를 가지고 있는지를 명료하게 알기 위해서는 첫째, 다른 사람들이 세상을 살아가면서 중요하게 생각하는 것이 무엇인지를 알아본다. 어떤 사람은 돈을, 어떤 사람은 명예를, 어떤 사람은 편안한 삶을 중요하게 여긴다. 자신에게 중요한 사람들과 대화해보라. 부모님, 선생님, 친구들과 대화를 하다보면 그들이 살아가면서 중요하게 여기는 것이 무엇인지를 알게 된다. 또 책을 통해 내가 존경하는, 나의 모델이 되는 위인들, 성공한 사람들이 무엇을 중요하게 여기며 살고 있는지를 파악해보는 것도 매우 의미 있는 일이다.

둘째, 자신이 걸어온 삶의 길에서 선택이 필요했던 중요한 순간들을 생각해보면 자신의 가치를 분명히 아는데 큰 도움이 된다. 사람은 자신이 가치 있게 생각하는 것을 기준으로 선택을 한다. 우리는 대학의 학과를 선택하고, 친구를 선택하고, 애인을 선택하고, 직장을 선택하고, 중요한 물건을 사거나 팔기 위해 선택하는 등 여러 가지 선택을 한다. 내 선택의 기준이 무엇이었던가를 생각해보는 것은 자신의 가치를 분명히 아는데 도움이 된다.

셋째, 자신이 중요하다고 생각하는 가치가 인류가 쌓아올린 가치와 정합되는지를 판단해본다. 자유, 평등, 평화, 사랑 등 인류가 긴 세월을 거치면서 가치 있게 생각하고 지켜오기 위해 노력했던 것이 무엇인지 성찰해 본다. 자신이 중요하다고 생각하는 가치와 인류가 가치 있다고 생각하는 가치가 한 방향으로 가는 것은 개인적으로나 공동체를 위해서 도움이 된다. 나의 비전이 나와 인류의 발전에 도움이 되는 것일 때 비전은 더욱 힘을 발휘하게 된다.

자신의 가치를 탐색한 후에는 자신의 특성을 아는 것이 중요하다. 자신만의 특성을 고려하여 비전을 세워야 비전의 실현 가능성이 높아진다. 자신의 특성 가운데 특히 자신의 흥미와 성격, 적성을 파악하는 것이 중요하다. 자신의 흥미와 성격, 적성을 파악하기 위해서는 첫째, 자신이 어떤 일을 할 때, 또 일을 어떤 방식으로 할 때 재미있어 하는지를 생각해본다. 흥미 있는 일이 자신의 적성에 부합하는 일인 경우가 대부분이다.

둘째는 자신을 잘 아는 사람과 대화를 해보는 것이다. 자기 자신에 대해서는 스스로가 잘 알 수도 있지만 '내가 아는 나'가 있는 한편 '타인이 알고 있는 나'도 존재한다. 내 얼굴을 내 눈으로 바라볼 수는 없으나 거울을 통해 볼 수 있듯이, 타인의 눈을 통해 나에 대해 더 자세히 이해할 수 있다. 자신을 잘 아는 사람은 평생 함께 살아온 가족, 오랫동안 사귀어온 친구, 직장의 동료들이 있다. 그들과 진지하게 대화하는 시간을 마련하여 나의 특성에 대해 듣는다면 내가 보지 못한 나의 특성을 이해하게 될 것이다. 자신을 잘 아는 사람에게 자신의 특성에 대해 진솔한 얘기를 듣기 위해서는 진지한 대화를 해야 한다. 진지한 대화를 위해서 개방적인 태도를 갖는 것이 필요하며 대화하기에 적당한 장소와 시간을 할애하여 대화할 수 있는 분위기를 갖추는 것이 좋다.

셋째는 객관적이고 표준화된 심리검사를 통해 자신의 흥미와 성격, 적성을 파악해 보는 것이다. 표준화된 심리검사를 하면 자신의 흥미와 성격, 적성이 타인과 비교해서 어느 정도 위치에 있는지 알 수 있다. 또 자신의 특성에 맞는 직업을 추천받을 수도 있다. 표준화된 심리검사는 대학의 상담기관을 이용할 수 있으며, 각 지역에 설립된 인력개발센터 등을 이용할 수 있다. 이런 기관에서 성격검사, 진로탐색검사, 진로흥미검사, 적성검사, 대인관계검사 등을 실시해보고 전문가의 해석을 들으면 자신이 알고 있는 자신의 특성을 체계적으로 알 수 있다. 또한 자신이 미처 생각하지 못했던 자신의 특성들도 발견할 수 있다.

2) 대표적인 비전 선언문

비전은 미래에 대한 생생한 그림이다. 그래서 비전은 구체적이고 의미가 명료해야 한다. CNN의 비전은 '지구상의 모든 국가에서 영어와 그 나라의 언어로 시청되는 것'이다. 스티브 잡스의 비전은 '모든 책상마다 컴퓨터를'이다. 이 얼마나 선명하고 생생한 그림인가? 이 비전들은 달성되었을 때 어떤 상태여야 하는지에 대한 선명한 그림을 제공해준다. 모든 책상마다 컴퓨터가 있는 것을 상상해보라. 모든 국가에서 영어와 그 나라의 언어로 CNN을 시청하는 것을 상상해볼 수 있다.

모치즈키 도시타카는 중학교 시절부터 이미지 트레이닝을 공부했다. 그는 미래에 대한 청사진이 선명할수록 꿈을 이룰 수 있다고 하였다. 그래서 그는 자신이 바라는 꿈을 머릿속에서 분명하고 명료한 이미지로 만들라고 요구한다. 즉, '차를 사고 싶다'에서 멈추지 않고 '배기량이 2,000cc이면서 선루프가 있는 최신형 오렌지색 전기 자동차를 산다.'고 생각하면 목적을 달성할 수 있는 가능성이 쑥 올라간다고 한다. 더 나아가 자신이 가장 갖고 싶어 하는 차의 사진을 찍어 눈앞에 붙여두고 그것을 마치 자신의 것처럼 느껴보라고 요청한다. 그는 한걸음 더 나아가 환하게 기뻐하는 사진을 차 사진 옆에 붙여놓도록 제안한다. 자신이 그 차를 갖고 즐거워하는 비전은 미래에 대한 생생한 그림을 제공해 줄 뿐만 아니라 그것을 이루도록 해주는 힘이 있다.

비전은 미래에 대한 견본주택이다. 그것은 미래에 대한 구체적인 희망을 제공해준다. 희망은 미래를 위해 움직이도록 행동하도록 만드는 동력을 제공해준다. 비전이 미래에 대한 청사진에서 견본주택이 되려면, 막연한 것이 아니라 실제로 생길 결과를 눈앞에 분명하게 그려 보는 것이 좋다. 없애고 싶은 것이 아니라 만들어 내고 싶은 것에 초점을 두고, 이루어 가는 과정이 아니라 최종적인 결과에 초점을 두는 것이 더 큰 도움이 된다. 세계적인 교육기관인 블랜차드의 켄 블랜차드는 비전의 힘을 다음과 같이 이야기 했다. "비전은 에너지를 집중시켜 준다. 비전은 방향을 제시해준다. 비전은 잠재된 힘을 발휘하게 해준다. 비전은 전력을 다해 앞으로 나아갈 수 있게 해 준다!"

효과적인 비전 선언문이 되기 위해서는 보통 25단어 내외로 간단명료하여 쉽게 기억될 수 있도록 기술되는 것이 좋으며, 구체적이고 분명하게 기술될수록 좋다. 또한 비전 선언문은 달성 가능한 것이어야 한다. 대표적인 비전 선언문으로는 다음과 같은 예가 있다.

읽기자료 **비전 및 비전 선언문의 예**

* **월드비전**
  - 우리의 비전은 모든 어린이가 풍성한 삶을 누리는 것이며, 우리의 기도는 모든 사람들이 이 비전을 실현하도록 하는 것입니다.

* **월트 디즈니**
  - 어린이로부터 노인에 이르기까지 모든 사람들을 꿈과 환상의 나라로 인도한다.

* CNN
  - 대다수 주요 언어로 방송되어 지구상 모든 나라에서 시청하는 전 세계적인 방송 녹화 네트워크를 갖춘, 전 세계적인 정보기업을 만든다.

* **서울대학교병원**
  - 세계 최고 수준의 교육, 연구, 진료를 통하여 인류가 건강하고 행복한 삶을 누릴 수 있도록 한다.

* Harvard University
  - 사회를 위하여 시민과 시민 리더를 교육하는 것.

* LG
  - 시장에서 인정받고 시장을 리드하는 선도기업이 되는 것

* **삼성전자**
  - 인재와 기술을 바탕으로 최고의 제품과 서비스를 창출하여 인류사회에 기여한다.

* Microsoft
  - 생산성과 비즈니스 프로세스를 재정의 하고 인텔리전트 클라우드 플랫폼을 구축하여 고도로 개인화된 컴퓨팅을 구현하는 것

3 자기 이해

1) 나는 어떤 사람인가

자기 자신을 이해한다는 것은 발달 단계에서 어느 위치에 있는지 그리고 어떤 개인적인 욕구를 가지고 있는지를 이해하는 것에서 출발한다. 에릭슨(Erikson)의 심리사회적 발달단계에 의하면, 인간은 영아기에 충분한 사랑으로 양육 되었는가 아닌가에 따라 신뢰감 혹은 불신감이 형성된다. 대소변을 가릴 나이의 유아기에 가서는 대소변 훈련을 어떻게 받았는가에 따라 자율성 혹은 수치심이 발달하게 된다. 또래집단에 어울리게 되는 유아기 때에는 신뢰감과 자율성이 발달한 아동은 또래집단의 놀이를 주도하면서 주도성이 발달하지만 그렇지 못한 아동은 죄책감이 형성된다. 초등학교 시기가 되면 심리적으로 건강하게 성장한 아동들은 원하는 것을 얻기 위해 최선의 노력을 하지만 그렇지 못한 아동들은 열등감이 경험하게 된다. 심리사회적으로 건강하게 성장한 청소년들은 정체감을 확립하지만, 건강하지 못하게 성장한 청소년들은 정체감의 혼란을 경험하게 된다. 성장과정은 성인기에도 영향을 미친다. 즉, 성인이 되어서도 성장과정에 따라 친밀감이 발달하는 사람도 있고 고립된 생활을 하게 되는 사람도 있으며, 직업과 가족관계에서 생산적으로 사회에 일익을 담당하는 사람도 있고 침체된 삶을 살게 되는 사람도 있다. 노후에도 생을 긍정적으로 통합할 수 있게 되기도 하지만 어떤 사람들은 때늦은 후회와 절망 속에 살게 되기도 한다. 발달과정은 이렇게 8단계로 나누어지지만, 신뢰감, 자율성, 주도성, 노력을 통한 정체성의 확립은 어느 때든 습득되어야 할 중요한 심리사회적 특성이다. 이러한 특성을 토대로 가까운 인간관계에서의 친밀감과 생산적인 사회 참여가 가능하며 노년기 인생의 통합이 가능하게 된다.

매슬로우(Maslow, 1970)는 인간의 욕구를 5단계로 설명하였다. 그는 인간의 욕구는 층화되어 있으며 낮은 단계의 욕구가 충족되어야만 더 상위의 욕구를 지향하게 된다고 하였다. 매슬로우에 의하면 가장 낮은 단계인 1단계의 욕구는 생존에 필수적인 산소, 물, 음식, 수면, 성 등을 추구하는 생리적 욕구이다. 1단계의 욕구가 충족되면 2단계의 욕구를 가지게 된다. 그 2단계의 욕구는 외부 위협으로부터 안전하게 보호받고자 하는 안전의 욕구이다. 1.2단계의 욕구가 충족된 사람들이라면 누구나 소속되고자, 사랑받고자 하는 3단계의 욕구를 추구한다. 일반적으로 가정은 이러한 기본적인 욕구들을 충족시켜준다. 그러나 요즘 들어 많은 청소년들이 가정에서 사랑과 소속감을 충분하게 느끼지 못하여 특정 집단에 합류함으로써 소속감을 충족시키기도 한다. 소속감과 사랑받고자 하는 욕구가 충족되면 4단계인 자기 존중감의 욕구가 등장하게 된다. 이는 누가 뭐라 해도 자기 자신을 있는 그대로 수용하고 인정하고 사랑하는 사람의 모습이다. 이 4단계까지의 욕구를 결핍욕구라 하며 충족되지 않으면 밑 빠진 독의 물 붓기처럼 그 욕구에 허덕이게 된다. 이들 생리적, 안전, 소속사랑, 자존감의 욕구가 모두 충족되면, 다음으로 성장욕구인 자아실현의 욕구가 발동하게 된다. 이 욕구단계의 사람들은 학문적인 탐구를 하면서, 사회 봉사활동을 하면서, 혹은 예술적 심미적인 표현 세계에 몰입함으로써 자신이 성장한다는 것을 경험한다. 이 과정은 죽을 때까지 계속된다. 우리는 어떤 단계의 욕구를 충족시키고자 노력하고 있는지 점검해보고 더 높은 단계의 욕구를 지향함으로써 성장해나갈 수 있다.

매슬로우의 '욕구발달 5단계 이론' 삼각형

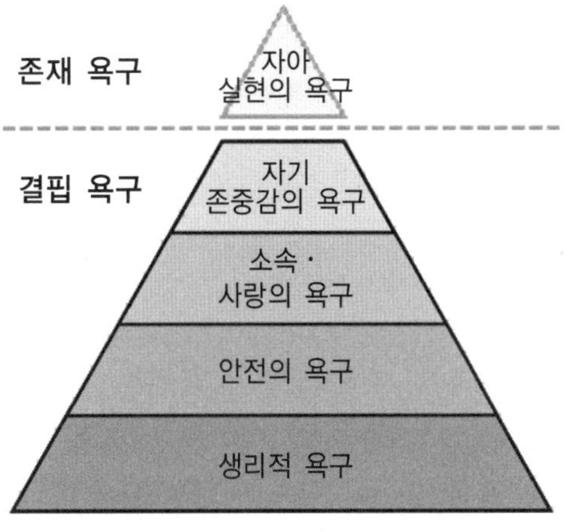

2) 성격특성 이해(Myers-Briggs 유형 척도)

MBTI는 융(C. G. Jung)의 심리유형을 바탕으로 Briggs와 Myers가 제작한 것으로서 네 쌍의 상반적 측면에 따른 반응을 범주화한 것이다. 개인은 각각의 다음 측면에 대해 두 가지 선호 중 한가지로 지정된다.

첫 번째는 세계를 향한 일반적인 태도로서 사람과 사물의 외부 세계에 관심을 두는가 아니면 생각과 내적 반응이라는 내적 세계에 관심을 두는가이다. 이는 외향과 내향이라는 두 성향으로 구분된다. 두 번째는 인식 혹은 정보 수집 과정에 대한 것으로서 오감을 통해 정보를 수집하고 사실과 자료에 대해 초점을 맞추는가 아니면 직관을 통해 정보를 수집하고 가능성과 예감에 초점을 맞추는가이다. 이는 감각과 직관이라는 두 성향으로 구분된다. 세 번째는 평가 혹은 판단 과정에 관한 것으로서 논리와 이성에 근거하여 정보를 처리하고 평가하는가 아니면 다른 사람에게 미치는 영향을 고려하고 개인적 가치에 근거하여 정보를 처리하고 평가하는가이다. 이는 사고와 감정의 두 성향으로 구분

된다. 마지막 네 번째는 정보의 처리에 관한 것으로서 결론을 얻기 위해 빠르고 확고한 결정을 하는가 아니면 더 나은 정보를 얻기 위해 결정을 연기하는가이다. 이는 판단과 인식의 두 성향으로 구분된다. 이를 표로 정리해보면 다음과 같다.

〈표 6-1〉 MBTI의 선호지표와 주요 활동

선호지표	주요활동	선호경향
외향(E)–내향(I)	주의 초점	외부활동–내부 활동, 말로 표현–글로 표현
감각(S)–직관(N)	인식기능 (인식방법)	현재–미래, 경험–아이디어, 철저한 일처리–신속한 일처리
사고(T)–감정(F)	판단기능 (결정방법)	진실과 사실에 중심–사람과 관계에 중심, 맞다, 틀리다–좋다, 나쁘다
판단(J)–인식(P)	생활양식	계획–상황, 신속한 결론–유유자적한 과정 통제, 조정–융통, 적응

MBTI는 네 가지의 주요활동을 중심으로 인간의 성향을 분석하는 틀로서 네 가지의 조합에 의해 16개의 성향으로 나누어 인간의 심리를 분석하며 유형별 특징은 다음과 같다(김정택 외, 2009).

ESTJ형은 일을 조직하고 프로젝트를 계획하고 출범시키는 능력이 있다. 현실적이고 사실적이며 체계적, 논리적으로 사업이나 조직체를 이끌어 나가는 타고난 재능을 가졌다. 분명한 규칙을 중요시하고 그에 따라 행동하고 일을 추진하고 완성한다. 비합리적이고 일관성이 결여된 상황을 쉽게 파악하는 능력이 있으며, 어떤 계획이나 결정을 내릴 때 확고한 사실에 바탕을 두고 이행한다. 사업이나 기업체, 조직체를 이끌며 행정 관리자로서 일의 목표를 설정, 지시하는 결정권을 이행하는 역할을 즐긴다.

ESTP형은 관대하고 느긋하며 어떤 사람이나 사건에 대해서 별로 선입관을 갖지 않으며 개방적이다. 자신에게나 타인에게나 관용적이며, 일을 있는 그대로 보고 받아들인다. 그래서 갈등이나 긴장이 일어나는 상황을 잘 무마하는 능력이 있다. 꼭 이렇게 되어야 하고 저렇게 되어야 된다는 규범을 적용하기보다는 누구나 만족할 수 있는 해결책을 모색하고 타협하고 적응하는 힘이 있다. 예술적인 멋과 판단력을 지니고 연장이나 재료들을 다루는 데 능하다.

ESFJ형은 동정심과 동료애가 많으며, 친절하고 재치가 있다. 다른 사람들에게 관심을 쏟고 인화를 도모하는 일을 중요하게 여긴다. 일상적인 일에 잘 적응하며 현실적이고 실제적이다. 물질적인 소유를 즐기기도 한다. 정리정돈을 잘하며 참을성이 많고 다른 사람들을 잘 돕는다.

ESFP형은 친절하고 수용적이며, 현실적이고 실제적이다. 어떤 상황에도 잘 적응하고 타협적이다. 선입견이 별로 없으며 개방적, 관용적이고 대체로 사람들을 잘 받아들인다. 주위에서 진행되고 있는 일들을 알고자 하고 또한 열심히 참견하고 끼어든다. 논리적 분석보다는 인간 중심의 가치에 따라 어떤 결정을 내린다. 그러므로 동정적이고 사람들에게 관심이 많고 재치 있다. 특히 사람들을 접하는 일에 능숙하고, 사람이나 사물을 다루는 사실적인 상식이 풍부하다.

ENTJ형은 활동적인 사람이며, 행정적인 일과 장기계획을 선호하며 논리적이고 분석적이다. 사전 준비를 철저히 하며 체계적으로 목적달성을 추진하는 지도자들이 많다. 비능률적이거나 확실치 않는 상황에 대해서는 별로 인내심이 없다. 그러나 상황이 필요로 할 때는 강하게 대처한다. 새로운 지식에 대한 관심이 많으며 복잡한 문제나 지적인 자극을 주는 새로운 아이디어에 호기심이 많다. 때로 현 상황이 처해 있는 현실적 사항들을 쉽게 지나쳐 버리는 경향과 성급하게 일을 추진시키는 경향이 있다.

ENTP형은 독창적인 혁신가로, 창의력이 풍부하며 항상 새로운 가능성을 찾고 새로운 시도를 하는 유형이다. 넓은 안목을 가지고 있으며 다방면에 재능이 많다. 풍부한 상상력과 계획을 시도하며 민첩하고 여러 가지 일에 재능을 발휘하고 자신감이 많다. 사람들의 동향에 대해 기민하고 박식하며, 다른 사람을 판단하기보다는 이해하려고 노력한다.

ENFJ형은 동정심과 동료애가 많으며 친절하고 재치 있고 인화를 아주 중요하게 여긴다. 그들은 주위의 사람들에게 관심을 갖고 조화 있는 인간관계에 높은 가치를 두며, 우호적이다. 다른 사람들의 의견을 존중하고 그 가치를 본다. 공동선을 위해서는 대체로 상대방의 의견에 동의한다. 새로운 아이디어에 대한 호기심이 많다.

ENFP형은 열성적이고 창의적이다. 풍부한 상상력과 영감을 가지고 새로운 프로젝트를 잘 시작한다. 관심이 있는 일이면 무엇이든 척척 해내는 열성파이다. 뛰어난 통찰력으로 타인 안에 있는 성장 발전할 가능성을 들여다보며, 자신의 열성으로 다른 사람들도 어떤 프로젝트에 흥미를 가지게 하고 다른 사람들을 잘 도와준다. 이들이 가지는 어려움 중의 하나는 반복되는 일상적인 일을 견디지 못해하는 경향이다. 새로운 가능성을 추구하고 창의적, 즉흥적으로 일을 시작하고 또 다른 일로 옮겨 다니며, 영감과 통찰력과 창의력이 요구되지 않는 일상적이고 세부적인 일에는 도무지 흥미와 열성을 불러일으키지 못한다.

ISTJ형은 실제 사실에 대하여 정확하고 체계적으로 기억하며 일 처리에 있어서도 신중하며 책임감이 강하다. 집중력이 높으며 강한 현실감각으로 현실성 있게 조직적으로 일을 처리하며 직무가 요구하는 그 이상으로 일을 생각한다. 충동적으로 일을 처리하지 않으며 일관성 있고 관례적이고 보수적인 입장을 취하는 경향이 있다.

ISTP형은 조용하고 말이 없으며 논리적, 분석적이고 객관적으로 인생을 관찰하는 형이다. 사실적인 정보를 조직하기 좋아하는 반면, 일과 관계되지 않은 이상 어떤 상황이나 다른 사람들의 일에 직접 뛰어들지 않는 경향이 있다. 필요 이상으로 자신을 개방하지 않으며, 가까운 친구들 외에는 대체로 사람들과 사귀지 않는다. 과학 분야, 기계 계통, 엔지니어링 분야에 관심이 많다. 느낌이나 감정, 타인에 대한 마음을 표현하기 힘들어 한다.

ISFJ형은 책임감이 강하고 온정적이며 헌신적이다. 세부적이고 치밀성과 반복을 요하는 일을 끝까지 해 나가는 인내력이 높다. 다른 사람의 사정을 고려하며 자신과 타인의 감정 흐름에 민감하다. 이 유형의 사람들은 일을 하고 세상일에 대처할 때 행동에 분별력이 있다. 대체로 열심이며 세부적인 사항과 절차에 세심하다. 일을 완성하기 위해서 필요한 세부적이고 사소한 일을 해낼 수 있다.

ISFP형은 마음이 따뜻하고 동정적이며, 말보다는 행동으로 따뜻함을 나타낸다. 그러나 상대방을 잘 알게 될 때까지 이 따뜻함을 잘 드러내지 않는다. 사람이나 일을 대하는데 있어 내적인 이상향과 개인적인 가치에 준하여 대하며, 말로 잘 표현하지 않는다. 자신의 주관이나 가치를 타인에게 요구하지 않으며 모든 성격유형 중에 자기 능력에 대해서 가장 겸손하다. 이 유형은 적응력과 관용성이 많으며, 자연에 대한 사랑과 미적 감각과 균형 감각이 뛰어나다. 삶의 현재를 즐기는 형이다.

INTJ형은 행동과 사고에 있어 독창적이다. 내적인 신념과 가치관은 산이라도 움직일 만큼 강하다. 가장 독립적이고 단호하며 문제에 대하여 고집이 세다. 자신이 가진 영감과 목적을 실현시키려는 의지와 결단력과 인내심을 가지고 있다. 자신과 타인의 능력을 중요시하며, 목적달성을 위하여 온 시간과 노력을 바쳐 일한다.

INTP형은 조용하고 과묵하나 관심이 있는 분야에 대해서는 말을 잘한다. 매우 분석적이고 논리적이며 객관적 비평을 잘한다. 일의 원리와 인과관계에 관심이 많으며 실체보다는 실체가 안고 있는 가능성에 관심이 많다. 이해가 빠르며 높은 직관력으로 통찰하는 재능과 지적 관심이 많다.

INFJ형은 창의력과 통찰력이 뛰어나다. 강한 직관력으로 의미와 관계를 추구한다. 뛰어난 영감으로 말없이 타인에게 영향력을 미친다. 독창성과 사적인 독립심이 강하고, 확고한 신념과 뚜렷한 원리원칙을 생활 속에 가지고 있으면서 공동의 이익을 가져

오는 일에 심혈을 기울이고 인화와 동료애를 중요시하는 경향을 가지고 있어 존경을 받고 사람들이 따른다.

INFP형은 마음이 따뜻하나 상대방을 잘 알기 전에는 표현을 잘하지 않는 조용한 사람들이다. 자신이 관계하는 사람이나 일에 대하여 책임감이 강하고 성실하다. 또한 자신이 지향하는 이상에 대해 정열적인 신념을 지니고 있다. 이해심과 적응력이 많고 대체로 관대하며 개방적이다. 그러나 내적인 신의가 위협을 당하면 한 치의 양보가 없다. 자신이 하는 일에 의미를 찾고자 하는 경향이 있으며 인간이해와 인간복지에 기여할 수 있는 일을 하기를 원한다.

MBTI유형을 직업상황에서의 선호도 경향과 연결해 보면 다음과 같다.

〈표 6-2〉 직업 상황에서 선호도 경향

외향형(E)	내향형(I)
사람들과의 성공적인 상호작용을 선호 다양성과 행동을 좋아함. 느린 작업을 참기 힘들어함 작업의 결과에 관심 높음.	혼자 있는 것 선호하고 집중위해 혼자 있는 시간 필요로 함. 침묵을 좋아함 한 프로젝트에 오랜 시간 들일 수 있음.
감각형(S)	**직관형(N)**
세부적인 집중을 요구하는 일 좋아함. 새로운 문제 싫어함. 이미 배운 기술 이용 하고자 함. 거의 영감을 이용하지 않음. 사실에 관한 실수는 거의 하지 않음	세부사항을 싫어함. 새로운 문제가 끊임없이 생기는 것 선호함. 새로운 기술 배우는 것 선호함. 영감을 따름. 사실에 관한 실수 잦음.
사고형(T)	**감정형(F)**
숫자를 이용한 논리적인 질서 요구하는 일 선호함. 사람들을 질책할 수 있음. 확고함.	사람들에게 서비스하는 일을 선호함. 동정적임. 논리적이지 않아도 인간관계를 위한 일이라면 먼저 실행함.
판단형(J)	**인식형(P)**
일을 계획하고, 계획대로 수행하는 작업을 선호함. 상황이 해결되고 종결되는 것을 좋아함. 절제됨.	변화하는 상황에 대한 적응을 요구하는 일을 좋아함. 변화에 대한 가능성을 열어둠. 자유로움.

4 진로 탐색

1) 직업의 변화

직업의 세계는 고정되어 있어서 변하지 않는 것이 아니라 끊임없이 변화한다. 즉, 사회구조의 변화에 따라 소멸되는 직업이 있는가 하면 새롭게 생겨나는 직업도 있고 현재 직업위세가 높은 직업이 직업 위세가 낮아질 수도 있다. 따라서 기본적인 직업 특성에 대한 이해와 함께 직업의 변화 추세와 미래의 전망 등을 고려하여 직업 선택을 하는 것이 바람직하다.

우리나라에서 직업구조의 대변화가 시작된 건 산업사회에서 지식정보사회로 변화가 시작된 1980년대부터이다. 자본주의가 고도로 성숙된 유럽, 미국, 일본 등에서는 1980년대부터 제조업보다 서비스업 즉, 금융, 교육, 엔터테인먼트, IT산업, 유통과 판매, 시버스와 접객, 여행, 미디어, 저널, 정치 등이 유망 직업군으로 떠올랐다. 우리나라에서도 수출 위주 대기업과 전자 대기업, 공기업, 방송사, 증권사, 서비스, 유통과 판매, 사교육업 등이 신종 유망 직업군으로 분류되기 시작하였다. 그러나 자본주의 선도국가가 아닌 우리나라에서는 서비스업이라고 하더라도 제조업 연관도가 높아서 신종직업이라고 하기에는 어려움이 있었고 전통적인 산업과 관련이 높은 사업들 중심으로 산업이 재구조화 되었다. 유럽, 미국, 일본 등에서는 한창 신업종으로 성가를 구가하던 엔터테인먼트 산업은 우리나라에서 여전히 개인들의 취미활동에 의존하는 수준에 불과했고 미디어는 관영의 테두리를 벗어나지 못했다. 그러나 1990년대 말부터 한국사회에서도 직업의 패러다임이 바뀌기 시작하였다. 이 시기는 정치적 민주화가 완성된 시기로서 정치의 주도세력이 바뀌고 이와 함께 산업의 주도 세력과 성장 산업의 판도가 서서히 바뀌기 시작하였다. 금융과 IT 분야, 그리고 방송과 연예 분야에서 새로운 직업이 창출된 것이 이 시기의 특징이다.

이러한 직업구조의 변화로 산업사회에서 종사자가 많고 유망하다고 평가되었던 직업이 정보사회에서는 단순 노동을 하는 직업으로 간주되기 시작하여 선호도가 낮아지게 되었다. 그리고 과거에는 직업위세가 높지 못하였던 연예인, 게임 산업 종사자 등은 종사자의 수도 증가하였을 뿐 아니라 직업 선호도가 높아지게 되었다. 직업의 구조와 선호도는 지속적으로 변화되는 것이다.

이런 맥락에서 자신의 진로를 결정하기 위하여 직업의 트렌드를 이해하는 것이 중요하다. 그러나 트렌드를 읽고 미래의 직업을 정확하게 예측하는 것은 매우 어려운 일이다. 미래에 다가올 변화를 읽기 위해서는 현재 나타나고 있는 작지만 의미 있는 변화에 주목하여야 한다. 개인용 컴퓨터가 도입되기 시작하였을 때 그 변화의 의미와 파장을 이해하였으면 직업 선택에 많은 시사점을 얻을 수 있었을 것이다. 또한 스마트폰의 보급이 초래할 인간생활의 변화에 주목한다면 미래의 직업 선택에도 많음 함의를 얻을 수 있을 것이다.

또한 개인들이 자신의 비전을 설정하고 미래를 만들어 가는 개인중심의 사회가 도래할 것이라는 관점에서 본다면 앞으로의 사회는 창조적인 지식이 중심이 되는 성숙된 지식정보사회가 될 것이므로 이에 부응하여 자신의 지식과 지혜, 기술을 창조적으로 형성하도록 노력하는 것이 매우 중요할 것이다. 앞으로 다가올 사회는 디지털 정보의 무한 복제 그리고 지식 습득 및 전달 도구의 소형화와 저렴화, 컴퓨팅 능력의 무한 향상, 물자의 풍족과 계층간 분배 갈등, 글로벌 유동인구의 증가와 다문화 현상, 기존 제조 산업의 사양화와 유한계급의 증가, 유통구조 혁명과 직거래 활성화, 조직관리가 아니라 개인관리 등을 특징으로 할 것이다. 이런 사회에서는 창의적인 지식과 정보를 많이 가지고 있는 사람이 더 좋은 기회를 차지하게 될 것이므로 이에 적극적으로 대비하는 것이 중요하게 될 것이다.

2) 나의 희망직업 선택과 계획

진로(career)란 일생동안 하는 일을 총체적으로 일컫는 개념으로서 학업을 마치고 사회인이 되어 하게 되는 직업이 그 핵심이다. 어떤 직업을 선택하느냐에 따라 개인의 업무가 결정되고, 그에 따라 개인의 생활방식과 생활수준, 사회적 지위, 대인관계 등이 달라진다. 개인이 갖게 되는 직업은 그 개인에게 소속감을 제공하고 가치를 실현하는 장이 되며, 나아가 자아실현의 기반이 된다. 또한 직업인으로서 개인은 사회를 유지 발전시켜나가는데 필요한 역할을 담당하게 된다.

진로를 선택하기 위해 탐색하고 준비하는 청소년들의 고민거리는 시대에 따라 조금씩 변한다. 침체된 사회경제적인 영향일 수도 있고 일찍 독립적으로 변화해가는 청소년기의 성향일 수도 있겠지만, 사회통계조사 보고에 의하면 과거(2002년도)에는 15세~24세 청소년들의 주된 고민거리가 공부(39.8%), 외모(19.7%), 가정환경(8.9%), 이성교제(7.8%) 순이었던 것이, 2006년도에는 공부(성적, 적성, 35%)와 직업(29.6%), 그 다음이 외모(10.0%) 순인 것으로 나타나, 과거에 비해 직업에 대한 고민이 약 23% 정도 증가해 있었다.

어떤 직업이 개인에게 가장 적합한 직업인지, 어떤 직업을 선택해야 만족스러운 삶을 살 것인지, 어떻게 하면 원하는 직업을 가질 수 있는지를 찾아내는 작업은 간단한 일이 아니다. 그렇지만 직업 선택에는 몇 가지 원칙이 있다. 우선 자신의 성격과 적성에 부합한 직업을 찾는 것이 직업 만족도를 높일 수 있다. 자료나 사물을 다루는 일을 좋아하는지 혹은 사람들과 어울리며 하는 일을 좋아하는지, 구체적으로 주어진 일을 선호하는지 추상적인 일을 선호하는지를 알아야 한다. 자신이 선호하는 직업에 종사할 때 일에 만족도가 높아지며 더 좋은 성과를 낼 수 있다. 그러나 종종 자신의 성격과 적성이 무엇인지 모르고 있을 때가 있다. 이를 위하여 성격검사나 적성검사를 할 필요가 있다. 이런 검사들은 자신이 미처 알지 못하고 있던 자신의 모습을 발견할 수 있는 기회를 제공해 주기도 한다.

다음으로는 직업을 자신의 가치와 비전에 부합하도록 선택하는 것이다. 자신이 삶에 있어서 어떤 가치를 중요하게 생각하는지, 그리고 어떤 비전을 가지고 있는지를 고려하여 직업을 선택하여야 한다. 자신의 가치와 부합된 직업을 선택하면 자신이 하는 일에 의미를 부여할 수 있으며 직업을 통해 자아실현을 경험할 수 있게 된다.

또한 현재의 외적 여건에서 실현 가능한 선택인지를 고려해야한다. 자신의 가치에 부합하고 적성에 맞아도 현실 여건에 부합하지 않으면 선택하기 어렵다. 경기가 어려울 때 창업을 하려고 한다거나 테러 위험이 있는 지역에서 봉사자로 활동하고자 하는 것이 그런 예이다. 그러나 지나치게 외부 여건에만 맞추어서 자신의 진로를 결정하는 것은 바람직하지 않다. 현실 가능성에만 초점을 맞추면 자신의 비전이나 적성과는 동떨어진 진로를 선택하게 될 가능성이 높기 때문이다. 결론적으로 진로를 선택하는 것은 개인의 흥미, 능력, 가치관, 성격, 포부, 그리고 기타 환경 여건을 포함하여 통합적으로 결정해야하는 복잡한 과정이다. 따라서 종합적으로 여러 요소들을 고려하여 신중하게 정하여야 한다.

한편 직업은 한 번의 선택으로 끝나는 것이 아니라 일생에 걸쳐 새롭게 선택할 수 있는 지속적인 과정이라는 점이다. 통상 한 개인은 일생동안 3~4회 직업을 바꾸게 된다고 한다. 직업 트렌드의 변화가 심하고 직업에 종사하는 기간이 길어지면서 이 변화는 더 빈번하게 될 가능성이 크다. 따라서 직업변화에 대응하기 위하여 지속적인 자기개발과 유연한 지식 및 기술을 갖추는 것이 필요하다. 당장 졸업 후 첫 직업을 선택하는 데는 전공 지식이 중요할지 몰라도 일생동안 직업 선택을 반복해야 한다는 점에서 보면 새로운 지식이나 기술을 받아들일 수 있는 능력이 중요하다. 이런 면에서 교양지식과 평생학습 역량이 중요해지고 있다.

3) 홀란드의 성격유형과 직업군

홀란드(Holland, 1997)는 성격을 크게 6가지 유형으로 구분하면서 직업 세계에서도 직업의 특성에 따라 이 6가지 유형의 사람들을 필요로 한다고 본다. 예를 들면, 자동차정비소에서는 대인관계는 다소 부족하더라도 자동차 소리만 듣고도 문제를 찾아낼 수 있을 정도로 정비 분야에 능력이 뛰어난 사람을 필요로 한다. 연구소에서는 새로운 무엇인가를 발견하기 위해 신중하게 분석하고 계획한 후 관찰 연구에 몰입할 수 있는 사람을 필요로 한다. 예술 분야에서는 번득이는 아이디어로 새로운 세계를 표현해 낼 수 있는 사람들을 찾는다. 사회복지원에서는 대인관계가 원만하고 마음이 따뜻하여 다른 사람들을 잘 보살피는 능력이 있는 사람들을 필요로 한다. 판매 영업직과 같은 직업 세계에서는 설득력 있고 외향적이며 리더십이 뛰어난 사람들이 환영받는다. 사무직의 직업 세계에서는 꼼꼼하게 정리하고 주어진 업무를 실수 없이 기일 내에 처리해낼 수 있는 사람들을 필요로 한다. 그러나 직업의 세계가 훨씬 복잡하여 단순히 6가지의 영역으로 분류할 수 있을 것 같지 않을 때에는, 이들 6가지 영역 중 두드러지는 두세 가지의 영역을 감안하여 분류할 수 있다.

홀란드(Holland)의 6각형 RIASEC 모델에 의하면 사람들은 크게 6가지의 성격 유형으로 범주화될 수 있으며 이 성격 유형에 따라 적응적인 직업군을 유형화할 수 있다. 이들 6가지 성격유형들은 6각형을 이루면서 인접해 있는 유형들 간에 특정한 특성들을 공유한다. 대체적으로 자신의 목표, 흥미, 능력 등이 명확한 사람들은 홀란드의 6가지 유형 중 한 유형이 변별력 있게 두드러지게 나타나는 성향을 보인다. 그리고 일관성 있게 그 주변 유형의 활동에도 선호도를 나타내는 경향이 있다.

홀란드의 6가지 성격 유형은 실재형(realistic), 탐구형(investigative), 예술형(artistic), 사회형(social), 기업형(enterprising), 그리고 관습형(conventional)이다. 이 6가지 유형의 특성은 다음과 같다. 실재형(realistic)의 사람들은 고집이 세고 무뚝뚝한 성격으로 가만히 앉아 책을 읽기보다는 몸을 움직이는 활동을 좋아한다. 탐구형(investigative)의 사람들은 신중하고 분석적인 성격으로 다소 내성적이다. 예술형(artistic)인 사람들은 상상력이 풍부하고 개성이 강해서 평범한 것에는 별로 관심이 없으며 어디로 튈지 모르는 럭비공 같다. 사회형(social)인 사람들은 다른 사람들을 잘 배려하며 인간관계가 좋아서 친구가 많다. 기업형(enterprising)의 사람들은 야망이 크고 모험적이면서 경쟁적이며 호탕한 성격을 가지고 있다. 관습형(conventional)의 사람들은 정해진 규칙대로 정리정돈을 잘 하며 실수가 별로 없다.

성격 특성은 직업과 관련된 개인의 재능과도 연관성을 가지고 있다. 현실형인 사람들은 손재주가 있어서 전기나 기계를 잘 다루거나 운동신경이 뛰어나다. 탐구형인 사람들은 독립된 공간에서 연구 탐구하기를 좋아한다. 예술형인 사람들은 음악이나 미술, 무용, 등 예능 분야에 관심이 있고 또 소질이 있다. 사회형인 사람들은 다른 사람과 더불어 평화롭고 행복하게 살아가는 삶에 관심이 많다. 기업형인 사람들은 설득을 주 무기로 인간관계를 운용함으로써 다른 사람들로부터 인정받는 것에 관심이 있다. 관습형인 사람들은 다른 사람들을 만나 말로 결해야하는 복잡한 활동보다는 구체적으로 주어진 일을 실수 없이 계획대로 수행함으로써 인정받는 것에 관심이 있다. 사람들은 누구나 이들 6가지 특성들 중 가장 두각을 나타내는 특성(들)을 가지고 있으며, 그와 관련된 성격, 흥미, 적성, 능력, 등을 가지고 있다.

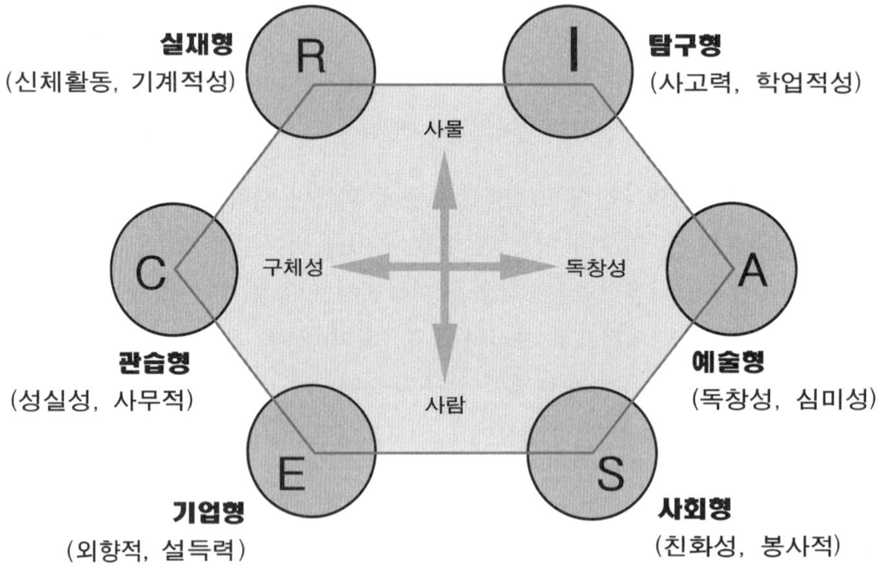

[그림 6-1] 홀란드의 RIASEC 모델

홀란드의 RIASEC모델은 직업선택의 방향을 제시하는 효과가 있다. 즉, 자신의 성격에 부합한 일이나 직업을 선택함으로써 직업선택의 실패를 줄일 수 있으며 선택한 직업에 대한 만족도를 높일 수 있다. 따라서 자신의 성격유형이 무엇인지를 아는 것은 직업 선택의 출발점이라고 할 수 있다.

〈표 6-3〉 Holland 6각형 모델의 RIASEC에 대한 설명

직업군 분류	특 성	대표 직업
현실적/실재적 (Realistic)	• 성격: 솔직, 성실, 검소, 지구력, 신체건강, 소박, 말이 적고 고집이 셈, 직선적, 단순함. • 흥미/적성: 현실적 유형이 우월한 사람들은 손으로 사용하는 기능적인 작업을 선호하며 객관적이고 분명하며 구체적인 과제를 즐긴다. • 능력: 이들은 종종 수학·기계를 다루는 데 능하다.	기술자, 자동차/항공기 조종사, 정비사, 엔지니어, 농부, 운동선수 전기기계기사
탐구적 (Investigative)	• 성격: 논리 분석적, 합리적, 비판적. 내성적이며 수줍어하는 경향. • 흥미/적성: 신중하고 독립적이며, 지적 과업지향적 활동을 선호한다. • 능력: 관찰적, 상징적, 체계적인 탐구활동, 학구적이고 과학적인 영역에서 탁월한 경향이 있다.	과학자, 생물학자, 화학자, 지질학자, 인류학자, 의사, 의료기술자
예술적 (Artistic)	• 성격: 감수성, 자유분방, 개방적. 민감하고, 충동적이며, 자기 반성적인 경향, • 흥미/적성: 큰 사회모임보다는 소집단 혹은 혼자 있기를 선호. 상상력이 풍부하며, 자유 지향적이고 상징적 활동을 선호한다. • 능력: 예술적인 사람들은 창조와 표현에 능하며, 변화와 다양성, 모호함에 익숙하다.	예술가, 작곡가, 음악가, 무대감독, 작가, 배우, 소설가, 미술가, 무용가, 디자이너
사회적 (Social)	• 성격: 친절, 이해심, 봉사적, 감정적, 이상주의적, 명랑하며, 성취적이고, 보수적인 경향이 있다. • 흥미/적성: 일반적으로 다른 사람들과 함께 일하고 또 다른 사람들을 돕는 것을 즐긴다. • 능력: 언어능력과 대인관계 기술이 뛰어나다.	사회복지사, 교육자, 간호사, 종교지도자, 상담가, 임상치료사 언어치료사
기업적/설득적 (Enterprising)	• 성격: 지배적, 통솔력, 지도력, 설득적, 경쟁적, 야심적, 외향적, 낙관적, 열성적 • 흥미/적성: 위신, 인정, 권위를 얻는 데 관심이 있으며 모험적인 활동에 관심이 있다. • 능력: 대인 지향적이며, 선도, 계획, 통제, 관리능력이 뛰어나다.	기업경영인, 정치가, 판사, 영업사원, 상품구매인, 보험회사원, 판매원, 관리자, 연출가
관습적 (Conventional)	• 성격: 정확, 치밀, 신중, 계획성, 완고, 책임감. • 흥미/적성: 사회적인 인정에 관심이 있으며, 보수적으로 조직 내에서 순응적인 활동을 선호한다. 몸을 움직이는 활동을 좋아하지 않으며 계산적이다. • 능력: 정해진 원칙, 계획에 따라 자료를 기록, 정리, 조직하는 사무적인 일에 능하다.	공인회계사, 경제분석가, 은행원, 세무사, 컴퓨터프로그래머, 감사원, 안전 관리사, 사서

활동 01

비전 선언문(나의 사명서) 작성하기

목표

핵심 가치를 중심으로 자신의 비전을 설정해 본다.

1단계 : 자신의 핵심 가치를 파악하기

당신의 개인적인 삶 속에는 매우 많은 가치가 숨겨져 있는데 아래에 열거된 21개의 가치 중 자신이 가장 중요하다고 생각하는 가치의 우선순위를 정해 봅시다.

가 치	의 미	우선 순위
성취	일의 완수에서 오는 보람	
탐미	아름다움 그 자체를 즐김	
봉사	상대방을 이롭게 하는 것에 대한 관심	
자주	자기 해결 능력, 의사결정의 독립성	
창의	상상력의 개발을 통한 문제 해결	
감성	마음과 감정의 풍요로운 상태	
건강	신체의 상태	
정직	행위의 공정성	
정의	진리에 서는 것	
기술	자신의 지식을 효과적으로 사용하는 능력	
사랑	애정, 비이기적인 감정	
충성	개인, 집단, 조직에 대한 헌신	
윤리	도덕적 기준을 지킴	
용모	외모에 대한 관심	
환희	만족해 함, 즐거워 함	
권력	통제와 영향력의 소유	
인정	중요하게 여겨짐	
신앙	절대자에 대한 믿음	
지식	전문성	
부유	물질을 많이 소유함	
지혜	통찰력, 판단력	

2단계: 핵심 가치의 근거 찾기

자신의 핵심 가치 중 가장 중요한 3개를 선정하고 그것을 선택한 이유를 작성한다.

순위	선택한 이유
1순위	
2순위	
3순위	

3단계: 나의 존재 가치 찾기

2단계에서 선정한 가장 중요한 3개의 가치로 자신의 존재 이유를 설명해 본다.

나 ______________ 는

를 존재 가치로 삼고 이 존재 가치를 실현하기 위한 목표를 점검하겠습니다.

4단계 : 나의 인생목표 정하기

자신의 존재 목표를 수행하기 위하여 달성하고자 하는 구체적인 인생 목표를 정해본다.

나의 존재목표를 이루기 위해

1. 목표하는 일을 적고, 완료시점을 적는다
2. 원하는 일을 적고, 일을 갖게 되는 완료시점을 적는다
3. 일을 통해 만들어 낼 수 있는 최대의 성과와 그것을 달성하는 완료시점을 적는다
4. 나의 성공을 통해 이 사회에 어떤 기여를 할 것인지를 적고, 완료시점을 적는다
5. 묘비명을 적고, 이 세상 사람들이 나를 어떻게 기억해주기를 원하는지 적는다

20 년 월 일

서약자: ____________.

제7장 발표력 증진

학습목표

- 발표력의 중요성을 이해하여 설명할 수 있다.
- 발표불안을 극복할 수 있는 방안을 습득하여 활용할 수 있다.
- 발표를 위해 준비를 한 후 실제적으로 수업시간에 발표를 할 수 있다.

1 프레젠테이션에 대한 이해

1) 프레젠테이션의 의미와 필요성

프레젠테이션(presentation)의 사전적 의미는 발표, 소개, 공연, 표시, 공개, 상연 등의 의미를 지니고 있으며, '프레젠테이션하다'란 말은 'PT하다', '발표하다', '브리핑하다' 등의 말과 같은 의미를 지닌 것으로 사용되고 있다. 이처럼 프레젠테이션은 다양한 의미로 해석될 수 있지만 쉽게 표현하면 발표라고 할 수 있다. 하지만 오늘날의 프레젠테이션은 단순히 발표 이상의 의미로 다양한 분야에서 사용되고 있다. 프레젠테이션은 주로 말을 잘 하거나 발표자료만 잘 다루면 누구나 할 수 있다고 생각되나, 프레젠테이션을 잘 하기 위해서는 발표기획, 자료제작, 그리고 실제 발표 등의 전 과정을 세밀하게 구성해야 한다.

프레젠테이션은 자신이 가지고 있는 생각이나 자료들을 상대방에게 전달하기 위한 말하기 형태의 모든 것이라고 할 수 있다. 프레젠테이션이라는 용어 속에 담겨져 있는 뜻을 살펴보면 좀 더 정확한 의미를 이해할 수 있다. 우선 프레젠테이션은 개인과 개인의 대화를 의미하지는 않는다. 프레젠테이션은 어디까지나 다수를 대상으로 기획과 제안을 설명하고 설득하는 행위이다. 이때 다수의 범위는 적게는 3~4명, 많게는

100~200명까지의 대중을 포함한다. 청중의 수가 많아지면 많아질수록 일방적인 발표로 끝나기 쉬우므로 청중의 반응을 주의 깊게 살피고 질문을 수시로 던지는 등의 쌍방향성을 확보하는 노력을 기울여야 한다.

프레젠테이션은 연설과는 다르다. 다수의 청중 앞에서 이야기하는 것을 일반적으로 연설이라고 부른다. 프레젠테이션 역시 청중 앞에서 이야기한다는 점에서 연설에 포함되기 때문에 효과적인 연설을 위한 노력이나 방법론은 프레젠테이션에도 그대로 적용된다. 그러나 연설은 특별한 목적 없이 다수에 대한 인사로서 행해지는 경우가 많으나 프레젠테이션은 기획이나 아이디어에 대한 제안을 발표하고 협력을 이끌어낸다는 분명한 목적이 있기 때문에 설명과 설득하기 위한 방법론이 대부분을 차지한다.

프레젠테이션은 여럿이 둘러앉아 편안하게 이야기를 나누는 대화와는 다르다. 대화에 능숙한 사람이라고 해도 프레젠테이션을 잘 한다고는 할 수 없다. 남 앞에서 새로운 제안을 발표하는 것이므로 하나의 화제를 논리정연하고 일관성 있게 끌고 가야 한다. 또한 청중의 이해도를 높일 수 있는 설명능력, 청중의 호감을 이끌어낼 수 있는 인간적인 매력도 요구된다.

프레젠테이션은 제안형 설득이기 때문에 프레젠테이션의 최종 목적은 설득이다. 프레젠테이션이라는 이름을 빌어 단순히 보고가 진행되는 경우도 있지만 이 역시 차후의 설득을 목적으로 한 정보 제공이라고 볼 수 있다. 프레젠테이션은 대부분 전반부에 제안에 대해 설명하고 후반부에 이르러 본격적으로 설득하는 구조를 갖추고 있다.

프레젠테이션은 몇몇 사람이 모여 서로의 의견을 발표하며 기획 · 입안을 제시하는 경우 적게는 30분, 많게는 2~3시간 정도의 시간이 걸린다. 그 속에 프레젠테이션이 들어가 있기 때문에 무조건 정해진 시간 내에 프레젠테이션이 이루어져야 한다. 정해진 시간 내에, 정해진 목적을 달성해야 하기 때문에 준비를 많이 했다고 하더라도 시간을 초과하는 것은 마이너스 평가를 가져온다. 따라서 프레젠테이션 속에는 시간 개념이 들어가 있다.

우리는 흔히 프레젠테이션을 잘 하는 경우를 발표력이 뛰어나다고 표현하며, 프레젠테이션을 잘 하는 사람은 '프레젠터'라고 부른다. 발표력은 타인 앞에서 자신의 주장이나 생각, 논리를 효과적으로 자신감 있게 전달하는 능력이다. 따라서 말을 잘한다는 의미는 말의 내용이 조리가 있고 의미가 있으며, 말을 전달하는 태도나 목소리가 안정되어 상대방의 주의를 집중시켜 효과적으로 자신의 의견을 전달하는 것이다. 즉, 말의 내용 뿐 아니라 전달하는 방법이 적절히 갖추어진 것을 뜻한다. 현대 사회에서는 발표력이 자신의 능력과 가치를 인정받는 수단이 되고 있어 중요하다. 사회는 말을 잘 하는 사람을 선호하며 침묵으로 일관하는 사람은 무능력자로 간주하고 있어 적절한 때에 적절한 말로 자신의 능력과 가치를 어필하면서 상대방을 설득시킬 수 있는 발표력의 힘은 현대사회에서 생존의 요소라 할 수 있다.

특히 요즘 기업에서는 프레젠테이션 능력을 갖춘 창조적 인재를 요구하고 있으며 기업과 조직의 환경이 점점 '커뮤니케이션'을 중시하는 문화로 변화되면서 집단토론, 브리핑, 발표, 제안, 기획회의, 고객 상담이 증가하고 있다. 조직을 살리기 위한 빛나는 생각과 톡톡 튀는 아이템을 가지고 있다고 할지라도 이를 고객이나 조직의 상사 앞에서 효과적으로 표현하지 못한다면 아무 의미 없는 아이템이 되고 만다. 또한 대학의 강의도 설명중심의 강의전달방식에서 학습자들이 스스로 학습의 기회에 참여하고, 그 결과를 보고하는 방법 등으로 변화되고 있다. 따라서 프레젠테이션 능력은 선택요소가 아니라 필수 요소이다.

청중들에게 자신의 생각과 아이디어를 효과적으로 전달할 수 있는 능력은 경쟁력의 한 요소로서 프레젠테이션 기술이 왜 필요한지를 구체적으로 살펴보면 다음과 같다.

첫째, 프레젠테이션은 취업 때문에 필요하다. 누구나 대학을 졸업하면 취업하기를 원하지만 점점 취업하기가 힘들어지고 있다. 취업을 하기 위하여 자기 자신을 표현하는 것은 결국 나 자신을 마케팅하는 것을 의미하는 것이고, 훌륭한 마케팅은 결국 프레젠테이션으로 보여지게 된다. 서류상으로 흠잡을 데 없는 사람들이 자신을 마케팅하는 과정에서 실패하는 경우가 있어 간결하고 체계적이며 열성적인 발표자가 됨으로써 자신을 돋보이게 하기 위해서 프레젠테이션이 필요하다.

둘째, 프레젠테이션은 승진 때문에 필요하다. 기업과 조직에서 위치가 높아질수록 대중 앞에 나서야 할 기회가 많아지게 된다. 상급 관리자를 설득해야 하고, 직원들에게 동기부여를 해야 하며, 직·간접적으로 자신이 소속된 부서, 기관, 기업을 대표하여 고객과 소비자 및 청중에게 정보를 전달해야 하는 기회가 있기 때문에 프레젠테이션이 필요하다.

셋째, 프레젠테이션은 영업과 판매 증진을 위해서 필요하다. 고객과 소비자들에게 상품과 아이템을 전달하여 판매를 증진하기 위해서 프레젠테이션은 중요하다. 만약 자신이 훌륭한 프레젠테이션 기술을 갖고 있다면 소비자 또는 구매자를 설득할 수 있어서 판매 성공률은 높아지게 된다.

넷째, 프레젠테이션은 생산적인 회의 진행을 위해서 필요하다. 기업과 조직 내부에서 대부분 회의를 하느라 소중한 시간을 낭비하는 경우가 많다. 회의는 프레젠테이션과 크게 다를 바가 없다. 효과적인 회의를 진행하기 위해서 중요한 의제를 구상하고, 다른 사람들의 관심을 불러일으키면서, 시간조절을 잘 하고 질문에 대해 적절하게 대답하며, 구체적인 실행 계획을 제시해야 하는 모든 것은 결국 훌륭한 프레젠터가 사용하는 기술들이다.

다섯째, 프레젠테이션은 좌절감과 스트레스를 해소하기 위해서 필요하다. 발표를 마치고 나면 후회스러운 게 한 두 가지가 아니며, 완벽하게 발표하지 못했다는 좌절감을 느낄 경우 스트레스를 경험하게 된다. 하지만 프레젠테이션 기술을 익혀 활용하면, 자신은 물론 청중을 만족시킬 수 있으며, 자신의 메시지를 명확하게 전달했다는 뿌듯한 마음을 가지게 되어 만족감과 성취감을 느끼게 된다.

여섯째, 프레젠테이션은 강한 이미지를 구축하기 위해서 필요하다. 현대사회에서 이미지는 중요한 요소이다. 장래성 있는 많은 인재들이 자신의 이미지 구축에 실패하여 취업의 기회에서, 혹은 승진의 문 앞에서, 소비자와 고객들의 영업 앞에서 좌절과 상실을 경험하게 된다. 성공한 사람들은 청중을 사로잡고 신뢰감을 주는 방법을 활용하는데 바로 그것이 자신의 이미지를 강하게 어필할 수 있는 기회가 된다.

일곱째, 프레젠테이션은 더 나은 인간관계 형성을 위해서 필요하다. 조직 안에서 다른 사람들에게 불쾌감을 주지 않고 자신의 생각과 의견을 표현할 수 있다면 더 나은 인간관계를 형성할 수 있게 된다. 프레젠테이션은 단순히 말하는 것이 아니라 듣는 사람의 입장에서 말하는 것이기 때문에 우리의 일상적인 인간관계에서도 듣는 사람의 입장에서 말하는 방법을 사용한다면 좀 더 나은 인간관계를 형성할 수 있게 된다.

2) 훌륭한 발표자의 조건

발표를 잘 하는 사람들은 발표에서 중요하게 생각하는 요소들이 있는데 그것을 구체적으로 살펴보면 다음과 같다. 첫째, 발표를 잘 하는 사람들은 전문적 능력을 갖추고 있다. 발표자는 자신이 발표하고자 하는 해당 영역에 대하여 넓고 깊은 지식을 가져야 한다. 해당 영역에 대한 정확한 지식은 물론, 발표방법, 교수능력, 청중에 대한 이해 등에 관해서도 풍부한 지식과 전문적인 식견과 경험을 지니고 있다.

둘째, 투철한 사명감을 가져야 한다. 발표자는 청중을 안내하고 지도하면서, 원하는 목표를 달성하는 가운데 삶의 보람을 찾는 사람이다. 아무리 풍부한 지식과 기술을 가지고 있다고 해도 확고한 신념이나 발표에 대한 사명감이 없다면 훌륭한 발표자로서의 자질을 구비하고 있다고 말하기 어려울 것이다. 투철한 사명감과 프로의식이 취약한 상태에서 발표자가 활동을 전개하면 청중에게 부정적인 영향을 미칠 수도 있다.

셋째, 발표에 대한 긍지와 보람을 느껴야 한다. 발표는 청중의 행동을 발표자가 의도한 대로 변화시키는 것이다. 발표자의 말 한마디가 청중의 인생에 커다란 변화를 줄 수 있다고 확신하면서 자신이 하는 발표에 보람과 긍지를 느껴야 한다. 발표 자체에 재미를 느끼지 못하고 발표를 어쩔 수 없는 통과의례로만 생각한다면 열정을 쏟지 못하고 발표자 자신과 청중들에게 유익하지 못한 결과를 초래하게 된다.

넷째, 발표자는 발표에 대한 애정을 가져야 한다. 훌륭한 발표자는 청중을 향한 사랑과 애정을 지니고 있어야 한다. 특히 고객과 소비자 만족을 중시하는 현대 사회에서 청중에 대한 존중이 이루어지지 않는다면 결국 청중들에게 외면받기 쉽다. 따라서 발표자는 순수한 발표에 대한 애정을 가져야 청중을 존중하는 마음을 가질 수 있다.

다섯째, 전문적인 자질 함양을 위해 끊임없이 정진하는 구도자의 자세를 가져야 한다. 발표자는 자신이 가진 전문적인 지식을 가지고 자만해서는 안 된다. 발표자는 자신의 지적 능력과 인격적 품성을 발전시키고 개발하고 향상시키도록 꾸준히 노력하는 사람이어야 한다. 더욱이 21세기 지식 기반 사회에서 발표자는 해당 전공에 대한 권위와 실력을 인정받을 뿐 아니라 존경과 신뢰를 받을 수 있도록 자기 개발과 발전을 위해 절실히 힘쓰고 노력해야 한다.

마지막으로 청중을 존경할 줄 아는 겸손함을 지녀야 한다. 사람은 누구나 존경받기를 원한다. 더욱이 고객과 소비자들은 발표자가 아무리 많은 지식과 경륜을 가졌다 해도 발표자로부터 존중받기를 원한다. 청중은 아무리 높은 지위의 발표자라도 청중을 어려워하고 존중해주는 발표자에게 귀 기울이기 마련이다.

3) 발표자가 저지르기 쉬운 실수

사람은 누구나 프레젠테이션을 할 때 실수를 한다. 프레젠테이션 중에 당황하거나, 발표 내용을 잊어버려서, 혹은 경험과 연습이 부족해서 실수를 하기도 한다. 여기에서는 발표자가 가장 흔하게 저지르는 실수에는 어떤 것들이 있는지 알아보고자 한다.

발표자가 저지르는 가장 흔한 실수는 바로 준비 부족이다. 발표자가 프레젠테이션을 제대로 준비하지 않으면 결국 프레젠테이션에서 그 부족함이 드러나게 된다. 발표 주제를 충분히 숙지하고 익숙해질 때까지 여러 번 연습해야 한다. 발표 주제에 대해서 충분히 준비하지 않으면 청중들에게 발표 내용에 대한 믿음과 확신을 주기 어려우며 전문가적인 자세를 전달할 수 없다. 또한 프레젠테이션의 시간을 지키지 않는 것도 발표자가 저지르기 쉬운 실수이다. 프레젠테이션을 늦게 시작해서 늦게 끝내는 등 시간을 지키지 않을 경우 청중을 존중하지 않는 듯한 인상을 준다. 청중들은 저마다 바쁜

일정이 있기 때문에 만약 프레젠테이션의 시간이 지연될 경우 혹은 시간이 남을 경우를 대비하여야 한다.

발표자가 저지르기 쉬운 실수에는 청중의 요구를 만족시키지 못하는 것도 있다. 발표자가 청중에 대해 파악하지 않고 프레젠테이션을 실시하면 결국 청중의 호의적인 태도를 순식간에 적대적으로 바꿔 놓게 된다. 즉, 발표 내용을 청중들이 이해하지 못할 정도로 어렵게 하거나, 또한 너무 단순하면서 쉽게 하게 된다면 청중들은 불편함을 느끼게 된다. 같은 내용의 프레젠테이션을 할 경우라도 청중의 성향에 맞게 수정해야 한다. 프레젠테이션의 대상은 발표자가 아니라 청중이라는 사실을 명심해야 한다. 발표자 중심의 프레젠테이션이 아니라 청중 중심의 프레젠테이션이 되어야 한다.

청중들은 발표내용을 듣기 전에 발표자의 모습을 먼저 보게 된다. 때문에 발표자는 발표 내용에 대한 완벽한 준비와 더불어 청중들에게 보여지는 이미지에도 신경 써야 한다. 특히 청중이 어떤 사람들로 구성되어 있는지 미리 파악하고, 적절한 의상과 이미지를 연출해야 한다. 전달되는 것 못지 않게 보여지는 것도 중요하다는 사실을 기억해 두어야 한다.

최근 들어 프레젠테이션에서 시청각 자료를 많이 사용한다. 발표 내용에 맞게 적절한 시청각 자료가 사용되어야 함에도 불구하고, 비효율적인 시청각 자료를 사용하는 경우가 있다. 또한 시청각 자료를 능숙하게 다루지 못하면 전문가답지 못한 인상을 줄 수 있다. 시청각 자료는 프레젠테이션의 진행을 돕고 효율성을 높이기 위한 보조 도구일 뿐이지 그것이 주가 되어서는 안 된다. 그리고 프레젠테이션을 하기 전에 모든 장비를 점검하고, 장비에 문제가 생길 경우를 대비해서 대안을 준비하는 것도 잊지 않아야 한다. 발표 내용을 최소한 3~4개 이상(USB, 외장하드, 인터넷 공간 등)의 매체에 저장하여 발표 장소에 들어가야 한다.

또한 발표자가 저지르기 쉬운 실수로는 빈약한 내용과 빗나간 초점이다. 발표자의 의견을 뒷받침하기 위한 구체적인 자료나 증거를 제시하지 못하는 경우, 또는 프레젠테이션의 내용이 부실하거나 너무 개괄적이라면 청중을 설득하기 어렵다. 프레젠테이션에서 발표 내용의 핵심을 제시하는 것만으로는 충분하지 않기 때문에 반드시 구체적인 예(통계자료, 개인적 경험, 실제 사례, 유사점, 실물, 상품, 견본, 역사적 자료 등)를 준비해야 한다. 또한 발표자가 프레젠테이션의 성격을 제대로 파악하지 못해서 발표 내용에 빗나가는 경우가 있다. 그리고 발표자의 단조로운 어조도 청중들을 지루하게 만들어 프레젠테이션을 실패로 이끄는 경우도 있다. 발표자는 일정 정도 배우가 될 수 있어야 한다.

2 발표 불안의 이해

1) 발표불안의 의미

발표 경험이 없는 사람은 발표를 앞두게 되면 심한 스트레스를 받게 된다. 즉 발표 경험이 없는 사람이 청중들 앞에 서게 되면 긴장한 나머지 사시나무 떨듯 떨기도 한다. 몸이 떨리다보니 목소리까지 떨리게 되고 결국 혀가 뒤엉켜서 말까지 더듬게 된다. 그렇게 되면 아무리 많은 것을 안다 해도 제대로 전달하기는 커녕 말 한마디 제대로 하지 못하고 내려오게 된다. 발표 경험이 없는 사람만 그러는 것은 아니다. 발표를 자주 하는 사람도 대상이나 장소가 변화되면 긴장되어 발표를 하지 못하는 경우가 종종 있다. 즉 자신보다 청중이 높은 지위를 가졌거나 전문가 앞에서는 자신감을 잃고 초조해져서 발표 내용은 생각나지 않게 되고 결국 두려움과 긴장으로 인하여 발표를 실패하기도 한다. 따라서 발표를 앞두게 되면 발표 경험이 없는 사람이나 있는 사람이나 누구나 불안하기는 마찬가지이다.

실제적으로 모든 인구의 40%가 대중 앞에서 발표를 할 때 불안을 느끼며, 성인들 중에서 약 25%가 집단 앞에서 말을 할 때 많은 불안을 느낀다고 한다. 발표불안이란 개인이 다수의 타인에게 관심의 초점이 되는 상황에서 발표를 하게 되면 청중의 평가가 예상되어 자기 스스로가 느끼는 근심, 염려, 긴장, 고민, 부끄러움, 두려움과 같은 심리적 반응이다. 발표를 하는 상황, 즉 개인이 다수의 타인에게 관심의 초점이 되는 공식적 혹은 비공식적 상황에서 발표를 잘 해야만 된다는 강한 의식이 생기게 되고, 이것 때문에 심한 긴장과 초조, 걱정, 떨림의 심리상태를 경험하게 되어 결국 자신이 준비한 것을 소신 있게 발표하지 못하게 된다.

이러한 발표불안이 일어나는 원인으로는 크게 세 가지로 요약해 볼 수 있다. 우선 정서적 차원에서 부정적인 자아상, 낮은 수준의 자아 존중감, 자신에 대한 지나친 자의식, 신체적 불안감의 탄로에 대한 두려움 등이 불안을 유발하거나 가중시킨다고 볼 수 있다. 인지적 차원에서는 자신이 타인의 평가의 대상이 되고 있다는 인식, 자신의 사회적 수행에 대한 과소평가, 타인의 평가에 대한 부정적 사고, 불안에 대한 과장적 해석, 불안 처리 과정의 오류, 비합리적 신념이나 사고방식 등이 불안을 일으킨다. 그리고 행동적 차원에서는 눈의 응시나 응시 각도, 음성의 크기, 억양의 변화, 손의 처리, 용어의 선택, 질문의 처리, 발표 자세, 용모, 사전 준비 등과 같은 발표와 관련된 기술이 부족할 때 불안이 유발될 수 있다.

2) 발표불안의 제거 방법

어떠한 불안도 막상 일을 해결하고 보면 의외로 별것 아닌 것으로 끝나는 경우가 많아 허탈감이 생기기도 한다. 이는 우리가 공포나 불안을 느끼는데 충실했지 공포나 불안을 해결하기 위한 방법을 생각하지 않았기 때문이다. 결국 공포는 무지와 불안의 산물이기 때문에 차분히 준비한다면 불안도 사라지게 된다.

사람들 앞에 서면 긴장한다는 것은 아주 자연스러운 것이며, 누구나 청중 앞에 서면 긴장한다는 사실을 인정해야 한다. 프레젠테이션 과정에서 일어나는 불안과 긴장을 완전히 제거하는 것은 어려운 일이기 때문에 발표자 스스로 긴장과 불안을 자유자재로 다스릴 수 있어야만 한다. 프레젠테이션을 할 때 대부분의 사람들이 체험하는 것은 공포가 아니다. 그것은 단순한 긴장일 뿐인데, 이 긴장이 시간이 지나면서 불안과 공포감을 형성하게 된다. 따라서 불안과 공포감으로 연결되기 전에 긴장의 상태에 있을 때 긴장감을 다스려야 한다. 긴장감을 다스리는 방법은 그것을 받아들이는 것이다. 우리가 거부하는 것은 우리를 압도하는 힘을 갖게 되는데 긴장감을 거부할수록 긴장감에 압도되어 결국 공포감과 불안의 상태에 놓이게 된다.

프레젠테이션 중에 프레젠터가 긴장을 전혀 느끼지 않는다면 그 발표는 지루하고 밋밋해질 것이다. 긴장은 곧 에너지인데 너무 강렬해지면 저항하게 되면서 부정적 에너지로 바뀌게 되지만, 긴장을 거부하지 않고 자신이 긴장하고 있다는 사실을 자연스러운 현상으로 받아들이게 되면 긍정적 에너지가 형성되어 프레젠테이션을 활력 있게 만들어준다. 이처럼 긴장 에너지를 다스리면 프레젠테이션을 할 때 느끼는 불안과 공포감을 다스릴 수 있다. 긴장을 다스릴 수 있는 방법으로는 심리요법, 물리요법, 행동요법, 화학요법 등이 있으며, 각각의 요법에는 다음과 같은 구체적 훈련 기법들이 있다.

〈표 7-1〉 발표불안 제거 방법

심리요법	물리요법	행동요법	화학요법
시각화 명상 자기암시 스스로 칭찬하기 청중에 대한 애정 공포증 극복 긴장 이완 음악	호흡 요가 운동 공간 활용하기 시선 마주치기 제스처 사용 침묵 미소 하품	리허설 청중과의 상호작용 열정 실전 수업 시각 자료 사용 명연설가 따라잡기	식이요법 레스큐 레머디[1] 길초근[2]

출처 : 다이앤 디레스터(2006)

1) 허브제품의 하나
2) 쥐오줌풀 - 다년생 초본으로 진정, 신경과민 등에 쓰이는 약재

우선 심리요법부터 살펴보자. 시각화(visualization)는 한마디로 이미지 트레이닝(image training)을 의미한다. 머릿속에서 한 편의 영화를 상영하듯이 프레젠테이션을 그림으로 그려 보는 것이다. 대부분의 사람들이 일상적으로 시각화를 하고 있지만, 그 사실을 깨닫고 있는 사람이 거의 없다. 그리고 대부분 긍정적 시각화보다는 부정적 시각화를 보편적으로 사용하고 있는 경우가 많으며, 특히 긴장을 잘 하는 사람들은 자신이나 청중에 대한 부정적인 이미지를 먼저 떠올리면서 프레젠테이션을 실패로 마무리 하게 된다. 마음의 힘은 대단한 힘을 가지고 있으며 어떻게 사용하느냐에 따라서 그 결과가 달라지게 된다. 그렇다고 마음의 힘만을 사용하면 무엇이든지 다 되는 것은 아니다. 실제적 연습과 훈련과 마음의 연습 및 훈련이 합쳐져야 최상의 결과를 이끌어 낼 수 있다. 즉 발표 장소, 청중, 발표 내용, 발표자의 이미지 등 프레젠테이션에 관한 모든 사항들을 머릿속에 그려놓고 마음속에서 훈련을 하면서 실제적 연습과 훈련을 병행해야 한다.

시각화가 머릿속에서 긍정적인 그림을 그리는 것이라면 명상은 머릿속을 비우는 훈련이다. 머릿속을 비움으로써 우리 몸은 휴식을 취하고 자신의 몸에 집중하게 되고, 심장 박동과 말하는 속도, 신체의 움직임 등을 늦추게 만들어서 긴장을 이완시켜 준다. 명상을 하기 위해서 자신의 호흡에 집중해야 한다. 숨을 깊게 들이마신 다음 숨을 멈춘 후, 열까지 세면서 천천히 내쉬도록 한다. 프레젠테이션에 들어가기 전에 이 방법을 시도하면 긴장감을 어느 정도 해소할 수 있다.

자기암시는 여러 번 크게 소리 내어 말하는 방법이다. 어떤 일을 하기에 앞서서 '난 할 수 있어!', '난 자신 있어!', '난 준비를 많이 했기 때문에 성공할 수 있어!' 등의 말을 하는 것이다. 컴퓨터 용어에 GIGO('Garbage In, Garbage Out')라는 것이 있는데 그 의미는 쓰레기 정보를 입력하면 쓰레기가 나온다는 뜻이다. 즉 자기 스스로 어떤 정보를 입력하느냐에 따라 그 결과도 입력된 정보에 입각하여 처리될 수밖에 없게 된다.

자기암시와 더불어 스스로 칭찬하기도 긴장을 이완시키는데 좋은 방법이다. 프레젠테이션을 마친 직후에 자신이 잘한 부분에 대해 스스로 칭찬하는 기회를 가져보는 것도 좋다. 대부분 우리는 자신에 대해서는 너무나도 가혹하게 평가하곤 하는데, 혹평은 줄이고 칭찬을 늘이도록 해 본다. 발표불안이 일어나는 원인 중의 하나는 바로 자신감의 부족이다. 그런데 자신을 지나치게 비판하고 비난하는 것은 결국 자신감을 낮추게 되어 그것이 결국 프레젠테이션에 영향을 미치게 된다.

프레젠테이션에 참여한 청중들은 프레젠터의 발표가 잘못 되기를 바라지 않는다. 그런데 우리는 긴장하게 되면 온 신경이 자신에게만 집중하게 되어, 청중에 비추어진 자신의 모습과 목소리가 어떻게 들리는지를 걱정하게 된다. 이런 걱정을 하기 보다는 프레젠테이션을 듣기 위해 찾아온 청중들에게 관심과 애정을 가지는 것이 좋다. 그렇게 하면 청중은 프레젠테이션이 시작하기도 전에 발표자가 자신들을 배려하는 것을 느끼고 호의적으로 변화될 것이다.

프레젠테이션을 앞두고 극도의 긴장상태, 즉 프레젠테이션에 대한 공포증을 일상적으로 겪고 있다면 공포증을 극복하기 위해서 전문가의 도움을 받아 상담이나 심리치료 등을 하는 것도 필요하다. 불안을 혼자만의 문제라고 생각하여 혼자서 해결할 수 있으면 좋겠지만 만약 해결되지 않을 경우, 누군가의 도움을 받아 불안이나 공포증의 근본적 원인에 대한 탐색과 극복 기술에 대한 도움을 받는 것도 좋다.

마지막으로 프레젠테이션의 긴장을 늦추고 마음을 편안하게 해주는 음악이 있다. 특히 바로크 음악은 그 템포가 60~70비트 정도로 심장박동과 비슷하여 정서적 안정감을 줄 수 있다.

다음으로는 긴장을 다스리기 위한 물리요법을 살펴보자. 호흡법에는 얕은 호흡법과 깊은 호흡법이 있는데, 우리가 평상시에 일상적으로 사용하는 호흡법이 얕은 호흡법이다. 이에 반해 깊은 호흡법이란 횡격막이나 하복부 근육을 이용하여 하는 호흡법으로 복식 호흡이라고도 한다. 우리는 숨을 내쉴 때에만 말하는 것이 가능하고 숨을 들이쉴 때는 불가능하다. 말을 하려면 내쉴 수 있는 충분한 공기가 필요한데, 깊은 호흡법을 사용하면 많은 공기를 흡입하는 것이 가능하여 불안을 이완시켜 줄 수 있어 프리젠테이션에 도움이 된다. 깊은 호흡법을 하려면 훈련이 필요하다. 평평한 바닥에 누워서 배 위에 책을 한 권 올려놓고 호흡해 보면 책이 오르락내리락할 것이다. 숨을 들이쉴 때 배가 올라오고 내쉴 때 배가 내려가는 것이 깊은 호흡법이다. 깊은 호흡법을 사용하면 호흡을 할 때 집중되는 부분이 바로 복부가 되며 횡경막을 아래로 내리면서 복강을 크게 하여 호흡을 하는 것이 올바른 호흡법이다.

1. 의자에 똑바로 앉는다.

2. 두 발을 바닥에 평편하게 놓는다.

3. 한 손은 배에, 한 손은 가슴에 얹는다.

4. 꽉 조인 벨트를 느슨하게 한다.

5. 눈을 감거나 한 지점에 초점을 맞춘다.

6. 숨을 들이마신다. 이때 배가 앞으로 나온다.

7. 숨을 내쉰다. 배가 들어간다.

8. 열을 세면서 위의 과정을 되풀이한다.

[그림 7-1] 불안제거에 도움을 줄 수 있는 호흡방법

호흡법과 같이 사용할 수 있는 방법으로 요가와 운동이 있다. 요가는 몸과 마음의 조화를 이루는 것으로서 호흡뿐만 아니라 근육의 이완과 수축, 그리고 정신집중에도 좋다. 긴장을 없애는 빠른 방법 중 하나는 운동이다. 프레젠테이션 하기 전에 빈 공간을 이용하여 걷는 것, 서서 팔 굽혀 펴기, 제자리에서 앉았다 일어서기, 목 운동 등의 간단한 스트레칭을 하게 되면 긴장이 방출되게 된다.

공간 활용하기는 발표 장소에서 프레젠터의 움직임에 관한 것으로, 발표 중간 청중들 사이에 들어가 이동하는 것을 말한다. 발표 중간 중간 움직이면서 발표 내용의 중요한 사항을 전달하기 위해 청중들 가까이 다가가서 한 사람 앞에 서서 요점을 말해주고, 질문 또한 청중들 사이에 들어가 하면서 자신의 긴장 에너지를 자연스럽게 방출하는 것이다. 그리고 공간 활용하기를 사용하면서 동시에 청중들 한 사람씩 시선을 마주치는 것도 긴장을 줄이고 청중과 교감할 수 있는 방법이다. 시선 마주치기를 할 때는 한 사람당 한두 문장 정도를 할애하여 얘기한 후 다른 사람에게 시선을 옮기는 것이 좋다. 우리는 대부분 한 사람을 상대로 말할 때는 긴장하지 않기 때문에 청중의 눈, 혹은 코나 이마를 바라봐도 좋다.

공간 활용하기를 하면서 같이 사용할 수 있는 것에는 제스처가 있다. 제스처란 손동작과 표정을 이용하여 의사를 전달하는 것이다. 공간을 활용하여 청중과 소통을 할 때 제스처를 겸해서 사용하면 청중과의 소통이 더 긴밀해지고 발표자는 자신감을 가지게 된다. 또한 손을 사용하지 않을 때의 손의 위치를 미리 정해 놓는 것이 도움

이 된다. 즉 아무런 제스처도 하지 않을 때나 마음이 진정되지 않을 때 손의 위치를 정해 놓는 것이다. 예를 들어 양손을 허리 높이 두거나, 한 손을 연단에 올려놓을 수도 있다.

프레젠테이션은 쉬지 않고 달리는 전력질주가 아니기 때문에 프레젠테이션 중간에 침묵함으로써 잠시 늦추는 것도 긴장을 이완시킬 수 있다. 말을 하다가 잠시 멈추면, 심호흡을 하고 생각을 할 수 있는 시간을 벌게 됨으로써 긴장을 덜 수 있게 된다. 또한 청중에게 가벼운 미소를 지어보이는 것도 긴장감을 감소시킬 수 있다. 미소 짓는 모습은 청중에게 프레젠터의 자신감을 보여줄 수 있게 되고, 청중에게 좋은 인상을 주어 프리젠테이션 분위기를 편안하게 만들어 준다. 프레젠테이션 하기 전에 하품을 하는 것도 신체에 변화를 주어 좀 더 안정된 상태를 만들어 줄 수 있는 방법이다.

이제 긴장과 두려움을 극복하기 한 행동요법을 살펴보자. 긴장감을 줄일 수 있는 효과적인 방법 중의 하나가 리허설이다. 리허설은 연습으로서 이보다 더 좋은 긴장 완화 방법은 없다. 불안의 가장 큰 요인은 바로 준비 부족인 경우가 많으며 프레젠테이션의 모든 것을 준비해 놓고, 마지막으로 리허설을 하지 않는다면 원하는 프레젠테이션 결과를 이끌어내기는 어렵다. 따라서 프레젠테이션의 모든 과정을 녹음을 하거나 거울 앞에서 서서 정해진 시간에 맞추어 리허설 해야 하고, 프레젠테이션 주제에 자신이 있고 시간도 정확하다면 원고를 보지 않고 프레젠테이션 하도록 한다. 그리고 리허설만큼 좋은 방법은 바로 실전수업이다. 프레젠테이션 무대에 자주 서 봄으로써 자신감을 키울 수 있게 된다. 실전 수업을 통해 몸을 어떻게 움직여야 하는지, 상황에 따라 목소리를 어떻게 조절해야 하는지, 어떻게 하면 좀 더 자연스러워 보일지, 청중을 사로잡으려면 어떻게 해야 하는지 등에 대해 배울 수 있다.

청중과의 상호작용이란 풀로 붙여 놓은 듯이 연단에 서서 원고를 읽지 않고 청중들에게 다가가서 청중의 참여를 이끌어 내는 것이다. 청중에게 질문을 던지고 반응을 기다리면서 또 다른 질문을 하는 것이다. 청중과의 상호작용을 하는 방법에는 질문 이외에도 유머를 사용하고 상황에 따라 애드리브도 하고, 청중석에서 일어나는 일에 관심을 표현하는 것이다. 그리고 훌륭한 연설가란 잘 다듬어져서 청중을 사로잡는 달변가도, 지적 수준이나 교육 수준이 높은 사람도 아니다. 훌륭한 연설가가 갖추어야 할 것은 바로 열정이다. 프레젠터의 확신과 열정은 청중의 마음을 움직여 행동으로 옮기게 만든다.

프레젠테이션에서 사용하는 시각 자료는 프레젠터의 원고 역할을 해주므로 시각 자료를 사용하는 것은 긴장을 없애는 좋은 방법이 된다. 슬라이드나 차트에 글머리 기호를 사용해서 요점을 정리해 두면 프레젠테이션의 어느 부분을 진행하고 있는지 항상 숙지할 수 있으며, 혹시나 발표 내용을 잊어버리지 않을까 하는 걱정에서 벗어날 수 있다. 그리고 훌륭한 연설가들을 관찰하는 것도 프레젠테이션의 긴장을 줄이는 방법이다. 탁월한 프레젠테이션 능력과 기술을 가지고 있는 프레젠터의 모든 것을 관찰하여 자신에게 적용하면서 프레젠테이션을 연습하면 발표 불안을 벗어나는 데 도움이 된다.

마지막으로 긴장을 극복하는 화학요법이 있다. 화학요법은 의사나 영양사와 상의하여 실시해야 함을 주의해야 한다. 식이요법으로서 음식물은 긴장과 관련된 신체 시스템에 영향을 줄 수 있기 때문에 프레젠테이션 전에는 가벼운 식사와 허브 차, 수프, 샐러드, 샌드위치 등이 적당하다. 그러나 자극성이 강한 커피, 유제품, 술 등은 몸과 마음을 더 긴장하게 만든다. 이 외에도 약초를 차로 마시는 것도 긴장을 이완시키는데 효과적이다.

3 프레젠테이션의 실제

1) 프레젠테이션의 준비

'준비 없이는 성공도 없다'라는 말이 있다. 이 말은 준비를 철저하게 하는 사람일수록 성공할 확률이 더 높다는 것을 의미한다. 즉, 시험 준비를 철저히 하면 성적이 향상되고, 진로와 미래에 대한 계획을 수립하여 준비하면 행복과 성공이 보장된다. 프레젠테이션도 마찬가지이다. 프레젠테이션을 할 때 준비 여부에 따라 그 결과가 다르게 나타나는 경우를 볼 수 있다. 조직이나 기업 내에서 프레젠테이션만을 전담하는 사람은 존재하지 않는다. 다들 각자의 업무와 일을 처리하면서 주어진 프레젠테이션을 위해 준비를 하기도 하지만 프레젠테이션 당일이 되어서야 벼락치기로 해치우기도 한다. 그 결과는 당연히 다를 수밖에 없다. 준비는 시간에 비례하는 개념이다. 프레젠테이션을 잘한다고 소문난 사람들은 한 명도 예외 없이 준비에 총력을 기울인다. 프레젠테이션의 결과가 실패로 나타났다면 그것은 결국 그 프레젠테이션을 위한 준비를 소홀히 했다는 것을 의미한다. 준비 없이 교섭에 들어가면 결코 주도권을 쥘 수 없으며, 목적도 목표도 달성할 수 없다. 프레젠터는 발표하는 동안만큼은 중심에 서서 청중을 완전히 장학해야 하는데 이를 위해서는 철저한 준비밖에 없다. 만약 프레젠테이션을 준비하는 데 충분한 시간을 할애할 수 없다면 프레젠테이션을 수락하지 않는 게 원칙이지만 어디서나 프레젠테이션이 필수적인 오늘날에는 모자란 시간을 핑계로 프레젠테이션을 거부할 수 없다.

그렇다면 무엇을 준비해야 하는가? 프레젠테이션 준비를 위해 가장 먼저 해야 하는 것은 청중 분석이다. 상대방을 알고 나를 알면 백번 싸우더라도 모두 이길 수 있다는 말이 있다. 프레젠터의 말을 듣는 청중이 누군인지, 그들이 지니고 있는 문제나 요구사항은 무엇인지를 파악하는 것이 성공적 프레젠테이션의 출발점이다. 청중이 학생인지, 직장인인지, 여성인지 남성인지 또는 소수인지, 다수인지에 따라 프레젠테이션의 주제에 따른 내용을 다르게 해야 한다. 발표 내용이나 전달방식에 변화를 줘야 하며, 심지어 프레젠터의 옷차림도 달리 신경을 써야 유능한 발표자라 할 수 있다.

청중을 판단할 때 우선 고려해야 할 점은 발표 대상이 전문가 집단인지 일반 대중인지를 파악하고 그런 다음 더 세부적인 청중 파악에 들어가야 한다. 그 다음 단계는 청중에 대한 정보를 정리하는 것으로 청중에 대해 알고자 하는 바를 모두 고려해야 한다. 구체적으로 살펴보면 우선, 청중의 규모는 어느 정도인가? 미팅 인원 정도의 소수 인원인가 아니면 1,000명을 수용할 수 있는 넓은 강당이 필요한 대규모 인원인가? 집단의 유형에 따라 약간의 조정이 필요하겠지만 청중의 규모가 크든 작든 원칙은 같다. 둘째, 청중의 평균 연령은 어떠한가를 아는 것이다. 청중의 연령은 어떤 사례와 유머를 사용할 것인지 그리고 어떤 매체를 이용할 것인지 선택하는데 반드시 고려해야 하는 사항이다. 셋째, 청중의 성별 구성을 아는 것이다. 남녀 혼성 집단을 대상으로 발표하는 것은 남성 또는 여성만으로 구성된 집단을 대상으로 하는 발표와 다르다. 넷째, 프레젠테이션 주제에 대해 청중이 이미 알고 있는 내용은 어떤 내용이고 모르는 내용은 어떤 것들인지에 대해 아는 것이다. 청중이 이미 알고 있는 것과 알아야 하는 것은 무엇인지를 알게 되면 프레젠테이션에서 중점적으로 다루어야 할 사항이 무엇인지를 결정할 수 있다. 청중이 이미 기본 지식을 갖추고 있다면 발표자는 더 깊이 있는 정보를 덧붙여야 한다. 다섯째, 청중의 교육수준에 대해 이해하는 것이다. 발표자는 청중의 교육수준을 고려해 준비할 유인물의 형태, 문서자료와 시각자료의 사용 비율, 유인물에 사용할 글꼴과 글꼴크기, 사례 등을 결정할 수 있다. 여섯째, 청중의 직급 또는 지위를 아는 것이다. 청중은 일반 사원들로 구성되어 있는가, 아니면 간부들로 구성되어 있는가? 직급의 실제적인 의미는 무엇이며, 영향력 있는 사람은 누구인가? 그리고 청중들은 어떤 직무를 수행하고 있는가? 등을 이해하면 프레젠테이션의 내용과 강조점을 결정할 수 있다. 일곱째, 프레젠테이션에 참석하거나 이를 준비하게 된 숨은 동기가 있을 수 있는데 그 숨은 동기를 분석하여 파악하는 것도 중요하다. 이와 같이 청중을 미리 분석하여 파악하면 프레젠테이션의 효과를 높이고 난처한 상황에 빠지는 일이 없을 것이며, 청중에 관한 정보를 분석하고 파악함으로써 올바른 정보를 전달할 수 있게 된다.

청중분석이 끝나면 프레젠테이션 계획을 세워야 한다. 프레젠테이션을 원활하게 진행하기 위해서는 프레젠테이션에 알맞은 공간 배치 방법, 연단과 마이크 사용법, 메모 활용법, 성공적인 프레젠테이션을 위한 긍정적인 환경 조성 방법 등을 고려해야 한다.

프레젠테이션을 실시하는 공간의 배치는 프레젠테이션에 긍정적인 영향을 줄 수도 있고 부정적인 영향을 줄 수도 있다. 어떤 종류의 프레젠테이션을 할 것인지, 청중의 규모는 어느 정도인지, 어느 정도의 격식을 갖추어야 하는지, 청중이 어느 정도 참여할 수 있는지, 프레젠테이션의 시간은 어느 정도인지 등을 고려하여 프레젠테이션 장소를 배치해야 한다. 프레젠테이션 공간 배치 유형으로는 극장스타일, 회의실 스타일, 원형 스타일, U자형 배치, 교실스타일, V자형 배치, 팀 스타일 등이 있다.

프레젠테이션에 가장 적합한 공간 배치를 선택했다면, 연단을 사용할 것인지 안 할 것인지 고려해야 한다. 연단은 발표자와 청중 사이에 놓인 장애물이다. 연단이 있으면 경직된 분위기가 조성될 수도 있다. 연단은 발표자의 원고를 올려놓기 위해서 필요한 것으로 가급적 사용하지 않는 것이 좋을 수 있다. 그러나 연단이 필요하다면 연단에 기대지 말고, 똑바로 서서 하되, 연단 옆쪽이나 앞쪽으로 움직여서 청중을 지루하지 않게 만들어야 한다. 연단을 이용하든 이용하지 않든 50명 또는 그 이상의 청중을 대상으로 프레젠테이션을 할 경우 마이크가 필요할 수도 있다. 훈련된 웅변가는 마이크 없이도 자신의 목소리를 대강당 뒷줄까지 퍼지도록 할 수 있겠지만 일반적인 발표자의 경우 어떤 종류든 마이크를 사용해야 할 것이다. 마이크는 부착형, 목걸이형, 손잡이형, 그리고 무선형 등이 있으며, 강의실에서의 움직임 정도를 감안하여 선택해야 한다.

시각자료, 그림, 도표, 메모카드, 원고 등은 어떻게 사용하느냐에 따라 도움이 될 수도 있고 방해가 될 수도 있다. 시각자료를 이용함으로써 세련되고 전문적인 이미지를 창출할 수 있으며, 글자를 일일이 읽을 필요가 없기 때문에 훨씬 자신감이 있어 보인다. 또한 슬라이드를 사용하여 프레젠테이션을 할 때 그림 도표는 효과적이다. 한 페이지에 6개 정도의 표를 만들어 그림, 기호, 또는 그래픽을 그려 넣어 핵심사항을 묘사하면 청중의 관심과 집중력을 만들어 낼 수 있다. 가로 13센티미터, 세로 18센티미터로 된 메모카드는 강조해야 할 부분, 긴장하여 잊어버릴 수 있는 내용, 핵심 단어 및 구절 등을 크게 적어 발표 시 활용하는 것도 괜찮다. 그리고 원고를 이용하는 것은 능숙해지기 가장 어려운 방법이므로 가능하면 피하는 것이 좋다. 발표자들은 대개 프레젠테이션 내용을 일일이 다 적어 놓는 것이 더 쉽다고 생각한다. 그러나 실제로는 경험이 많은 프레젠터를 제외하고 원고는 프레젠테이션을 방해할 뿐이다. 프레젠테이션에서 원고를 사용할 경우 생길 수 있는 문제점으로는 자신이 어느 부분을 하고 있는지 놓칠 수 있으며, 발표 내용이 진부하게 들리고, 청중과 교감을 나누기 어렵다는 것이다. 이런 문제점을 해결하여 원고를 효과적으로 사용하기 위해서는 원고를 신중하게 정리하면서 읽기 편하게 만들어야 하며, 원고를 스테이플러로 고정시키지 않고, 끊어 읽기 표시를 해 두면서 빨간 펜이나 노란 형광펜으로 핵심 단어에 밑줄을 긋고, 여백에 메모를 하면서 청중과 시선 교환을 하면서 원고를 읽도록 해야 한다.

공간 배치를 마치고, 마이크를 시험해 보고, 연단 뒤에서 메모를 가지고 연습을 마쳤다면 청중이 계속 프레젠터의 말에 귀 기울이게 하는 방법에 대해 생각해야 한다. 즉 청중을 위해 쾌적한 분위기를 조성하는 것은 발표자의 몫이다. 프레젠테이션 장소의 온도는 약간 낮추어야 청중들이 집중할 수 있으며, 슬라이드의 내용에 따른 조명의 조절, 간단한 차와 식사 등의 간식거리를 준비하는 것도 좋다. 그리고 사람들에게 미소 지으며 인사를 하고, 반갑다는 표시를 하면서 강단에 올라설 때는 이미 청중과 유대감이 형성되어 있어야 한다.

2) 프레젠테이션의 3원칙과 3단계

타인 앞에서 무언가를 설명해 보거나 프레젠테이션 자리에 나서게 되면 말을 잘하고 싶은 욕구를 절실하게 느끼게 마련이다. 말하기가 일상을 떠나 '일'이 되었을 때, '말할 줄 안다'와 '말을 잘 한다' 사이에는 엄청난 차이가 있다는 것을 실감하게 된다. 그런데 '말을 잘 한다'의 원칙은 의외로 간단하다. '알기 쉽게', '간결하게', '인상 깊게' 이것이 프레젠테이션의 3원칙이다.

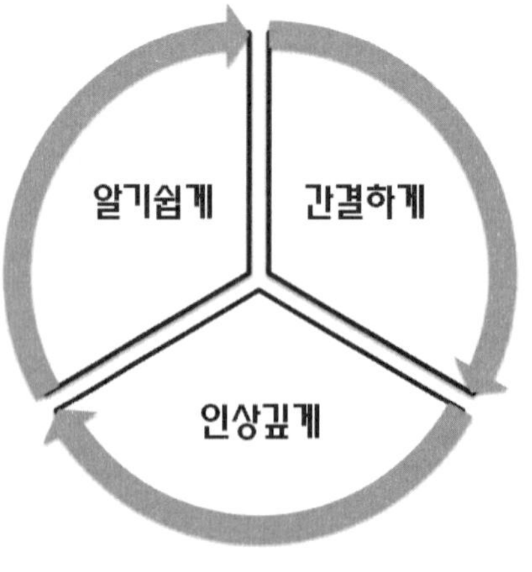

[그림 7-2] 프레젠테이션의 3원칙

'알기 쉽게' 표현하는 것은 프레젠터의 사명이다. 많은 사람들이 단상에 오르면 평소에 쓰지 않던 어려운 말을 사용하게 되는데 '남에게 바보취급 당하기 싫은 마음' 때문이다. 그러나 어려운 전문용어를 사용할수록 청중은 관심과 집중력이 떨어진다는 사실을 명심해야 한다. 또한 상대방에게 통하는 단어를 사용해야 한다. 전문용어, 외래어, 정체불명의 외국산 단어 등을 우리말로 명쾌하게 표현해야 한다. 또한 '알기 쉽게'란 일목요연하게 말하는 것이다. 화제가 뒤엉키고 분산되어서 무엇이 어디로 연결되는지 알 수 없다면 청중은 혼란에 빠질 수밖에 없다. 화제를 꺼낼 때마다 주제와의 연결이 확실하게 되어 지금 이야기하고 있는 것이 어느 항목과 연결되어 있는지 명확하게 해야 한다. '알기 쉽게'는 근거를 제시하는 것을 의미한다. 모든 주장에는 뒷받침되는 근거가 있다. 어떤 주장에 대한 근거가 적절하여 전후 사정이 맞아떨어지면 내용 파악이 쉬워진다. 또한 '알기 쉽게'란 내용을 숫자로 보여주는 것을 의미한다. 주장하고자 하는 근거를 숫자로 제시하는 것만큼 명확하게 이해를 돕는 것은 없기 때문에 수치와 통계를 적절하게 사용한다. 훌륭한 프레젠터는 평소에 주위를 주의 깊게 관찰하고 주변에서 들려오는 경험담을 흘려듣는 법이 없으며 책과 뉴스 등을 통해 끊임없이 정보를 수집한다.

'간결하게'는 간단하고 짧은 표현이 아니라 요약된 표현을 말한다. 필요한 것은 빠짐없이 챙기고, 필요 없는 것은 과감하게 생략하는 것이 핵심이다. '간결하게'는 주제를 한 줄로 요약한다는 것을 의미한다. 주제는 프레젠터가 하고 싶은 이야기로 이것을 한 줄로 요약할 수 있어야 한다. 주제가 명확하게 잡히지 않은 상태에서 이야기를 꺼내면 무엇을 말 하고 싶은지 파악되지 않으며 전체적으로 애매모호한 내용이 되어 버린다. '간결하게'는 쓸모없는 것은 생략하는 것을 의미한다. 중복되는 표현, 반복되는 말, 문장마다 등장하는 주어, 과장된 표현, 화려한 수사, 과도한 시각 자료와 어울리지 않는 인용문은 과감하게 버리는 것이 좋다. 서두는 간단하게 시작하면서 접속사는 되도록 쓰지 않고 변명은 절대 하지 않도록 한다. '간결하게'는 가급적 문장을 짧게 하면서 이것저것 포함시키지 않는 것을 의미한다. 프레젠테이션에 익숙해지기 전까지는 혹시나 하는 마음에 이것저것 자료를 과다하게 준비해 필요 없는 것까지 넣어 발표하는데 그렇게 되면 청중을 요점을 파악하는데 어려워하게 된다. '간결하게'는 정확한 말로 요점을 강조하는 것을 의미한다. 요점을 강조하려면 그 요점을 나타내는 데 꼭 맞는 단어가 필요하며 정확한 언어를 사용해야 의미가 바로 전달된다.

'인상 깊게'는 청중들에게 느낌과 감정으로 다가가는 것을 말한다. '알기 쉽게'와 '간결하게'가 생각과 이해하는 활동이라면 '인상 깊게'는 느낌으로 얻는 활동이다. '인상 깊게'는 감정을 실어 생기 있게 이야기해야 함을 의미한다. 순수한 이론만으로 상대방의 감정을 움직이는 일은 불가능한 것만은 아니지만 감정과 감동을 수반하면 120% 효과를 끌어낼 수 있다. 음식에 다양한 맛이 있는 것처럼 이야기에도 다양한 감정이 있음을 명심하고 적극적으로 활용하는 것이 좋다. 청중이 감동을 느끼게 하려면 프레젠터가 먼저 몰입해야 한다. '인상 깊게'는 청중들로 하여금 이미지가 떠오르도록 이야기하는 것을 의미한다. 청중의 머릿속에 프레젠터가 말하는 장면을 생생하게 떠오르도록 이야기하기 위해서는 프레젠터가 먼저 머릿속에 선명한 그림을 그려야 한다. '인상 깊게'는 어떤 사실이나 개념을 전달할 때 그대로 전달하기보다는 비유를 사용하여 전달하는 것을 의미한다. 예를 들어, '손은 현재이고 등은 과거, 발은 미래이다'와 같이 표현하는 것이다. '인상 깊게'는 발표 내용의 고비에서 핵심을 강조하는 것을 의미한다. 발표의 고비에 이르렀을 때 강조가 부족하면 전체적으로 흐릿한 프레젠테이션이 될 수 있다.

한편, 프레젠테이션의 과정은 [그림 7-3]과 같이 크게 3단계로 나누어 볼 수 있다.

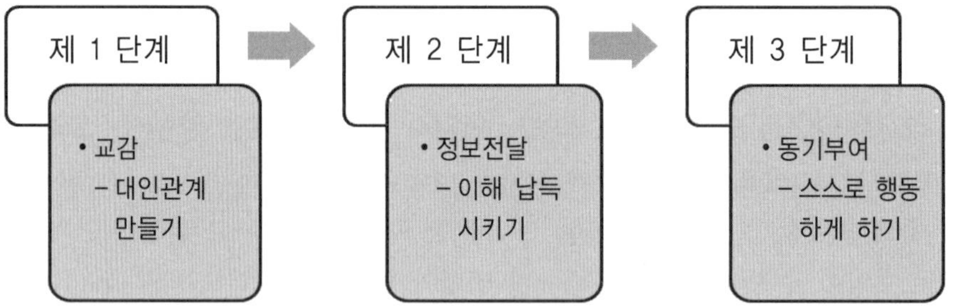

[그림 7-3] 프레젠테이션의 3단계

제1단계는 청중들과 관계를 형성하는 것이다. 프레젠테이션의 효과를 높이려면 강단에 오르기 전부터 청중과 교감해야 하며, 이 교감은 강단에서 내려온 뒤에도 계속된다. 청중을 만나는 자리에서 가장 중요한 것은 프레젠터의 '첫인상'이다. 첫인상이 좋으면 청중과의 관계를 심화시키고 유지하는 데 훨씬 수월하다. '첫인상은 단 한 번뿐이다'라는 사실을 중요하게 생각하고 누군가와 첫 번째로 가지는 만남이야말로 인상이 만들어지는 결정적 순간이라는 것을 확실하게 마음에 새겨야 한다. 누구나 나쁜 인상을 심어주고 싶은 사람은 없다. 하지만 자신의 인상이 나쁘다는 사실을 모르는 경우나 어렴풋이 알고 있지만 본인 스스로 어쩔 수 없다고 포기한 경우가 있어 첫인상이 부정적으로 만들어지게 되는 것이다. 다행히 인상은 마음만 먹으면 얼마든지 개선할 수 있다.

좋은 인상을 주는 방법으로는 우선 밝게 웃는 것이다. 미소는 만국 공통어이며, 첫 대면하는 사람의 마음을 사로잡을 수 있는 기술이다. 밝은 표정으로 청중과의 만남을 시작할 수 있다면 프레젠테이션은 성공적으로 출발하게 된다. 그 다음 솔직한 태도이다. 태도는 사람의 마음을 반영하는 것으로 서로 잘 모르는 사람들끼리는 어찌 됐든 경계심을 세우고 움츠려 들기 마련이다. 잘 보이고 싶어서 혹은 가볍게 보이고 싶지 않아서 청중을 경계하게 되면 결국 자기방어적인 태도를 가지게 되고, 이런 태도로 청중을 대하게 되면 청중도 알아차리게 된다. 마음을 열고 있는 그대로의 모습으로 청중과 접촉하는 것이 청중과 빨리 친해질 수 있는 방법이다. 그리고 청중에게 먼저 인사하는 것이 좋다. 인사란 기본적으로 말을 걸기 위한 것으로 먼저 건네는 인사는 청중에게 좋은 인상을 준다. 인사를 하지 않는 것은 말을 걸 의사가 없다는 뜻이고 상대방을 무시한다는 것을 의미한다. 먼저 하는 인사는 좋은 인상을 심어주고 원만한 대인관계를 만들기 위한 가장 쉬우면서도 확실한 방법이다.

청중에게 좋은 인상을 주어 관계를 시작하였으면, 그 관계를 유지시키는 것 또한 중요하다. 아리스토텔레스는 “누군가를 설득하고 싶다면 먼저 상대방의 신뢰를 얻어라.”라고 말했다. 신뢰는 처음부터 100% 형성되는 것이 아니라 시간과 함께 쌓아가는 것이다. 청중과 신뢰 관계를 유지하기 위해서는 청중들을 향해서 먼저 말을 건네고, 청중들의 이야기를 잘 들어주어야 하며, 자기중심적으로 이야기를 진행하지 않고 청중에게 도움이 되는 제안을 해야 한다.

프레젠테이션의 제2단계는 준비된 발표 내용을 토대로 청중을 이해시키고 납득시키는 것이다. 프레젠테이션의 최종 목적은 설득이지만 설득 이전의 단계가 바로 이해 및 납득이다. 청중에게 프레젠테이션을 통해 제안하는 바가 받아들여지도록 하기 위해서는 일단 그 내용이 명확하게 이해해야 한다. 설명이란 간단히 말해 상대방이 이해하도록 만드는 것이다. 우리 주변에는 많은 사람들이 많은 내용을 가지고 설명하고 있는데, 그 유형을 살펴보면, 알기 쉬운 것을 어렵게 말하는 사람이 있으며, 어려운 것을 굳이 어렵게 말하는 사람도 있으며, 어려운 내용을 잘 쪼개어 알기 쉽게 설명하는 사람이 있다. 설명을 잘 한다는 것은 어려운 내용을 잘 쪼개어 알기 쉽게 설명한다는 것을 의미한다. 그런데 설명이 자꾸 어려워진다는 것은 프레젠터 자신도 그 내용을 사전에 완벽하게 이해하지 못했거나 청중의 이해력을 염두에 두지 않고 설명하는 경우이다. 청중에게 설명해야 할 내용을 발표자 자신도 잘 모른다면 알기 쉬운 설명이 나올 리가 없다. 수박 겉핥기식의 이해가 아니라 내용을 완전하게 파악하고 리허설을 충분히 해 두어야 한다. 혼자 연습을 하는 데도 말이 막힌다면 아직 내용 파악이 덜 됐다는 것을 의미한다. 또한 설명할 내용에 대한 청중의 관심과 이해 정도가 높은지 혹은 낮은지, 전문가 집단인지 혹은 준전문가 집단인지 등을 고려하지 않고 설명하다 보면 설명이 어려워지기도 한다.

설명이 자세하다고 해서 무조건 알기 쉽다고는 할 수는 없다. 이런 저런 정보를 쉬운 말로 제공해도 청중이 이해하지 못하는 경우가 종종 있다. 따라서 프레젠터는 청중 분석을 실시하고, 위에서 제시한 프레젠테이션의 3원칙인 알기 쉽게, 간결하게, 그리고 인상 깊게'를 염두에 두면서 지속적으로 연습해야 프레젠테이션을 성공적으로 마무리할 수 있다.

읽기자료 **프레젠테이션에서 설명의 10가지 법칙**

1. 청중의 이해력이 어느 정도인지를 가늠해 이해시키기 위한 방법을 궁리한다.
2. 청중의 반응을 확인하면서 이야기한다.
3. 하고자 하는 이야기의 요점을 먼저 말한 뒤 그 이유와 근거를 설명한다.
4. 방법을 이해시키고 싶다면 우선 시연을 해보인후 그 원리를 설명한다.
5. 전체와 연관시켜서 부분을 설명한다.
6. 사례와 비유를 풍부하게 사용해 설명한다.
7. 특징을 강조하고 싶다면 다른 것과 대비시켜 설명한다.
8. 한 번에 모든 화제를 쏟아내지 않는다.
9. 키워드를 반복해서 강조한다.
10. 전문 용어는 일상 언어로 대체한다.

프레젠테이션의 마지막 제3단계는 청중을 설득하여 행동을 촉구하는 것이다. 프레젠테이션의 최종 목적은 설득이며, 프레젠테이션이 성공했다는 것은 프레젠터의 제안이 실행된다는 것을 의미한다. 설득이란 사람의 마음을 움직여 행동을 일으키게 하는 것이다. 따라서 설득을 통해 청중의 행동을 움직이게 하려면 설명을 충분하게 하여야 하며 급한 마음에 설명을 생략하거나 간단하게 끝내 버리면 행동의 변화를 이끌어낼 수 없다. 내용을 잘 모른 채 설득을 당한다면 대부분의 사람들은 강요당하고 있다는 불쾌감과 발표자에 대한 불신감을 갖게 된다. 반면 설명에 과도한 힘을 쏟아 잘 이해시킨 것에 그저 안심해서 설득 단계를 대강 넘기는 경우도 있다. 인간은 아는 것만으로는 행동하지 않는다. 이해와 행동 사이의 거리는 멀기 때문에 적극적인 설득의 과정을 거쳐야 상대방을 움직이게 할 수 있다. 그리고 설득을 통해 강력한 동기를 부여해야 한다. 설득은 상대방이 스스로의 자발적 의사로 움직이게 하는 것이다. 어떤 사람에게 동기를 부여하고 행동을 일으키게 한다는 것은 쉬운 일이 아니다. 따라서 프레젠터가 가지고 있는 지식과 에너지 및 열정을 총동원해야 한다. 사람을 설득한다는 문제는 성공을 꿈꾸는 사람들에게 주어진 영원한 과제이며, 프레젠테이션은 이에 대한 도전이다.

3) 시각적 프레젠테이션

같은 내용을 전달하더라도 긴 문장으로 된 설명보다는 때로는 한 장의 사진이나 그림이 더욱 효과적이며, 여러 숫자를 나열하는 것보다 도표나 테이블로 정리해서 보여주는 것이 설득력을 가질 수 있다. 왜냐하면 사람들은 자신이 읽은 것의 10%, 들은 것의 20%, 보고 들은 것의 60~70%를 기억하기 때문에 청중이 자신의 메시지를 기억하기를 바란다면 시각적인 프레젠테이션을 하는 것이 좋다.

프레젠테이션에서 시각 자료를 활용하면 여러 가지 효과를 얻을 수 있다. 우선 시각자료는 청중의 관심을 불러 일으키고 그것을 유지시키는데 도움이 된다. 또한 발표자에게는 원고 역할을 하고, 요점을 강조하여 주제에서 벗어나지 않도록 해준다. 시각자료는 청중이 생각하고 느끼는 방식을 변화시키며, 발표자의 발표를 더욱 설득력 있게 만들고, 발표자에게 전문가의 이미지를 형성하게 함으로써 청중들이 더욱 빨리 발표 내용에 동의할 수 있게 해 준다다.

프레젠테이션에서 사용할 수 있는 시각자료에는 PPT, 플립차트, OHP, 비디오, 핸드아웃, 화이트보드, 소품, 35밀리미터 슬라이드, 컴퓨터, 멀티미디어 등이 있으며, 청중의 규모, 프레젠테이션 장소, 예산, 조직문화, 프레젠테이션의 목적, 프레젠터의 선호도 등을 고려하여 청중과 자신에게 가장 효과적인 자료를 선택해야 한다. 모든 시각자료는 장단점이 있으며, 간단하게 살펴보면 다음과 같다.

〈표 7-2〉 시각자료의 종류

종류	장점	단점
플립차트	• 사용과 이동이 간편하다. • 청중과 함께 호흡할 수 있다. • 비용이 저렴하다.	• 4m 이상 떨어진 사람에게는 글씨가 잘 안 보인다. • 20명 이상의 집단에게는 비효과적이다.
파워포인트	• 다루기 쉽고 제작이 용이하다. • 기업에서 보편적으로 이용되다. • 전문가답게 보인다. • 실제 인물과 장소를 보여 준다. • 대기업에서 선호한다.	• 프로젝터가 장애물이 될 수 있다. • 프로젝터에서 소음이 난다. • 프로젝터 성능에 따라 실내를 어둡게 해야 한다.
비디오	• 실제 경험에 바탕을 두고 있다. • 편리하다. • 발표자에게 자유 시간이 주어진다. • 동기 유발에 탁월한 효과를 낸다.	• 사용이 복잡하고 시류에 민감하다. • 제작 비용이 많이 든다.
핸드아웃	• 필기를 줄인다. • 청중이 프레젠테이션에 대해 예상할 수 있다.	• 프레젠테이션에 집중하는 것을 방해할 수 있다. • 통제가 어려워질 수 있다.
화이트보드	• 청중과 함께 호흡한다. • 편리하다.	• 전문가답게 보이지 않는다. • 지워야 한다.
소품	• 실물을 통해 설명할 수 있다.	• 청중의 주의를 모으기 위해 노력해야 한다.
멀티미디어	• 청중과 호흡하는 효과가 가장 높다. • 시청각 자료와 함께 사용할 수 있다. • 고급스럽다. • 최첨단 기술이다.	• 사용법을 익히기 어렵다. • 기술적인 문제가 발생할 수도 있다. • 시간 낭비가 될 수 있다.

시각자료를 활용하여 프레젠테이션을 하는 경우 시각자료를 제작할 때 몇 가지 고려해야 할 사항들이 있다.

첫째, 짧고 간단하게 만들어야 한다. 슬라이드나 플립차트에 너무 많은 내용을 담으면 청중들은 어디에 초점을 맞춰야 할지 몰라 혼란스러워하고 감당할 수 없게 된다. 특히 제목은 짧게 하면서, 한 슬라이드에 6-6원칙을 적용하여 한 줄에 여섯 단어, 여섯 줄이 넘지 않도록 한다.

둘째, 크고 읽기 좋게 만들어야 한다. 뒷줄에 앉은 사람에게도 잘 보일 만큼 글자를 크게 해야 한다. 그리고 한 슬라이드에 한 가지 주제만 다루는 것이 좋다.

셋째, 자료는 정확해야 한다. 오탈자가 있거나 정보가 부정확하면 발표자에 대한 신뢰가 사라질 수 있다.

넷째, 자료는 가로 배열 방식으로 해야 한다. 차트를 사용할 경우 가로로 하여 사용하면 더 많은 정보를 담을 수 있다.

다섯째, 색을 적절히 사용해야 한다. 시각자료에 색을 사용하면 극적인 효과를 내고, 전체 분위기에 영향을 미칠 뿐만 아니라 이해능력과 동기부여 능력에 변화를 줄 수 있다. 시각자료에 색을 효과적으로 사용하려면 색깔은 세 가지를 넘지 않도록 해야 하며, 밝은 바탕에 짙은 글씨를 사용하거나 어두운 바탕에 밝은 글씨를 사용하는 것이 좋다. 전체 슬라이드의 바탕색은 같은 계통으로 유지하면서 글자에는 빨간색을 사용하지 않는 것이 좋다. 노란색과 흰색은 빛을 가장 잘 반사하는 색이므로 바탕색을 어두운 색으로 했을 경우 글자색으로 사용하며, 적록 색맹의 청중이 있을 경우를 대비해 붉은 색과 초록색 대비의 색 사용은 피하는 것이 좋다. 그리고 색의 순서를 배열할 때는 어두운 색에서 밝은 색 순서로 사용하고 자료의 아랫부분을 짙은 색으로 위로 갈수록 밝은 색으로 하는 것이 좋다.

여섯째, 그래픽을 사용하는 것이 좋다. 사고는 그림을 통해 이루어지므로 문자로 이루어진 정보보다 더욱 흥미를 불러일으킨다. 그래픽의 종류로는 바 차트, 라인 차트, 파이 차트, 조직도, 다이어그램, 심벌, 카툰, 사진, 클립아트를 이용한 그래픽 등이 있다.

활동 01 프레젠테이션에 대한 자기 점검

목표

자신의 프레젠테이션 습관을 검토하고 개선점을 발견한다.

* 다음 문항을 읽고 자신을 가장 정확하게 표현하는 곳에 체크하시오.

문항	아니다	가끔 그렇다	자주 그렇다	항상 그렇다
1. 나는 여러 사람 앞에서 말할 때 편안하다.				
2. 나는 여러 사람 앞에서 말할 때 부정적인 생각은 피한다.				
3. 말하는 동안 목소리가 떨리지 않고 안정적이다.				
4. 말하는 동안 몸이 긴장되지 않는다.				
5. 발표하기 전에 청중의 기대를 조사한다.				
6. 발표하는 동안 청중의 행동을 조절한다.				
7. 청중과 상호작용을 이끌어낸다.				
8. 요점을 정리하고 기억하기 위하여 노트를 이용한다.				
9. 노트는 간단하고 읽기 쉬우며 사용에 불편이 없다.				
10. 단어 몇 개로만 된 원고를 쓴다.				
11. 미리 발표 연습을 한다.				
12. 청중에게 듣는 기쁨을 선사한다.				
13. 청중의 주의를 집중시키며 시작한다.				
14. 번호를 매겨 제시한다.				
15. 상황에 맞춰 목소리 크기를 조절한다.				
16. 표현과 강조를 위해 목소리를 다양하게 구사한다.				
17. 요점을 정리하고 강조하는데 시각자료를 이용한다.				
18. 시각자료는 단순하고 읽기 쉽다.				
19. 자연스러운 제스처를 쓴다.				
20. 청중과 눈길을 마주치려고 의식적으로 노력한다.				
21. 질문을 예상하고 답변을 연습한다.				
22. 적절한 단어를 구사한다.				
23. 발표의 완급을 조절한다.				
24. 허용된 시간을 지킨다.				
25. 녹음을 하면서 큰 소리로 연습한다.				

채점 방식

'아니다'에 1점, '가끔 그렇다'에 2점, '자주 그렇다'에 3점, '항상 그렇다'에 4점을 준다.

평가 기준

각 문항별 점수를 전체 합산하여 다음의 기준으로 자신의 프레젠테이션 역량을 평가한다.

90이상 : 매우 훌륭함　　89 ~ 75 : 훌륭함　　74 ~ 50 : 보통임

49 ~ 30 : 약함　　29 미만 : 아주 약함

활동 02

프레젠테이션 공포 지수 측정

목표

프레젠테이션을 하기 전에 자신의 몸과 정신 상태가 어느 정도 불안을 느끼고 있는지를 프레젠테이션 공포지수(PPQ ; Presentation Panic Quotient)로 알아보고 개선점을 발견한다.

1. 각 문항에 '예' 혹은 '아니오' 둘 중 하나에 응답하시오.

문항	예	아니오
1. 프레젠테이션에 대해 생각하는 것만으로도 긴장된다.		
2. 프레젠테이션 전날에는 꼭 잠을 설친다.		
3. 프레젠테이션을 하지 않으려고 궁리한 적이 종종 있다.		
4. 손에 땀이 난다든지, 심장이 두근거린다든지, 얼굴이 빨개지는 등의 신체적 반응을 보이기도 한다.		
5. 호흡이 가빠진다.		
6. 온몸이 경직되거나 아무 생각도 나지 않는다.		
7. 발음이 제대로 안 된다.		
8. 말의 속도가 빨라진다.		
9. 입이 바짝바짝 마른다.		
10. 어지럼증을 느낀다.		
11. 자신이 바보가 된 듯한 생각이 든다.		
12. 무슨 말을 하고 있었는지 종종 잊어버린다.		
13. 목소리가 떨린다.		
14. 모두가 나를 응시하고 있는 것 같다.		
15. 준비가 부족하다는 느낌이 드는 경우가 많다.		
16. 스스로 긴장하고 있다고 말한다.		
17. 자신이 긴장하고 있다는 것을 다른 사람도 알게 한다.		
18. 방금 한 말을 기억하지 못한다.		
19. 자신이 긴장하고 있다는 것을 청중이 아는 것 같다.		
20. 발표를 하느니 차라리 죽는 게 낫다는 심정이다.		

2. 채점과 해석

각 문항에 체크하였으면, '예'는 1점, '아니오'는 0점으로 계산한다.

- 대담함(0~5) : 당신은 자신감에 차 있다. 프레젠테이션을 시작하고 나서 잠깐 동안은 긴장할 수도 있지만 효과적으로 발표하는 기술을 알고 있다.
- 불안함(6~11) : 당신은 프레젠테이션 하는 동안 내내 긴장한다. 그러나 이를 극복하여 자신이 강조하고자 하는 점을 잘 전달할 수 있는 능력이 있다. 꾸준한 연습과 훈련을 통해 자신감을 키우면 된다.
- 패닉(12~20) : 당신은 긴장의 노예다. 되도록 대중 앞에서 말하는 상황을 피하려고 하는 편이다. 자신의 두려움을 직시하고, 프레젠테이션 강의를 등록하고, 강사의 조언에 따라 연습해 보자. 그리고 만약 20개 문항에 모두 '예'라고 대답했다면 공포증의 상태로서 민감성 제거 훈련 등을 통해 공포증을 치료해야 한다.

3. 자신의 프레젠테이션 공포 경험을 팀원들과 나눈다.

나의 프레젠테이션 공포 경험

활동 03

프레젠테이션 실습하기

목표

발표 내용, 발표 자료, 발표자의 준비사항을 종합적으로 고려하여 실제 발표를 실습함으로써 좋은 발표가 어떤 것인지를 체험하고 발표 역량을 제고한다.

진행 방법

1단계 : 5-7명으로 조를 편성한다.

2단계 : 각자 주어진 주제(우리학교의 발전 방안, 내가 꿈꾸는 가정, 내가 시장이라면 우리 지역을 이렇게 만들겠다 등)로 발표 준비를 한다. 이 때 1장 정도의 발표 자료를 준비한다.

3단계 : 교수는 발표의 유의사항을 알려준다.

4단계 : 조원들이 순서대로 발표하고 다른 조원들이 발표에 대해 피드백을 해준다.

제3부

대인관계 리더십

제8장 대인관계

학습목표

- 대인관계에 영향을 주는 세 구성요소를 제시할 수 있다.
- 대인관계의 유형을 이해한 후, 나의 대인관계 유형을 제시할 수 있다.
- 의사소통의 5가지 기능을 설명할 수 있다.

1 대인관계의 이해

1) 대인관계의 의미 및 필요성

'인간은 사회적 존재'라고 말한 고대 그리스 철학자 아리스토텔레스의 말처럼, 인간은 태어나는 순간부터 사회의 한 구성원이 되며 죽음에 이르는 순간까지 다른 사람과 관계를 맺으면서 살아간다. 인간은 본질적으로 다른 사람과 관계를 맺고 사는 존재이며, 타인과의 관계를 떠나서 혼자 살 수는 없기 때문에 대인관계는 인간이 살아가는데 있어서 절대적이고 필수적인 것이다. 대인관계를 한자로 표시하면 대(對)+인(人)+관계(關係) 즉 사람을 대하는 관계를 의미한다. 사람을 대하는 관계는 다른 사람과 상호작용하는 과정이라고 할 수 있다.

인간은 누구나 행복한 삶을 살아가길 원하며, 행복한 삶을 살아가기 위해 노력한다. 불행한 삶을 살아가길 원하는 사람은 아무도 없을 것이다. 행복한 삶이란 어떤 것일까? 행복한 삶에 대한 정답은 없다. 그 이유는 첫째, 사람은 서로 다른 환경에서 성장하고, 각기 다른 욕구, 문화, 가치관 및 행동양식을 가지고 있기 때문이고, 둘째, 사람마다 자신의 인생관과 가치관에 따라 행복한 삶의 기준이 다르기 때문이다. 이처럼 인간은 누구나 개인차를 지니고 있지만 또한 보편적인 속성을 지니고 있어, 대다수의 사람들이 느끼는 행복한 삶에 대한 공통적인 조건들이 있다. 그 중 행복한 삶을 원하는 사람들이 공통적으로 나타내는 것 중 하나가 원만한 대인관계이다.

원만한 대인관계를 형성하기 위한 기본적인 조건은 시간과 마음을 상대와 더불어 나누며, 상대의 마음을 잘 이해하고 표현해주며, 자신의 마음의 문을 여는 것이다. 즉 신뢰를 바탕으로 서로를 믿고 격려할 때 심리적 안정감을 얻을 수 있으며, 행복하고 원만한 대인관계로 발전시킬 수 있다.

우리는 살아가면서 어떤 시기에 누구를 만나 관계를 형성하느냐에 따라 삶의 행복과 불행이 결정되기도 한다. 대인관계는 인간의 행복과 불행, 삶의 만족과 불만족을 결정하는 핵심요소라고 할 수 있다. 특히 대학생 시기는 부모의 보호로부터 벗어나 성인으로 독립하는 시기로서 대인관계가 활발하고, 대인 갈등을 많이 경험하는 시기라고 할 수 있다.

스티븐 코비(Steven Covey, 1994)는 각각의 인간관계에 대한 믿음과 확신을 나타내는 개념으로 관계은행계좌라는 말을 사용하였다. 그는 인간관계를 원만하게 만들어가기 위해 긍정적인 행동을 하면 관계은행 계좌에 예입을 하는 것이고, 부정적인 행동을 하면 지출을 하는 것이라고 가정하였다. 관계은행계좌는 금전적인 은행 거래와 달리 단기간에 풍성해지지는 않는다. 오랜 시간을 두고 성실하고 꾸준하게 쌓아갈 때 저축액이 늘어나게 된다. 대학생들은 대개 가족관계, 동료, 선・후배관계, 이성 관계, 교수와의 관계, 예비 직장동료 및 상사와의 관계를 축으로 한 대인관계를 맺고 있다. 행복하고 원만한 대인관계를 위해 하루의 시작과 끝에 각각의 관계은행구좌를 확인하고, 그들을 만날 기회가 있을 때마다 관계은행구좌에 입금하려고 노력하는 자세가 필요하다.

2) 대인관계의 분류

(1) 일차적인 관계와 이차적인 관계

일차적 대인관계는 혈연, 지연, 학연 등에 의해 형성되는 대인관계를 말한다. 부모, 형제자매, 친척, 동문, 동향의 사람들이 일차적 관계에 속한다. 일차적 관계의 특성은 공식적이고 집단적인 관계로 본인의 선택이나 의사와 관계없이 부여되며, 자신이 싫다고 부모나 형제자매의 관계를 끊을 수가 없듯이 가입과 탈퇴가 자유롭지 못하다. 이에 반해, 이차적인 대인관계는 개인적인 매력, 직업적 이해관계, 가치관, 신념의 공유에 의해 형성되는 대인관계이다. 직장동료, 이성 친구, 동호회의 구성원 등이 이차적 대인관계에 속한다. 일차적 대인관계와는 달리 이차적 대인관계는 본인의 의사에 따라 자유롭게 선택하고 유지할 수 있다. 일차적 관계에서는 가입과 탈퇴가 불가능 하지만, 이차적 대인관계에서는 가입과 탈퇴가 본인의 의사에 의해 결정할 수 있기 때문에 그 관계가 일시적일 수 있다.

(2) 수직적 대인관계와 수평적 대인관계

수직적인 대인관계와 수평적인 대인관계는 구성원의 나이, 학번, 지위, 권한, 촌수 등의 동등성 여부에 따라 결정지어 진다. 수평적인 관계는 서로 동등한 위치에서 평등한 관계를 맺는 친구관계, 이성 관계, 부부관계 등이 이에 속한다. 수직적 대인관계는 상급자와 하급자가 존재한다. 예를 들면, 가정에서의 부모-자녀관계, 학교에서의 교수-제자관계 혹은 선배-후배관계, 직장에서의 상사-부하관계가 이에 속한다. 수직적인 관계에서 상급자는 하급자에게 상급자에 대한 복종, 순응, 존경, 지지의 역할을 기대한다. 수직적 대인관계에서는 상급자와 하급자의 행동규범인 예의가 존재한다. 수직적 대인관계는 사회적 상하관계가 비교적 명백하여 위계질서가 있기 때문에 자신의 위치와 신분에 따라 행동규범이 결정된다.

한국사회에서의 대인관계는 유교적 전통의 영향을 받아 수직적 대인관계와 수평적 대인관계가 복합적으로 얽혀 있다. 그러나 서구의 개인주의적 가치관이 확산되면서 수직적인 대인관계를 중시하는 기성세대와 수평적인 대인관계를 중시하는 신세대의 가치관이 상이하여 갈등을 빚는 경우가 있다. 따라서 기성세대는 신세대의 개인주의적이고 자기주장적인 태도에 불만을 느끼고, 신세대는 기성세대의 권위적인 태도와 사고방식에 저항적이고 도전적인 태도를 나타낸다. 원만하고 행복한 대인관계를 위해서 대상과 상황에 따라 지혜롭게 행동을 하는 것이 중요하다.

(3) 우호적인 대인관계와 적대적 대인관계

상대방에 대해 느끼는 감정과 태도에 따라 우호적 대인관계와 적대적 대인관계로 나눌 수 있다. 대인관계는 타인과의 상호작용을 의미한다. 우호적 대인관계는 서로에 대한 신뢰감과 상대방에 대한 호감을 지니고 있다. 따라서 서로에게 좋은 영향을 미치기 위해서 이해하고 도우며 공동의 목표를 향해 협동하는 상호작용이 일어난다. 이에 반해, 적대적 대인관계는 서로를 적이나 경쟁상대로 인식한다. 따라서 서로 불신하고 적대감정을 갖고 상대의 일을 방해하거나 비협조적인 태도를 보인다.

3) 대인관계에 영향을 주는 요인

(1) 대인동기

인간은 사회적 동물로 사회적 행동을 하면서 살아간다. 인간의 사회적 행동을 이해하기 위해서는 행동을 유발하는 심리적인 원인을 이해하는 것이 중요하다. 인간의 사회적 행동을 유발시키는 것이 동기이다. 동기는 인간에게 어떠한 행동을 불러일으키는 욕구이며, 그 행동을 지속시키는 에너지가 되어 특정한 목표를 이룰 수 있도록 행동의 방향성을 부여하는 내적인 힘을 가리킨다. 다시 말해 동기의 기능은 목표지향적인 행동을 유발하고, 그 행동을 지속하게 하는 에너지를 제공하고, 행동을 조절하는 기능을 한다. 대인동기(interpersonal motives)는 대인관계를 지향하기 위해 사회적 행동을 유발하는 요인이다. 다른 사람과 원만하고 친밀한 관계를 맺고자 하는 것은 대인 동기를 가지고 있기 때문이다. 대인동기는 살아가면서 세 가지의 기능을 한다. 첫째는 다른 사람과 친밀감을 형성함으로써 자신을 평가할 수 있는 정보를 얻을 수 있다. 둘째는 불안을 완화시켜주는 역할을 한다. 마지막으로 대인 교류 속에서 공감과 지지를 받아 긍정적 경험을 하게 된다.

(2) 대인신념

신념은 자신이 옳다고 믿고 있는 지적인 이해나 믿음, 가치 등을 의미한다. 인간은 누구나 자신이 믿는 신념이 있으며, 그 신념에 대한 믿음으로 행동 한다. 대인관계 역시 자신의 신념대로 믿고 판단하여 행동한다. 대인신념(interpersonal beliefs)은 대인관계와 대인행동에 영향을 미치는 신념을 말한다. 대인신념은 자신이 경험한 직접적 혹은 간접적인 과거의 경험에 근거하여 대인관계에 대한 나름대로의 신념을 만들어 간다. 과거의 경험한 대인신념이 대인관계 상황에서 개인의 행동을 결정하는 중요한 요인이 된다. 대인신념은 과거를 바탕으로 미래를 예측하기 때문에 예측내용에 따라 대인관계는 달라진다.

대인관계에 대한 신념은 매우 다양한 영역으로 구분된다. 첫째는 대인관계의 중요성에 대한 신념이다. 인생을 살아가면서 대인관계의 중요성에 대한 생각은 개인차가 있다. 대인관계가 자신의 삶에 있어서 중요하다고 생각하는 사람도 있지만, 대인관계보다는 자신의 능력이나 목표성취가 더 중요하다고 생각하는 사람들도 상당수 있다. 대인관계의 중요성에 대한 신념에 따라 상대방을 대하는 방식도 많이 달라진다. 둘째는 대인관계 영역에 대한 신념이다. 대인관계는 가족관계, 교우관계, 이성관계 등 다양한 영역이 있다. 대인관계의 중요시하는 영역에 따라 대인신념은 달라진다. 가족관계를 중요시하는 사람은 많은 시간을 가족과 함께 보내고 다른 영역은 소홀히 한다.

교우관계를 중요시하는 사람은 친구가 자신의 삶에 있어서 가장 소중한 존재라고 생각한다. 따라서 친구가 도움을 요청하면 가족의 희생을 감수하더라도 친구와 함께 한다. 또한 이성관계를 중요시 하는 사람들은 가족과 친구 보다는 이성과의 관계에 모든 시간을 보낸다. 이처럼 살아가면서 자신이 중요시하는 영역에 따라 대인신념은 달라진다. 셋째는 자신이 생각하는 이상적인 대인관계에 대한 신념이다. 원만한 대인관계란 많은 사람과 넓은 관계를 맺는 것을 이상적이라고 보는 사람도 있지만 소수의 사람과 깊은 관계를 맺는 것이 이상적이라고 생각하는 사람도 있다. 또한 대인신념을 부정적으로 보는 사람은 타인을 경계하고 의심하며 대인관계를 회피하려고 한다. 그에 반해, 대인신념을 긍정적으로 보는 사람은 타인에게 호감을 갖고 접근하며 능동적인 관계를 맺으려 한다.

(3) 대인관계 기술

대인관계를 형성할 때 사람마다 타인에게 호감을 주고 자신이 원하는 바를 전달하기 위해 사용하는 기술은 차이가 있다. 어떤 사람은 효과적인 기술을 사용하여 대인관계 성공으로 이끌고, 어떤 사람은 대인관계를 원만하게 형성하고 싶어도 대인기술을 몰라 실패를 경험하기도 한다. 대인기술은 대인관계를 형성하기 위해서 사용하는 행동적 기술로 대인관계를 성공적으로 이끌어 갈 수 있는 사교적 능력을 말한다. 대인기술은 크게 언어적 대인기술과 비언어적 대인기술로 분류된다. 언어적 대인기술은 언어를 사용하여 의사소통을 하는 것을 말한다. 대인관계는 언어적 의사소통의 내용과 질에 의해 영향을 받는다. 언어는 인간의 내면적인 상태와 의도를 전달하는 가장 효과적인 의사소통 수단이다. 언어적 대인기술은 경청, 공감, 질문, 나-전달법 등이 있다. 비언어적 대인기술은 비언어적인 행동을 통해 자신의 의사와 감정을 표현하는 기술로서 손짓, 몸짓, 표정 등이 있다.

2 의사소통과 대인관계

1) 의사소통의 의의와 중요성

원만한 대인관계는 서로의 의도나 생각을 원활하게 주고받으며 긍정적 감정을 교환하는 것을 의미한다. 이때 필요한 것이 의사소통이다. 의사소통은 각각의 의도, 생각, 감정을 상대방에게 전달하고 그 내용을 전달받는 과정으로 이루어진다. 효과적인 의사소통을 위해서는 자신의 의도, 생각, 감정을 분명한 메시지로 상대방에게 전달하고, 타인의 메시지를 정확하게 전달받아야 한다. 대인관계에서 발생하는 대부분의 문제는 의사소통이 효과적으로 이루어지지 못하여 발생한다. 따라서 대인관계에서 의사소통은 중요하다고 할 수 있다.

의사소통(communication)이란 공동(commoness)을 뜻하는 라틴어 'Communis'에서 유래되었고, 그 본래의 의미를 따져 본다면 한 사람의 일방적인 의사전달이 아니라 두 사람 이상의 사이에 서로 공통성을 만들어내는 과정이라고 할 수 있다. 즉 의사소통은 최소한 두 사람 이상이 언어적, 비언어적 수단을 통해서 자신들이 가지고 있는 감정, 태도, 사실이나 정보, 신념, 생각 등을 전달하고 피드백을 받으면서 상호작용하는 과정이라고 할 수 있다. 따라서 의사소통은 상호간의 공통적 이해가 중심이 되는 것이므로 말한 사람의 메시지를 듣는 사람이 이해했을 때에 비로소 의사소통이 이루어졌다고 말할 수 있다. 대인관계의 성공은 의사소통을 얼마나 원만하게하며, 정확하게 의사표현을 하느냐에 있다. 의사소통은 대인관계를 보다 원활하게 하도록 촉진시키는 중요한 도구라고 할 수 있다.

원만한 대인관계를 위해서 의사소통이 중요한 이유는 다음과 같다. 첫째, 대인관계를 인체로 비유할 때, 의사소통은 인체의 혈관에 해당한다. 대인관계를 형성하고 유지하는데 의사소통이 원활하지 못하면 마치 혈관이 막혀서 인체에 문제가 생기는 것처럼 대인관계에도 문제가 생기게 된다. 원활하지 못한 의사소통은 오해의 원인이 되기도 하고 갈등을 증폭시키기도 한다. 둘째, 원활한 의사소통은 말하는 사람과 듣는 사람 사이에 정확한 메시지 전달을 가능하게 한다. 메시지의 내용이 잘못 전달되면 메시지가 왜곡되어 커다란 시행착오를 가져오게 된다. 셋째, 의사소통은 가정과 조직의 공동체성을 형성하기 위해서 중요하다. 대화가 없는 가정과 조직은 환경의 변화에 대한 대처능력이 떨어지게 되며, 구성원의 사고와 행동을 고착시킴으로써 조직의 운영을 어렵게 할 수 있다.

2) 의사소통의 기능

의사소통의 기능은 개인적 차원과 조직적 차원으로 나누어 살펴 볼 수 있다. 개인적 차원에서의 의사소통은 자기인식, 자아존중감, 자아정체성을 형성하고 유지·발전시키는 기능을 한다. 인간은 의식적이든 무의식적이든 끊임없이 자기 자신과 의사소통을 한다. 하나의 유기체인 인간은 자신과의 의사소통을 통하여 비로소 자신과 주위환경을 인식하고 더 나아가 의식을 가진 존재로 성장한다. 또한 의사소통을 통하여 자신에 대한 기본적인 신뢰감을 형성하게 된다. 의사소통이 원활할 경우 자신과 타인 및 사회에 대한 기본적인 신뢰감이 형성되어 마음이 안정되고 자아충족감이 생긴다. 자아존중감, 자아신뢰감이 있을 때 타인과의 건강한 관계를 형성하고 또 타인에게 영향력을 줄 수 있다.

조직 차원의 의사소통은 개인에 대한 기능과 조직에 대한 기능으로 나눌 수 있다. 개인에 대한 기능은 구성원 행동 통제 기능과 동기부여 기능으로 나눌 수 있다. 조직은 조직의 목표를 달성하기 위하여 구성원에게 정해진 행동을 요구한다. 조직 내에서 부여된 지위와 역할 그리고 규범 등은 구성원들의 행동을 통제하기 위하여 마련된 공식적 장치들이다. 이러한 공식적 장치 외에도 회의와 보고, 평가 등과 같은 절차도 일종의 의사소통 과정이다. 이런 의사소통이 활발하면 조직 구성원들은 조직의 목표 달성에 긍정적인 방향으로 행동하게 된다.

개인에 대한 동기부여 기능은 의사소통이 동기 부여의 수단이 될 수 있음을 의미한다. 통상 조직구성원들은 자기의 공헌에 대해 조직이 적절한 보상을 하지 않고 있다고 인식하는 경향이 있다. 리더는 의사소통을 통하여 이러한 부정적 인식을 완화시키고 업무에 몰입할 수 있도록 동기 부여를 하여야 한다. 리더는 조직 구성원이 무엇을 해야 하는지, 그리고 성과를 높이기 위해 무엇을 어떻게 해야 하는지를 의사소통함으로써 동기부여를 할 수 있다. 동기부여가 잘 되면 호의적인 대인관계가 형성되어 집단의 결속이 강화 된다.

조직 전체에 대한 기능은 원활한 의사소통이 의사결정의 절차를 단순화함으로써 불필요한 비용을 절감할 수 있다는 점이다. 의사소통이 잘 되지 않으면 의사소통의 절대시간이 길어지게 되고 이는 업무의 효율을 저해하는 요인이 된다. 또한 반복된 의사소통은 조직 내 신뢰를 저해하는 원인이 되기도 한다. 원활한 의사소통을 위하여 조직구조 자체를 변화시키기도 한다. 관료형 위계조직을 네트워크형 조직으로 바꾸는 것이 그 예이다. 네트워크형 조직은 의사소통과 의사결정과정을 단순화함으로써 불필요한 의사소통 절차를 제거하여 조직의 기능을 원활하게 한다.

3) 의사소통의 방법

의사소통은 크게 언어적 의사소통과 비언어적인 의사소통으로 구분할 수 있다. 언어적 의사소통은 말이라는 음성언어를 사용하여 정보를 전달하는 것으로서 청각적 메시지를 사용한다. 언어적 의사소통은 반복해서 사용할 수 있고 보완해서 설명할 수도 있기 때문에 비교적 분명하게 메시지를 전달하기도 하지만, 때로는 애매하고 불확실하게 메시지를 전달하기도 한다. 이에 반해, 비언어적 의사소통은 표정이나 몸짓이라는 동작언어를 사용하여 감정적인 정보를 시각적 메시지 형태로 전달한다. 대부분 언어적 메시지와 비언어적 메시지가 일치되는 것이 일반적인 대화의 양상이다. 그러나 항상 언어적 메시지와 비언어적 메시지가 일치하는 것은 아니다.

신경언어학(Neuro Linguistic Programming)에서 중요하게 취급하는 언어 패턴 중의 한 가지는 메타모형(meta model)이다. 이 메타모형은 사람들이 흔히 범하기 쉬운 의사소통의 문제를 바로 잡아주는 역할을 한다. 신경언어학연구에 의하면, 의사소통 과정에서 메시지가 심층구조에서 표층구조로 가는 과정에 메시지의 내용이 변형되는 생략, 일반화, 왜곡의 과정이 있다는 점이 밝혀졌다. 즉, 사람들은 의사소통과정에서는 의도하지 않게 메시지의 내용을 생략하고 일반화하며 왜곡시켜 의사소통의 오류를 범한다고 한다. 말을 듣는 사람은 말하는 사람의 메시지 전달 내용을 있는 그대로 정확하게 이해하는 것이 아니라, 자신의 주관적인 경험을 바탕으로 생략, 왜곡, 일반화라는 변형을 통하여 메시지의 의미를 받아들인다고 한다. 메시지 변형의 세 가지 요인은 다음과 같다.

첫째는 생략(deletion)이다. 생략은 듣는 사람이 말하는 사람의 언어적 표현 중 일부분을 제거 또는 누락 시키는 것을 말한다. 말하는 사람은 자신의 경험과 심층적 의미에 대한 메시지를 전달하지만 듣는 사람은 자신이 흥미를 느끼거나 관심 있는 메시지의 내용만을 선택하여 관심을 보이고, 나머지 메시지는 걸러내는 경향이 있다. 그래서 선택한 메시지의 내용은 받아들여 기억을 하지만 그 외의 메시지는 생략을 하거나 중요하지 않는 것으로 무시한다. 이러한 경우 메시지의 내용은 왜곡되거나 구체적이지 못하여 메시지가 변형되게 된다.

둘째는 왜곡(distortion)이다. 왜곡은 자기의 무의식적인 욕구에 따라서 현실을 다르게 인식하는 것을 말한다. 사람들은 메시지 내용을 자신의 경험을 바탕으로 확대하거나 축소함으로써 전하고자 하는 메시지를 왜곡하고 부정확하게 이해를 하게 된다. 몸이 아프면 병원에 가야 한다고 생각하는 사람이 누가 '아프다'는 말을 할 때 '병원에 가고 싶다'는 것으로 이해하는 것이 메시지의 의미를 왜곡시키는 예가 될 수 있다. 왜곡이 일어나면 다른 사람의 마음을 자기 나름대로 알 수 있다고 믿게 된다.

셋째는 일반화(generalization)이다. 일반화는 서로 다른 메시지를 특정한 메시지와 같을 것이라고 해석하는 것을 말한다. '자라보고 놀란 가슴, 솥뚜껑 보고 놀란다'라는 속담이 일반화의 예이다. 사람들은 과거의 특정한 경험을 전체 경험으로 확대시켜 적용함으로써 일반화의 오류를 범하게 된다.

비언어적 의사소통은 언어보다는 목소리의 크기와 강약, 음색, 얼굴표정, 눈의 움직임, 몸짓과 같은 동작으로 시각적인 메시지의 형태를 취하는 것을 말한다. 인간은 의사소통을 하는 중에 언어적 메시지와 비언어적 메시지가 서로 상충되면 비언어적 메시지를 더욱 신뢰하는 경향이 있다. 비언어적 의사소통은 무의식적이면서, 표현방법이 구체적이고 직접적이어서 전달력도 크다. 또한 언어적 메시지와 관련해서 이를 보충해주는 기능도 하지만 비언어적 몸짓 언어는 문화에 따라 다르게 해석될 수 있기 때문에 문화적 제약을 받기도 한다. 이러한 비언어적 의사소통은 보완기능, 규제기능, 대체기능, 강조기능 등을 한다.

비언어적 의사소통은 언어적 표현을 보완하는 기능을 수행한다. 말할 때 아무런 표정 없이 말하는 사람은 거의 없다. 기쁠 때의 표정과 화가 났을 때의 표정이 같을 수 없다. 또한 고맙다는 표현을 할 때는 고개를 숙여 감사의 표시를 전한다. 이처럼 말을 할 때 메시지를 효과적으로 전달하기 위해 자신의 감정 상태를 자연스럽게 행동에 반영한다.

비언어적 표현은 또한 피드백 기능을 한다. 말하는 사람의 메시지에 듣는 사람은 반응을 한다. 듣는 사람이 긍정적인 반응을 보이면 대화가 계속되지만, 부정적인 반응을 보이면 말하는 사람이 부담을 느끼게 된다. 짧은 대화를 생각했는데 듣는 사람이 긍정적인 반응을 보이면 대화의 시간은 길어 질 수밖에 없다. 비언어적 표현이 언어적 표현 행위를 규제하는 기능을 하고 있음을 알 수 있다.

상황에 따라 언어보다는 비언어적 표현이 더 효과적으로 메시지를 상대방에게 전달하기도 한다. 예를 들면, 상대의 질문에 대답하기 어려울 때에는 눈빛이나 몸동작으로 언어적 답변을 대신하는 대체기능을 한다.

비언어는 언어를 강조하는 기능을 하기도 한다. 예를 들면 중요한 메시지는 목소리의 어조나 강도가 높아진다. 화가 났을 때는 주먹을 불끈 쥐며 자신의 감정을 상대방에게 표현하기도 한다. 이렇게 함으로써 언어적 표현의 의미가 강조된다.

3 대인관계 유형

개인의 행동은 개인의 외형적 특성으로서 쉽게 관찰된다. 그리고 그 행동을 유심히 관찰해 보면 개인의 행동에는 특정한 패턴이 있음을 알 수 있다. 즉, 개인은 여러 가지 상황에도 불구하고 행동의 일관성을 보인다. 이런 일관성을 행동 유형이라고 한다.

개인이 대인관계를 맺고 유지하는데도 패턴이 있다. 이를 대인관계 유형이라고 한다. 한 개인의 대인관계 유형을 이해하면 그 사람의 행동을 예측할 수 있고, 또 그런 예측되는 행동에 대비해서 그 사람과 상호작용을 할 수 있다. 다시 말하면 대인관계를 할 때 상대방의 대인관계 유형을 이해하면 대인관계를 원활하게 할 수 있다.

또한 자신의 대인관계 유형을 이해하는 것도 중요하다. 내가 다른 사람과 대인관계를 맺을 때 어떤 패턴을 가지고 있는지를 이해하면 내 행동이 상대방에게 어떤 의미를 주는지를 알 수 있기 때문이다.

대인관계 유형은 여러 가지가 제시되어 있지만 가장 대표적인 것은 DISC모델이다. DISC모델은 인간 행동을 외향적이냐 내향적이냐의 구분 축과 과업 지향적인가 아니면 사람지향적인가의 구분 축으로 나눈 것이다. 즉, 개인은 외향성을 보이던지 아니면 내향성을 보이던지 일관된 행동을 하며, 또 다른 측면에서 업무 지향적이던지 아니면 사람 지향적이던지 일관성을 보인다는 것이다. 이 두 가지 축의 교합에 의하여 4가지 패턴의 인간행동이 나타난다. 그것은 각각 주도형(Dominance), 사교형(Influence), 안정형(Steadiness), 신중형(Conscientiousness)이다.

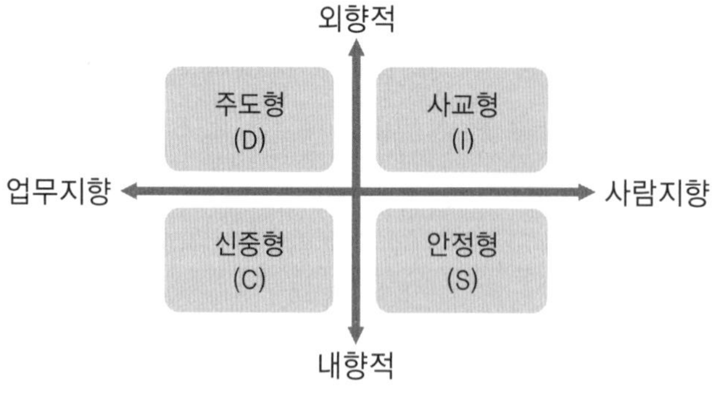

[그림 8-1] DISC 모델

주도형은 과업중심이면서 동시에 외향성을 드러내는 사람들의 행동 유형이다. 이 유형의 상징단어는 자립, 솔직함, 과단성, 능률이다. 이들의 특징은 조직의 리더로서의 자질이 풍부하며 생산적 목표를 지향한다. 또한 신속한 것을 좋아하며 새로운 도전 추구, 효율적 행동, 스트레스를 정면으로 돌파하고자 하는 경향이 있다. 이들의 장점은 겉으로 볼 때 박력이 있어 보이며, 자기주장이 강하고, 신속하고 분명한 것을 좋아하고, 행동으로 쉽게 옮기는 경향이다. 하지만 단점으로 강제적 또는 독재적 행동, 주관적 행동, 타인에 대한 배려의 부족 등이 있다. 이들은 주로 성과와 효율성에 따라 행동하는 유형이라고 볼 수 있다. 이 유형에 속하는 사람들은 주로 '할 수 있어', '내가 책임질거야', '애같이 굴지 마' 등과 같은 말을 즐겨한다.

사교형은 사람 중심이면서 동시에 외향성을 드러내는 사람들의 행동 유형이다. 이 유형의 상징단어는 외향, 정열, 설득이다. 이들의 특징은 직관적이며 활기차고 사교적이라는 점이다. 또한 이 유형의 사람들은 설득력이 있고 협력적이며 아이디어가 풍부하고 드러내기를 좋아한다. 또한 인정에 대한 욕구가 강하고, 새롭고 즐거운 일을 추구하며, 즉흥적 상황을 선호하는 경향이 있다. 이들의 장점은 재치, 유머, 융통성, 개방적, 새로운 변화를 추구하는 것이다. 하지만 이들의 단점은 분위기를 잘 타는 편이며 다른 사람에게 지나치게 동조하는 변덕스러움도 있다. 이들은 주로 칭찬, 인정 욕구에 따라 행동하는 유형이라고 볼 수 있다. 이 유형에 속하는 사람들은 '복잡한 거 질색이야', '재미있지?', '나 어때?' 등과 같은 말을 주로 한다.

안정형은 사람 중심이면서 동시에 내향성을 드러내는 사람들의 행동 유형이다. 이 유형의 상징단어는 지지, 협력, 수용, 헌신이다. 이들의 특징은 안정을 추구하며 신중하고 경청, 동료애, 책임감이 강하다는 점이다. 또한 이 유형에 속한 사람들은 스트레스 잘 극복하고 가족적인 분위기를 좋아하며 남의 감정과 의견도 잘 배려한다. 이들의 장점은 협조, 지원, 배려심, 책임감, 성실성 등이다. 하지만 이들의 단점은 자기주장이 약하고, 지나치게 친절하고 자신감이나 과단성이 부족하다는 점이다. 이들은 주로 수용, 안정 욕구에 따라 행동하는 유형이라고 볼 수 있다. 이 유형에 속한 사람들은 '잘 지내보자', '나에게 강요하지 마', '내가 도와줄게' 등과 같은 말을 주로 한다.

신중형은 과업 중심이면서 동시에 내향성을 드러내는 사람들의 행동 유형이다. 이 유형의 상징단어는 논리, 완벽, 사실 중시, 신중 등이다. 이들의 특징은 분석적, 체계적으로 문제를 해결하며, 계획적이고 완벽함을 추구한다는 점이다. 또한 이 유형에 속한 사람들은 많은 사람과 관계하는 것보다 홀로 작업을 하는 것을 좋아하는 경향이 있고, 정확, 신중, 철저함을 추구하며, 집중력이 강하다. 이들의 장점은 성격적으로 침착한 편이고, 인내심과 집중력이 강하다. 하지만 단점으로는 이들은 겉으로 볼 때 무표정하고 지나치게 따지는 것처럼 보이며, 고집이 세고 냉담한 편이다. 이들은 주로 안전 욕구에 따라 행동하는 유형이라고 볼 수 있다. 이 유형에 속한 사람들은 '그게 맞는 말이야?', '생각할 시간을 줘', '원칙을 지켜야지' 등과 같은 말을 주로 한다.

의사소통을 하는 방식도 행동유형에 따라 다소 상이하다. 주도형의 사람들은 빠르게, 업무지향적으로 말한다. 따라서 이들과 대화를 할 때는 과업을 대화의 내용으로 하고 빠르게 응답하는 것이 좋다. 사교형의 사람들은 사람지향적으로 말한다. 따라서 이 유형에 속한 사람과 대화를 할 때는 빠르게 동의를 해 주어야 하며 이들에게 말할 기회를 많이 주어야 한다. 안정형의 사람들은 천천히 말하며 관심이 사람에게 있다. 따라서 이 유형에 속한 사람들과 대화할 때는 그 사람의 의견을 수용하면서 천천히 반응하여야 한다. 신중형의 사람들은 체계적이고 논리적으로 말하는 것을 좋아한다. 따라서 이들과 대화를 할 때에는 근거를 제시하면서 대화하는 것이 바람직하다.

통상 팀을 구성할 때는 행동유형이 비슷한 사람들끼리 하는 것보다 행동유형이 다른 사람들로 구성하는 것이 업무 수행의 효율을 높일 수 있다. 행동 유형에 따라 적합한 역할이 다르기 때문에 팀 내에 있는 다양한 역할을 담당하기에는 다양한 성격유형의 사람들이 있는 것이 바람직하다. 그러나 대인관계는 비슷한 행동유형의 사람들 사이에 더 원만하다. 행동유형이 서로 다르면 일 하는 방식이나 말 하는 방식, 그리고 행동의 초점이 다르기 때문에 갈등이나 대립이 일어나기 쉽다. 따라서 대인관계 유형이 다른 사람과 대화할 때나 대인관계를 맺을 때 더 주의해야 한다. 상대방의 행동 유형을 이해하면 그 사람이 수용할 수 있는 방식으로 대인관계를 맺는 것이 지혜로운 일이다.

행동 유형을 이해할 때 주의해야 할 요소가 몇 가지 있다. 첫째는 검사 결과 도출된 행동 유형을 절대시 하지 말아야 한다는 점이다. 한 인간이 절대적인 주도형이나 절대적인 사교형을 보이기는 어렵다. 거의 모든 사람들은 4가지 유형의 행동 특성을 동시에 가지고 있으며 그 중 어느 한 것이 더 두드러질 뿐이다. 따라서 자신이나 상대방의 행동 유형 검사 결과가 특정한 행동 유형으로 나온다고 하더라고 그것을 절대시 하고 모든 것을 그 유형에 결부시켜 해석하는 것은 위험한 일이다.

둘째는 행동 유형도 변화한다는 점이다. 개인의 행동에는 기본적으로 일관성을 가지고 있어서 지속성을 가지고 있지만 개인이 담당하는 역할의 변화, 새로운 경험, 새로운 영역에서의 행동 등의 변수가 생기면 행동 유형도 변화하게 된다. 회사에서 기획 업무를 담당할 때는 신중형의 행동 유형을 보이다가 영업 업무를 담당하면 사교형으로 행동 유형이 변화될 수 있다. 따라서 행동유형을 고정적인 것으로 인식하거나 절대시 하는 우를 범하지 않아야 한다.

활동 01

나의 대인관계 유형

목표

자신의 대인관계 유형을 이해하여 대인관계를 개선할 수 있는 방법을 모색한다.

1. 성격유형 검사

D.I.S.C 행동유형 테스트

자신을 가장 잘 설명한다고 생각되는 표현에 체크해주세요!

	A	B	C	D
1	절제하는	강력한	꼼꼼한	표현력 있는
2	개척적인	정확한	흥미진진한	만족스러운
3	기꺼이하는	활기 있는	대담한	정교한
4	논쟁을 좋아하는	회의적인	주저하는	예측할 수 없는
5	공손한	사교적인	참을성 있는	무서움을 모르는
6	설득력 있는	독립심이 강한	논리적인	온화한
7	신중한	차분한	과단성 있는	파티를 좋아하는
8	인기 있는	고집있는	완벽주의자	인상 좋은
9	변화가 많은	수줍음을 타는	느긋한	완고한
10	체계적인	낙관적인	의지가 강한	친절한
11	엄격한	겸손한	상냥한	말주변이 좋은
12	호의적인	빈틈없는	놀기 좋아하는	의지가 강한
13	참신한	모험적인	절제된	신중한
14	참는	성실한	공격적인	매력있는
15	열정적인	분석적인	동정심이 많은	단호한
16	지도력 있는	충동적인	느린	비판적인
17	일관성 있는	영향력 있는	생기 있는	느긋한
18	유력한	친절한	독립적인	정돈된
19	이상주의적인	평판이 좋은	쾌활한	솔직한
20	참을성 없는	진지한	미루는	감성적인
21	경쟁심이 있는	자발적인	충성스러운	사려깊은
22	희생적인	이해심 많은	설득력 있는	용기있는
23	의존적인	변덕스러운	절제력 있는	밀어붙이는
24	포용력 있는	전통적인	사람을 부추기는	이끌어 가는

* 앞에서 표시한 항목대로 아래 표에 동그라미를 하시오.

	(D)	(I)	(S)	(C)
1	B	D	A	C
2	A	C	D	B
3	C	B	A	D
4	A	D	C	B
5	D	B	C	A
6	B	A	D	C
7	C	D	B	A
8	B	A	D	C
9	D	A	C	B
10	C	B	D	A
11	A	D	C	B
12	D	C	A	B
13	B	A	D	C
14	C	D	B	A
15	D	A	C	B
16	A	B	C	D
17	B	C	D	A
18	C	A	B	D
19	D	B	C	A
20	A	D	C	B
21	A	B	C	D
22	D	C	B	A
23	D	B	A	C
24	D	C	A	B
합	(　　)개	(　　)개	(　　)개	(　　)개

유형별 토의활동

주제 : 내가 인간관계에서 가장 어려움을 느끼는 사람은?

* 조별로 토의 결과를 소개한 뒤, 다른 조의 발표를 들은 소감을 개인별로 작성하고 이야기를 나눈다.

조별 토의결과	
개인 소감	

활동 02

나의 대인관계 특성

1. (의사소통과 감정 표현 방식을 중심으로) 다른 사람과 관계를 맺을 때 자신의 행동 특성은 무엇인가?

①

②

③

2. (내가 인정할 수 없을지라도) 남들이 자주 지적하는 나의 속성은?

①

②

③

3. 대인관계를 맺을 때 자주 경험하는 자신의 문제 중 고치기가 쉽지 않은 취약점은 무엇인가?

①

②

③

4. 상대하기 어려운(싫어하거나 관계를 맺기 힘든) 사람의 특성은?

①

②

③

제9장
대화법

학습목표

- 효과적 대화의 기본 원칙 3가지를 설명할 수 있다.
- 경청의 기법을 습득하여 의사소통과정에서 경청을 사용할 수 있다.
- I-Message의 기법을 숙지하여 타인에게 I-message 활용하여 말할 수 있다

1 대화

인간은 혼자서는 살 수 없으며 언제나 타인과의 관계를 맺고 집단 속에서 하나의 구성원으로 살아가게 된다. 즉, 인간은 사회적 존재로 다른 사람과 상호작용을 하며 살아간다. 사람과의 상호작용에서 필수적인 요소가 바로 대화라고 할 수 있다.

대화는 말하기와 듣기의 과정으로 우리는 일상생활에서 많은 사람들과 다양한 주제로 대화를 한다. 대화는 정보나 지식을 전달하는 과정이기도 하지만 서로의 감정이나 생각을 교류하는 것이기도 하다. 지식과 정보를 전달하는 대화는 업무와 관련된 경우가 많은 반면 생각이나 감정을 전달하는 대화는 대인관계와 관련되는 경우가 많다. 대인관계는 잦은 만남과 대화를 통하여 서로의 생각과 정서를 이해하는 과정에서 발전한다. 즉, 대인관계를 발전시키기 위해서는 자신의 생각과 느낌을 잘 표현하고 상대방의 생각과 정서를 잘 들어주는 것이 필요하다.

대화를 효과적으로 하기 위해서는 몇 가지의 원칙이 필요하다. 첫째, 상대방의 자존심을 지켜주는 것이다. 자존심을 지켜준다는 것은 무시하지 않고 서로 존중해 준다는 것이다. 둘째, 상대방의 관심을 끌 수 있는 내용을 대화의 주제로 삼아야 한다. 대화는 듣는 사람이 있기 때문에 상대가 무엇을 듣고 싶어 하는지를 파악하는 것이 중요하

다. 아무리 좋은 이야기라고 해도 듣는 사람이 듣고 싶어 하지 않으면 효과가 없다. 따라서 대화의 내용을 어떤 것으로 선택해야 하는지, 듣는 사람이 원하는 주제는 어떤 것인지, 듣는 사람이 어느 수준에 있는지 파악하여 눈높이를 맞추는 것이 중요하다. 셋째, 대화는 서로 말을 주고받는 것이다. 대화는 말하는 사람과 듣는 사람이 있어야 성립된다. '말한다'는 것과 '대화한다'는 것은 다르다. 말은 일방적으로 할 수 있는 것이지만, 대화는 일방적인 행위가 아니다. 대화를 할 때 야기되는 많은 문제점은 대화가 쌍방적 의사소통이라는 것을 망각하는데 있다.

훌륭한 대화는 크게 잘 듣는 것과 잘 말하는 것으로 구성되어 있다. 잘 듣는다는 것은 상대방의 말을 경청한다는 것을 의미한다. 형식적으로 듣거나 표현되는 말 그 자체만 듣는 것은 상대방의 마음을 얻기 어렵다. 상대방이 말하는 의도와 맥락, 그리고 표현되지 않는 것까지 들어주는 경청은 상대방으로부터 신뢰를 얻을 수 있기 때문에 대인관계를 증진시키는 요인이 된다.

또한 잘 말하는 것도 중요하다. 말을 잘 한다는 것은 언변이 유창하다는 것을 의미하지는 않는다. 종종 말을 하다보면 상대방에게 책임을 전가하거나 추궁하는 태도를 가지게 된다. 이는 본의 아니게 말을 잘못하였기 때문이다. 말을 잘 한다는 것은 말을 듣는 사람이 편안하고 수용적으로 말을 들을 수 있도록 하는 것이다. 이러기 위해서는 나-전달법이 중요하다. 내 기분이나 내 느낌 그리고 내 감정을 위주로 말하는 나-전달법은 상대방으로 하여금 추궁 당한다는 느낌이 들지 않도록 함으로써 대화를 깊이 있게 할 수 있게 한다.

읽기자료 효과적으로 대화하는 방법

- 듣는 사람의 입장을 고려해서 말한다.
- 명료하지 않고 애매모호한 말은 삼가고 구체적으로 말한다.
- 듣는 사람이 불쾌감을 느끼지 않도록 적절한 화법을 골라 사용한다.
- 대화를 할 때 언어적인 메시지와 비언어적인 메시지를 일치시켜 말한다.
- 때와 장소를 가려서 이야기 한다.
- 습관적인 말의 사용은 피한다.
- 밝고 명랑한 표정으로 말한다.
- 정확한 발음, 적절한 속도로 말한다.
- 상대방의 흥미를 끌 수 있고 관심 있어 하는 주제를 말한다.

2 대화 촉진 기법

1) 경청

대화를 할 때 상대방을 배려하는 사람은 얼마나 될까? 대화를 하고 있으니 상대방이 자신의 말을 당연히 듣고 있을 것이라고 생각하면 큰 오산이다. 대화는 기본적으로 말하기와 듣기가 있다. '말하기'는 남에게 나를 이해시키기 위한 의사소통의 수단이고, '듣기'는 상대방을 이해하기 위한 길이다. 듣는다는 것은 단순히 소리를 듣는 것(hearing)이 아니라, 상대방이 말하고자 하는 의도를 파악함과 동시에 전달하고자하는 의미를 적극적으로 이해하며 듣는 것(listening)을 의미한다.

바람직한 대인관계의 형성과 발달은 상대방의 이야기를 경청하려는 노력에서부터 시작된다고 할 수 있다. 원만한 대인관계를 맺는 사람들은 듣기와 말하기를 6대4 혹은 7:3의 비율을 사용한다고 한다. 경청은 대화의 기본이다. 대화를 성공적으로 이끌기 위해서는 상대방이 표현하는 언어적 메시지뿐 아니라 비언어적인 메시지와 상대방의 감정, 사고, 맥락 등에 주의를 기울여 상대방이 전달하고자하는 의도를 이해하려고 노력하여야 한다. 이러한 것을 적극적 경청이라고 한다.

적극적 경청이란 상대방이 표현하는 여러 단서들에 주의를 기울여 상대방이 말하는 메시지의 숨겨진 의도까지 파악하고 반응하는 것이다. 적극적 경청은 상대방으로 하여금 자신의 생각이나 감정을 자유롭게 표현할 수 있도록 한다. 적극적으로 경청을 하면 상대방은 자신이 대접받는다는 느낌과 뭔가 통할 것 같은 느낌을 갖게 하여 방어적인 태도를 완화시키고 솔직하게 자신의 의사를 표현하게 한다. 대인관계에서 경험하는 많은 갈등은 상대방의 말을 잘 듣지 않거나 듣는 능력이 없어서 생긴다고 한다. 대화할 때 메시지는 단지 7% 만을 전달할 뿐이고, 나머지 93%는 비언어적 메시지에 의해 전달된다고 한다.

데이비스(K. Davis)는 훌륭한 경청을 위한 십계명을 다음과 같이 제시하였다. ① 말하지 말 것 ② 말하는 사람을 편안하게 해 줄 것 ③ 말하는 사람에게 당신이 그의 말을 듣고 싶어 한다는 것을 보여줄 것 ④ 주의를 산만하게 하지 말 것 ⑤ 말하는 사람과 감정이입을 함께 할 것 ⑥ 인내심을 가질 것 ⑦ 자신의 감정을 억제할 것 ⑧ 항의나 비판에 대해 가벼운 마음을 가질 것 ⑨ 질문을 할 것 ⑩ 말을 멈출 것이다.

읽기자료 경청의 바른 자세

- 팔짱을 끼거나 다리를 꼬는 자세를 피한다.
- 상대방 쪽으로 약간 기울인 자세를 취한다.
- 따뜻하고 부드러운 시선을 보낸다.
- 편안하고 자연스러운 자세를 취한다.
- 진지한 태도를 보인다.
- 잘 듣고 있다는 표시로 고개를 끄덕인다.
- 듣고 있다는 표시로 "아! 그래, 그랬니? 그랬구나, 그래서, 저런" 등의 간단한 언어 표현을 해 준다.
- 말을 중간에서 자르지 않는다.

이건(Egan, 1994)은 대화를 촉진하기 위한 조건으로 관심 기울이기(attending)와 구체성(concreteness)이 중요하다고 강조하였다. 그는 상대방에게 관심을 기울이는 행동을 다섯 가지로 요약하고 머리글자를 따서 SOLER라고 하였다.

첫째, 정면보기(Straight)이다. 상대방을 정면으로 대하는 것이다. 상대방과 정면으로 앉음으로써 자신의 존재를 확실히 알려주고, 상대방이 어떤 이야기를 해도 피하거나 불편해하지 않고 받아들일 수 있다는 비언어적인 메시지를 전달할 수 있다. '눈은 마음의 창'이라고 할 만큼 자신의 내면의 세계를 외부로 드러낸다. 눈을 통해 전달되는 의미와 내용은 개인이 속한 문화나 개인의 특성에 따라 차이가 나게 마련이다. 문화적 배경이나 성격 특성상 정면으로 마주앉는 것이 서로 어색할 경우에는 기역(ㄱ)자 모양으로 비스듬히 앉는 것도 하나의 방법이다. 이때 상대방에게 열심히 귀 기울려 듣고 있다는 관심을 계속 보여주는 것이 좋다.

둘째, 개방적인 자세를 취하기(Openness)이다. 상대방이 말을 하는데 팔짱을 끼거나 몸을 지나치게 뒤로 젖히는 것은 이야기에 몰입하지 않고 방어하고 있다는 의미로 받아들여질 수도 있다. 개방적인 자세를 취하는 것은 상대방의 이야기에 관심이 있음을 나타내는 비언어적인 메시지를 보내는 것으로, 어떠한 이야기도 들을 수 있다는 자세를 보여주는 것이다. 또한 지나치게 몸을 웅크리는 것도 공격적으로 여겨질 수 있다. 팔을 몸 넓이보다 약간 벌린 상태에서, 손을 자연스럽게 탁자나 무릎위에 얹어 놓는 것이 좋다.

셋째, 상대방을 향해 약간 몸을 기울이기(Leaning toward)이다. 대화를 나누다가 상대방이 중요한 이야기를 꺼낼 때는 몸을 약간 기울이는 자세를 취하면 적극적인 경청을 하고 있음을 표현할 수 있다.

넷째, 자연스럽게 눈을 맞추기(Eye contact)이다. 상대방과의 시선의 접촉은 '당신의 말에 관심이 있고, 당신이 하는 말을 듣고 싶다'는 뜻을 전달해 준다. '눈을 보면 그 사람의 마음을 읽을 수 있다'라는 말이 있다. 눈은 대화의 시작을 알리는 기능을 한다. 눈은 상대방의 감정이나 느낌의 변화를 가장 빠르고 정확하게 반영해 주는 곳이다. 서양에서는 대화를 할 때 상대방의 신분과 관계없이 반드시 눈을 마주치는 것이 예의이지만, 동양에서는 웃어른과 대화하면서 눈을 마주치는 것은 예의가 없는 일로 생각해 왔다. 그러나 시종일관 시선을 떨어뜨리는 것보다는 가끔씩 눈을 들어 상대를 바라보며 말하는 것이 좋다.

다섯째, 이완하기(Relaxing)이다. 상대방이 편안하게 이야기할 수 있도록 자신이 먼저 편안한 인상을 주어야 한다. 이를 위해서는 얼굴 표정이 중요하다. 경직된 표정을 짓지 말고 미소를 머금고 편안한 인상을 심어주는 것이 필요하다. 얼굴표정이 굳어 있거나, 주먹을 쥐고 있거나, 앉은 상태에서 다리와 장단지가 이루는 각도가 90이하로 줄여서 발끝을 세우고 있으면 긴장하고 있는 상태이므로 긴장감 해소를 위해 가벼운 농담을 던지는 것도 효과적이다.

읽기자료 적극적 경청의 장점

- 상대방이 말을 잘 들어주면 마음의 문을 열게 된다.
- 상대방이 말을 잘 들어주면 호감을 갖고 좋아한다.
- 상대방이 말을 잘 들어주면 감정적인 문제가 해소가 된다.
- 상대방이 잘 들어주는 것을 보고 배운다.
- 잘 들어주는 사람에게 반항하지 않는다.

2) 공감적 이해

대인관계에 있어서 가장 큰 문제 중의 하나는 상대방의 입장을 이해하지 않고 자기 중심적으로 생각해서 상대방을 무시해버리는 것이다. 이러한 문제점을 해결하기 위한 방법으로 공감적 이해가 있다. 공감적으로 이해를 한다는 것은 나의 관점이 아닌 상대방의 관점으로 문제를 바라보는 것을 의미한다. 공감적 이해는 상대방의 관점에서 상대방의 경험, 감정, 사고, 신념 등의 내면세계를 이해하고 자신이 느낀 바를 다시 전달해 주는 것이다. 상대방을 공감적으로 이해하기 위해서는 자신의 선입견이나 편견을 버리고 상대방을 바라볼 수 있는 것이 필수적이다. 상대방의 내면의 세계를 자신이 경험한 것처럼 공감적으로 이해하는 것은 쉽지 않다. 사람은 누구나 자신을 공감해주는 사람에게 친밀감을 느끼게 된다. 상대방에게 공감적으로 이해 받고 있다는 것을 느끼게 대면 방어적인 자세를 풀고 자신을 더욱 깊이 드러내 보이게 된다.

코미어와 코미어(Cormire & Cormire, 1985)는 공감을 전달하는 방법으로 언어적인 것과 비언어적인 것으로 나누고, 비언어적인 행동을 다음과 같이 구분하였다.

〈표 9-1〉 따뜻함과 차가움을 전달하는 비언어적인 행동

비언어적인 행동	따뜻함	차가움
목소리	부드럽고 위로하는 목소리	냉담하거나 수줍어하거나 딱딱한 목소리
얼굴표정	미소를 띠고 관심을 갖는 얼굴	무관심하거나 인상을 찌푸리며 무표정한 얼굴
자세	이완하여 몸을 상대에게 기울임	긴장돼 있고 몸을 상대로부터 멀어지게 함
눈 맞춤	상대를 바로 쳐다봄	눈 맞춤을 피함
신체 접촉	적절한 시기에 부드럽게 터치함	모든 종류의 터치를 피함
제스처	개방적이고 우호적임	폐쇄적이고 무언가 감추는 듯함
물리적 거리감	가까움	거리를 둠

출처 : 코미어와 코미어(Cormire & Cormire, 1985)

공감적 이해는 크게 지각(perceiving)과 의사소통(communication)의 두 가지 기술을 필요로 한다. 지각은 상대방의 언어적 메시지와 비언어적 메시지 속에 숨겨져 있는 중요한 감정, 생각, 태도, 신념 등을 포착하여 상대방을 공감적으로 이해하고 있다는 것을 인식하는 능력이고, 의사소통은 자신이 파악한 상대방의 감정이나 생각을 상대방에게 전달하는 능력이다. 공감을 한다는 것은 상대의 경험과 감정을 이해할 뿐 아니라, 상대의 경험과 감정을 잘 이해하고 있다는 것을 언어와 태도로 표현해 주어야 한다. 공감적 이해를 잘하기 위해서는 다음과 같은 노력이 필요하다.

첫째, 상대방의 관점에서 이해하여야 한다. 공감을 잘 하기 위해서는 상대방의 말을 자신의 관점에서 이해하기 보다는 상대방의 관점에서 이해하는 것이 중요하다. 아무리 같은 문제라고 해도 처해 있는 상황은 각자 다르다. 자신과 다른 상황의 입장에서 그의 마음을 헤아리는 노력이 필요하다. 상대방의 입장과 의견을 파악하기 위해서는 적극적인 경청이 필요하다. 원만한 대인관계를 유지하는 사람들의 공통적인 특징은 상대방의 입장에 서서 상대방의 마음을 헤아리는 탁월한 능력을 지니고 있다는 것이다.

둘째, 상대방의 이야기 속에 담겨 있는 감정과 생각을 잘 포착하는 것이다. 상대방을 공감하기 위해서는 상대방이 표현한 메시지의 내용뿐 아니라 그 이면에 담겨져 있는 상대방의 기분이나 감정을 이해하려는 노력이 필요하다. 그러기 위해서는 상대방의 입장이 되어보아야 한다.

셋째, 상대방의 감정을 잘 이해하고 자신에게 느껴진 감정을 잘 전달하는 일이다. 상대방의 관점에서 상대방이 느끼고 있는 기분과 감정을 느끼면서 그 느낌을 전달해 주는 것이다. 이러한 공감적 반응은 상대방으로 하여금 자신이 이해받고 있다는 느낌을 전달해 준다. 사람은 누구나 다른 사람에게 이해받고 싶어 한다. 상대방이 자신의 감정을 이해하여 줄 때 진한 감동을 느끼게 된다. 사람은 누구나 아무리 힘들고 어려운 상황에 있어도 자신의 고통을 자신과 같이 느껴 주고 알아주는 사람이 있다는 인식을 갖게 되면 고통을 극복하려는 힘을 얻게 된다. 원만한 대인관계를 위해서 공감적 이해는 필수적이라고 할 수 있다.

상대방을 공감적으로 이해할 때의 반응은 크게 인습적 수준, 기본적 수준, 심층적 수준으로 구분할 수 있다. 인습적 수준은 상대방의 상황이나 의도를 인식하지 못한 채 자기위주의 의사표현을 하는 것이다. 상대방의 언어적 메시지나 비언어적 메시지에 주의를 기울이지 않기 때문에 상대방의 감정이나 생각과 일치된 의사소통을 하지 못한다. 인습적 수준의 공감은 대인관계 형성과 문제 해결에 도움을 주지 못하고 오히려 파괴한다. 기본적 수준은 상대방이 명확히 표현한 내용만을 인식하여 자신이 인식한 바를 표현하는 것을 말한다. 기본적 수준은 상대방의 감정과 사고와 일치된 의사소통을 하지만, 상대방의 내면적 감정이나 사고에는 반응을 보이지 못한다. 기본적 수준은 대인관계는 어느 정도 형성 될 수 있는 기초적인 수준으로서 피상적이고 일상적인 문제 해결이 가능한 수준이다. 심층적 수준은 상대방이 명확히 표현한 내용을 인식할 뿐 아니라 상대방이 미처 표현하지 않은 상대방의 내면적인 감정이나 사고까지 지각하여 표현하는 것이다. 심층적 수준은 문제의 해결뿐 아니라 대인관계를 심화·발전시킬 수 있는 수준이다.

3) 질문

질문을 어떻게 사용하고 주고받느냐에 따라 대화의 방법은 달라진다. 질문을 통해 상대방의 생각을 정확히 파악할 수 있으며, 상대가 어떤 의도를 가지고 있는지, 어떤 입장인지 알아 볼 수 있다.

① 개방적 질문과 폐쇄적 질문

질문에는 개방적(open)질문과 폐쇄적(closed)질문이 있다. 개방적 질문과 폐쇄적 질문의 장단점은 누구나 알고 있지만, 의식적으로 구별하여 사용하는 사람은 없다. 개방적 질문은 일반적이고 폭넓은 대답을 요구하는 질문이다. 이에 반해, 폐쇄적 질문은 폭이 좁고 대답의 범위가 한정되어 있다. 개방적 질문은 상대의 관점, 의견, 사고, 감정까지 끌어내어 많은 정보를 얻을 수 있다. 개방적 질문은 상대로 하여금 자신의 생각을 보다 상세하게 표현할 수 있게 하기 때문에 질문을 통해 얻은 정보로 상대를 충분히 이해할 수 있다는 장점이 있다. 개방적 질문은 대인관계에 바람직한 관계를 형성한다. 개방적 질문의 단점은 대화의 초점이 애매한 상황에서는 대답하기 어렵고, 묻고 싶은 것과 어긋나는 답을 들을 수 있다는 것이다. 폐쇄적 질문의 장점은 구체적인 내용을 담고 있을 때, 듣고 싶은 답이 즉시 나오기 때문에 때로는 유용할 때도 있다. 폐쇄적 질문의 단점은 간결한 반응을 유발하며 명백한 사실만을 요구한다는 것이다. 개방적 질문과 폐쇄적 질문의 장단점을 알고서 상황에 따라 구별해 사용하는 게 좋다.

예) 1. 친구들과 사이좋게 지내는가요? (폐쇄적 질문)
친구들과의 관계는 어떠한가요? (개방적 질문)
2. 리더십 수업방식 마음에 드는지요? (폐쇄적 질문)
리더십 수업방식은 어떠한가요? (개방적 질문)

② 직접적 질문과 간접적 질문

질문에는 직접적 질문과 간접적 질문이 있다. 대화를 할 때 단순한 정보를 제공 받을 수 있는 질문은 직접적 질문이고, 상대방의 감정을 유발할 수 있는 질문은 간접적 질문이다. 직접적 질문은 곧 바로 질문하는 것이고 간접적 질문은 직접적으로 물어보지 않고 어떤 말을 함으로써 넌지시 물어보는 것이다. 직접적 질문은 물음표로 끝내는 것이 보통이지만, 간접적 질문은 그 끝에 물음표가 없는 서술형으로 이루어져 직접적 질문 보다 효과를 볼 수 있다. 물음표가 생략되었음에도 불구하고 분명히 질문을 하는 것이고, 상대의 답변을 요구한다. 간접적 질문은 관심을 보여 주면서도 상대가 질문처럼 느끼지 않는다는 점에서 가치가 있다. 직접적인 질문과 간접적인 질문의 예는 다음과 같다.

예) 1. 주말 어떻게 지냈니? (직접적 질문)
주말 어떻게 지냈는지 궁금하구나.(간접적 질문)
2. 그 상황에 대해서 어떻게 생각하니? (직접적 질문)
그 상황에 대해서 어떻게 생각하는지 궁금하구나.(간접적인 질문)

③ "왜?" 보다는 "어떻게"나 "무엇 때문에" 바꾸기

의사소통을 하면서 질문할 때 가장 많이 사용하고, 질문을 가장 잘 상징하는 단어가 '왜?'라는 단어일 것이다. 그런데 잘못 해석하면 '왜'라는 말의 원래 의미를 왜곡시킬 수 있다. 원래 '왜?'라는 말은 정보를 구하거나 사건 또는 행동의 원인이나 이유를 탐색하는 사용되어야 한다. 질문하는 사람은 '왜?'라고 쉽게 묻지만, 가끔은 대답하기 어려워 공격적이고 비난하는 말로 들릴 수 도 있다. 그 이유는 실제로 자신이 왜 그랬는지 몰라서 당황하기도 하고, 자신의 행동을 부끄러워하고 있을 지도 모른다. 질문을 받고 해석을 어떻게 하느냐에 따라 자신이 잘못했거나, 나쁘게 행동해서 자신을 비난하고, 평가, 변명하라는 뜻으로 왜곡하여 불쾌감을 느끼게 할 수도 있다. 이런 점에서 '왜?'라는 말을 들을 때 자신을 방어하거나, 그 상황을 회피하려 하거나, 혹은 공격적으로 의사소통할 가능성이 있다. '왜?'라는 질문 대신에 '무엇 때문에' 혹은 '어떻게'라는 질문으로 바꾸는 것이 상대방이 자연스럽게 반응할 수 있게 한다. '왜?'라는 질문 대신에 '무엇 때문에' 혹은 '어떻게'라는 질문의 예는 다음과 같다.

예) 1. 너는 왜 동생을 미워하니? (왜 질문)
너는 동생이 어떻게 할 때 밉니? (어떻게 질문)
2. 왜 그렇게 했지? (왜 질문)
무엇 때문에 그렇게 했지? (무엇 때문에 질문)

④ 이중질문 사용금지

이중질문이란 선택 질문으로, 두 가지 내용의 질문을 동시에 하는 것이다. 두 가지 내용의 질문 중에서 하나를 골라서 대답해야 하는데, 어떤 내용에 대해서 반응을 해야 될지 몰라서 당황하게 된다. 이런 경우 듣는 사람이 혼란을 하거나 이해하기 어려울 수가 있다. 질문은 한 번에 한 가지씩 하는 것이 좋다. 이중 질문의 예는 다음과 같다.

예) 영수와 싸운 이유는 뭐니? 지난번에는 철수와 싸웠지? (이중질문)

4) 나-전달법

나-전달법(I-Message)은 주어가 '나'로 시작되는 말하기 방법을 말한다. 나-전달법은 감정의 확인이나 피드백을 효과적으로 주고받기 위해서 사용하는 대화기법이다. 대인관계에서 대화의 주된 걸림돌은 주어가 '너'로 시작되는 너-전달법(You-Message)이다. 많은 사람들은 대화를 시작할 때 '너'를 주어로 한다. 너-전달법은 대화에 많은 부작용을 불러일으킨다. 너-전달법 사용은 첫째, 자신이 받아들일 수 없는 타인의 행동을 주관적이며 감정적으로 묘사하게 된다. 둘째, 주어가 너에게 초점을 두기 때문에 상대방을 비난, 명령, 강요하는 느낌을 준다. 셋째, 상대방이 자신의 행동에 대해 반성하기 보다는 오히려 반감을 불러일으키도록 한다. 아무리 훌륭한 리더라 할지라도 매 순간 자신보다 남을 앞세우며 생활한다는 것은 어렵다. 때로는 자신의 감정을 표현함으로써 스스로는 스트레스를 극복해야 하고, 때로는 과업을 위해서 구성원들에게 자신의 의사를 확고히 밝혀야 할 때가 있다.

너그러운 리더가 되기 위해서 경청과 공감에만 치중한다면 자신의 감정을 돌보지 못해 상처를 입을 수 있다. 상처 입은 상태에서는 조직이나 구성원을 생산적으로 이끌어 갈 수 없다. 훌륭한 리더는 남을 위해 귀를 여는 동시에 자신의 내면의 소리에 귀 기울일 줄 알아야 하며, 자신의 마음을 효과적으로 표현할 줄 알아야 한다. 나-전달법은 자기표현을 가장 효과적으로 할 수 있는 방법이다. 나-전달법은 서로 간에 높은 수준의 신뢰가 있을 경우 가장 효과적이다. 나-전달법을 효과적으로 사용하기 위해서는 문제를 유발시키는 상대방의 행동이 무엇인지, 그 행동이 나에게 어떤 영향을 미치고 있는지, 그 결과에 대해 자신이 어떤 느낌을 가지고 있는지 생각해 보아야 한다.

나-전달법(I-Message) 사용의 원칙으로는 첫째, 문제가 되는 상대방의 행동과 상황을 구체적으로 말한다. 이때, 평가, 비판, 비난의 의미를 담지 말고, 객관적인 사실만을 말하는 것이 좋다. 둘째, 상대방의 행동이 자신에게 미친 영향에 대한 감정을 솔직하게 말한다. 자신의 감정을 말하면 듣는 사람이 자신의 행동을 돌아볼 수 있게 된다. 셋째, 상대방에 대해 내가 바라는 바를 말한다. 이것은 상대방의 행동을 비난하거나 책임이 상대방에게 있다는 느낌을 전하지 않는 것이다.

나-전달법으로 자신의 감정을 표현한 후에는 다시 적극적 경청의 자세를 취해야 한다. 그 이유는 상대방 때문에 자신이 좋지 않은 감정이 생겼다는 이야기를 반복해서 하게 되면 상대방을 일방적으로 공격하는 셈이 되기 때문이다. 또한 상대방의 행동으로 인해 생긴 부정적인 감정만을 강조하지 않는 것도 중요하다. 부정적인 감정과 함께 긍정적 감정도 전하게 되면 상대방이 개방적인 태도를 가질 수 있기 때문이다. 그리고 상대방의 행동 중 무엇이 문제가 되는지 구체적으로 밝히는 것도 필요하다. 문제가 되는 행동을 추상적으로 말하게 되면 상대방은 자신의 행동 중 무엇이 문제인지를 정확하게 인지할 수 없게 되기 때문이다.

활동 01

경청하기

목표

의사소통 중 경청의 바른 태도와 적극적 경청의 실제를 익히고 연습한다.

1. 적극적 경청 구별하기

- (동생이 저녁에 집에 뛰어 들어오면서) 우리 집에 라면 몇 개 있어?
  (a) 3개 있어
  (b) 배가 고프구나, 몇 개 끓여 줄까?

- 형(누나), 이 드라마 계속 볼 거야?
  (a) 지금 내가 재미있게 보고 있는 것 눈에 안 보이냐?
  (b) 다른 것 보고 싶니?

2. 적극적 경청을 위한 준비

타인의 말에 관심을 갖고 들어 주는 적극적 경청을 하기 위해서 필요한 자세나 행동을 찾아 본다.

3. 역할놀이 해 보기

A. 관심을 기울이지 않는 역할 놀이

- 두 사람씩 짝을 지어 앉는다.
- 한 사람은 말하는 사람의 역할을 다른 한 사람은 듣는 사람의 역할을 한다.
- 말하는 사람은 최근 자신의 생활이나 경험한 일 혹은 재미있는 주제를 선택하고 말한다.
- 한 사람은 이야기를 하게하고, 다른 한 사람은 상대방의 이야기에 관심이 없는 척하며 딴청을 피우는 등 다른 행동을 하여 말하는 사람이 기분 나쁘다는 생각이 들도록 행동을 한다.
- 3~4분 정도 이야기를 나눈다.
- 역할을 바꾸어 해보도록 한다.

B. 적극적 경청을 하는 역할 놀이

- 먼저 적극적 경청으로 경청하려면 어떻게 해야 하는지 생각한다.
- 관심 기울이지 않는 역할 놀이와는 반대로 상대방의 이야기에 귀 기울려 듣는다. 이때 듣는 사람은 고갯짓, 미소, 간단한 언어 반응을 하면서 듣는다. (듣는 사람은 질문이나 말은 하지 않도록 함)
- 말하는 사람과 듣는 사람의 역할을 바꾸어 해보도록 한다.

4. 토론 및 발표

자신이 말할 때, 상대방이 관심을 기울이지 않았을 때와 적극적으로 경청 했을 때의 활동을 하면서 느낀점을 이야기 나눈다.

가) 자신이 말을 하는데 상대방이 귀 기울이지 않고 있을 때 어떤 느낌이었나?

____

____

나) 자신이 말을 하는데 상대방이 적극적으로 경청을 해주었을 때 느낀 점은?

____

____

활동 02

공감적으로 이해하기

목표

의사소통의 핵심원리인 공감적 이해의 개념과 수준을 익히고 연습한다.

> 공감적 이해의 세 가지 수준의 대화의 예
>
> 〈예〉 "우리 학교에 친한 친구가 하나도 없어요. 마음 터놓고 이야기할 만한 애가 없어요."
>
> 1) 인습적 수준 : 넌 사교성이 없어서 큰 탈이야.
>   친구 없으면 어때. 대신 공부에 재미 붙이면 되잖아.
> 2) 기본적 수준 : 마음에 맞는 친구가 없어 고민이구나.
> 3) 심층적 수준 : 마음 터놓고 이야기할 친구가 없으니 외롭기도 하고 학교 생활하기도 힘들겠다.
>   마음 터놓고 이야기할 친구가 있어서 깊은 우정도 나누고 학교생활도 생기가 있었으면 하는 마음이구나.

1. 공감 반응 연습

가. "오늘 아침엔 버스가 제 시간에 오질 않아 어쩔 수 없이 지각하게 되었어요."
- 인습적 수준 :
- 기본적 수준 :
- 심층적 수준 :

나. "아무리 제가 잘못했다고 해도 아빠의 그런 말과 행동은 제게 너무 심한 것 같아요."
- 인습적 수준 :
- 기본적 수준 :
- 심층적 수준 :

다. "요즘은 학교 오는 것도 귀찮아요, 산다는 것이 너무 힘들어요."
- 인습적 수준 :
- 기본적 수준 :
- 심층적 수준 :

2. 공감 역할 연습

1) 3명 1조로 집단을 구성하여 각각 말하는 사람, 들으면서 공감반응을 하는 사람, 관찰자의 역할을 맡는다.

2) 말하는 사람은 최근 자신의 스트레스 받은 상황이나 고민 등을 3-5분 정도 말하도록 하고 공감반응을 하는 사람과 관찰하는 사람은 각자의 역할을 한다.

3) 세 사람이 역할을 번갈아 가면서 한다.

4) 각자 경험한 역할에 대한 느낌을 나눈다.

역 할	소 감
말하는 사람	
듣는 사람	
관찰하는 사람	

활동 03

'나-메시지'로 말하기

목표

의사소통을 촉진하는 나-메시지 대화법을 익혀 활용한다.

1. 자신의 가족이나 친구 혹은 다른 대인관계에서 의사소통 후 마음이 좋지 않았던 상황을 생각해 본 후 의사소통에 방해요소가 된 상대방의 말을 적어 보자.

2. 자신의 대인관계에서 자주 사용하는 의사소통 방해요소를 발견해 보자.

3. 다음의 상황에서 I-message를 적용하여 작성해 보자.

- 상황1) 돈을 계획 없이 기분 내키는 대로 쓰고 막상 쓸 돈이 없어 후회하면서 항상 나에게 손을 벌리는 친구에게

- 상황2) 대학생이 되었는데도 일일이 나의 생활을 참견하고 잔소리 하시는 어머니께

- 상황3) 동아리 선배가 도저히 내가 하고 싶지 않은 일을 기어이 시키려 들 때

- 상황4) 방학 때 농활을 가고 싶은데 쓸데없는 일이라고 무조건 반대하시는 아버지께

- 상황5) 자주 경험하는 문제(실제) 상황을 설명해 보자.

  * 상황:

4. 지난 한 주일(달) 동안의 생활 중에서 자신이 사용한 You-message 표현을 5개 작성하고 이를 I-message 표현으로 바꾸어 작성해 보자.

대화중에 사용한(You-message) 말, 표현	I-message로 변화시킨 표현
1.	1.
2.	2.
3.	3.
4.	4.
5.	5.

제10장
갈등 관리

학습목표

- 갈등의 순기능과 역기능을 비교하여 설명할 수 있다.
- 갈등의 유형을 이해한 후, 최근 학습자가 경험한 갈등을 분류할 수 있다.
- 갈등을 관리하는 방법을 습득하여 활용할 수 있다.

1 갈등의 의미

1) 갈등을 바라보는 관점

대인관계에서 갈등은 매우 빈번하게 일어나는 현상이다. 갈등을 성공적으로 해결하지 못하면 관계는 해체되거나 위축된다. 반면에 갈등이 성공적으로 해결되면 관계는 더욱 가까워지고 신뢰가 쌓이며 굳어진다. 갈등은 친밀한 관계에서도, 그렇지 않은 관계에서도 자주 발생한다.

갈등을 바라보는 관점은 시대에 따라서 변화되었다. 갈등을 어떤 관점으로 대하느냐에 따라서 갈등을 해결하려는 시도가 달라진다고 볼 수 있다. 첫째, 고전적인 견해에서 갈등은 나쁜 것으로 인식되었다. 즉, 갈등은 언제나 개인이나 조직에 부정적인 결과를 미치기 때문에 가능하면 회피되고 억제되어야 한다고 믿었다. 둘째, 신고전적인 견해에서는, 갈등이란 개인이나 조직 내에서 자연적으로 일어나고 있는 현상이라고 인식되었다. 즉, 갈등은 피하려고 해도 피할 수 있는 것이 아니며 불가피하게 일어나는 것이므로 그것을 자연스러운 현상으로 수용하여야 한다고 믿었다. 셋째, 근대적 견해에서는 갈등이란 전적으로 좋은 것도 나쁜 것도 아니라고 인식되었다. 갈등은 순기능도 있고 역기능도 있기 때문에 순기능적인 측면을 극대화 하고 역기능적인 측면은 적절하게 조절하는 것이 필요하다고 인식하였다. 즉, 갈등은 해결 절차가 중요하며 그것을 확립하는 것이 필요하다고 보았다.

2) 갈등의 순기능과 역기능

갈등은 순기능을 가지고 있다. 이 관점에서 갈등은 변화의 원동력이 된다. 갈등은 문제가 해결될 수 있도록 그 문제를 표면으로 드러나게 도와준다. 드러난 문제는 해결 가능성이 그만큼 높아진다. 또한 갈등은 관계하는 사람들 사이에 관계 불만족의 만성적인 출처를 찾아내게 도와줌으로써 관계가 긍정적으로 변화할 수 있는 기회를 만들어준다. 연인관계에서 갈등을 경험한다는 것은 서로 갖고 있는 가치관, 욕구, 기대 등이 충돌하는 것이다. 친구관계에서도 서로 의견이 맞지 않아 갈등을 경험하게 되면 서로의 의견을 맞추기 위해 상호간에 노력한다. 그럼으로써 변화를 만들어가면서 관계는 깊어진다.

또한 갈등은 새로운 생각이나 의견의 포용을 통해 성장하게 된다. 갈등은 이제까지 갖고 있던 생각이나 의견이 다른 생각이나 의견을 만났다는 것을 의미한다. 다른 생각이나 의견은 나의 것을 돌아보게 함으로써 새로운 통찰을 제공해주며, 성장할 수 있는 기회를 만들어준다. 갈등은 관계하는 사람들을 더욱 응집하게 해주기도 한다. 갈등을 성공적으로 해결하면 사람들은 서로에 대해 더욱 깊이 신뢰하며 앞으로 마주하게 될 갈등을 두려워하지 않게 된다.

한편 갈등은 역기능도 가지고 있다. 이 관점에서 갈등은 자원을 낭비하게 한다. 한 연구에서는 조직이 갈등을 해결하기 위해 쓰이는 시간이 근무 시간의 총 42%에 달할 수 있다는 보고하였다. 그것을 돈으로 환산하면 엄청난 금액이다. 어떤 예산서에도 갈등으로 인한 비용이라고 기록되어 있지는 않다. 하지만 개인적인 관계에서도, 조직에서도 갈등을 해결하는 데는 엄청난 노력과 시간이 필요하다.

또한 갈등은 인간관계의 악화를 가져온다. 갈등을 경험하면서 효과적으로 해결하지 못하면 인간관계는 신뢰를 잃게 되고 협동하지 않게 된다. 갈등은 서로에 대한 부정적인 감정을 유발하며, 심하면 복수심과 불신을 가지게 된다. 부모 자녀 간에도 갈등이 오래되면 자녀는 부모에게 직접적으로 공격하거나 수동적으로 등교거부나 자해 등을 통해 부모를 공격하기도 한다.

갈등은 조직의 응집성을 약하게 만들기도 한다. 조직은 서로를 신뢰하며 협동하여 서로가 가진 잠재능력을 부추김으로써 시너지 효과를 내야 한다. 하지만 갈등을 겪는 조직은 응집력이 약해지면서 조각조각 파편화 되거나 갈등하는 조직 간의 대립으로 협력이 되지 않는다.

2 갈등의 유형

갈등은 여러 가지 유형으로 분류해볼 수 있다. 여기서는 개인 내적인 갈등과 개인 간의 갈등에 초점을 맞추어서 기술하고자 한다. 어떤 유형의 갈등을 겪고 있는지를 알면 갈등을 해결할 수 있는 방법도 더 쉽게 찾을 수 있다. 개인 내적으로 겪을 수 있는 갈등으로 Neal Miller(1944, 1959)는 접근-접근 갈등, 회피-회피 갈등, 및 접근-회피 갈등을 제시하였다.

1) 개인 내적인 갈등 유형

(1) 접근-접근 갈등

접근-접근 갈등은 두 가지의 매력적인 목표 사이에서 선택을 해야 하는 것이다. 예를 들면 중국집에 가서 자장면도 먹고 싶고, 짬뽕도 먹고 싶어 무엇을 먹을까 선택해야 하는 상황에서 갈등할 때 겪는 갈등이다. 또는 어린 아이가 좋아하는 TV를 보고 있는데, 아버지께서 맛있는 것을 사준다고 지금 나가자고 할 때 아이가 겪는 갈등을 접근-접근 갈등이라고 한다. 이 갈등은 두 가지 중에서 하나만 선택해야 한다는 것이다. 이런 갈등은 고통이 가장 적은 것에 속한다.

접근-접근 갈등은 두 가지 사이에서 무엇을 선택하더라도 긍정적인 결과를 맺기 때문에 무엇을 선택해도 상관은 없다. 하지만 그 상황에 처했을 때는 하나를 선택하고 다른 하나를 포기해야 한다는 것 때문에 아쉽고 아깝다. 그래서 갈등이 된다. 두 가지 모두가 매력적이면 매력적일수록 그래서 하나를 포기하는 것이 더 큰 아쉬움을 남길수록 갈등은 더욱 심해진다.

두 가지 욕구를 다 충족시킬 수 있는 방법을 창조적으로 발견해내면 가장 좋다. 자장면과 짬뽕을 함께 먹을 수 있는 짬짜면이 등장한 것처럼 말이다. 두 번째는 두 가지 욕구를 모두 충족시킬 수 없다면 둘 가운데, 나에게 더 만족시킬 것이 무엇인지를 하나하나 점검해보아서 더 만족감이 큰 것을 선택하는 것이다. 셋째는 그럼에도 불구하고 무엇이 더 좋은지를 알지 못한다면 동전 던지기를 하던지, 제비뽑기를 해서 선택하면 된다.

(2) 회피-회피 갈등

회피-회피 갈등은 두 개의 마음에 들지 않는 목표 사이에서 선택을 해야 하는 것이다. 두 가지 중에 하나는 반드시 선택해야 한다. 예를 들면 이빨이 아파서 치과에 가야 하는데, 치과에 가서 치료받는 것이 너무 두려워 치과 병원에 가기 싫을 때 겪는 갈등이다. 이빨이 계속 아프기도 싫고, 치료하면서 아픔을 겪기도 싫다. 하지만 둘 중에 하나는 반드시 선택해야만 할 때 갈등을 겪게 된다.

회피-회피 갈등은 두 가지 사이에서 무엇을 선택하더라도 부정적인 결과를 맺기 때문에 무엇을 선택해도 부정적인 감정을 경험한다. 두 가지 모두를 선택하지 않고 싶은 마음이 굴뚝같지만 한 가지는 반드시 선택해야 할 때 갈등이 커진다. 두 가지 선택지 모두가 주는 고통이 크면 클수록, 부정적인 영향이 크면 클수록 갈등은 더욱 심해진다.

피할 수 없다면 즐기라는 말이 있다. 제 3의 창조적인 해결방법이 있는지를 찾아보는 것이 중요하다. 둘째는 창조적인 해결법이 발견되지 않을 때, 두 가지 선택지가 나에게 주는 부정적 결과가 무엇인지를 꼼꼼히 따져보고 조금이라도 더 긍정적인 것을 선택하는 것이다. 부정적인 결과를 따져볼 때는 정서적인 고통뿐만 아니라 장기적인 영향력은 무엇이 더 큰지, 다른 것과의 연관성은 어떤 지 등을 면밀하게 따져보는 것이 도움이 된다.

(3) 접근-회피 갈등

접근-회피 갈등은 매력적인 측면과 매력적이 아닌 측면을 둘 다 갖고 있는 하는 목표를 추구할 것인지 말 것인지를 선택하는 것이다. 예를 들면 강아지를 매우 좋아하는 어린 남자아이가 예쁘게 생긴 강아지를 만났다. 강아지에게 다가가서 쓰다듬어 주고 싶지만 물릴까봐 염려가 돼서 접근하지 못하고 있다. 하지만 만져보고 싶은 마음은 커서 돌아가지도 못한다. 뜨거운 감자의 비유가 적당하다. 맛있지만 뜨거운 감자를 잡고 있자니 뜨거워서 놓고 싶고 놓자니 못 먹을까봐 아까워서 놓지는 못하겠고 해서 망설이고 있는 상태에서 경험하는 갈등이다.

접근-회피 갈등은 망설임을 불러일으킨다. 이는 접근에 대한 동기와 회피에 대한 동기가 함께 부딪치고 있다는 것이다. 밀러(Miller)는 접근-회피 갈등 상황에 처해 있을 때 이를 해결하려고 시도할 때는, 접근 동기를 증가시키는데 초점을 맞추기 보다는 회피 동기를 감소시키는데 초점을 맞추어야 한다고 결론을 내렸다. 면접시험을 봐야 하는 상황에서 면접에 합격하는 것의 이점에 대해서 계속 강조하기 보다는 면접의 부정적인 측면에 대한 측면을 무시하고 효과적으로 제거할 수 있는 것에 대해 강조할 때, 망설임은 줄어들면서 결정하고 행동을 취할 것이다.

(4) 이중 접근-회피 갈등

이중 접근-회피 갈등은 접근-회피 갈등이 두 가지 대상에 동시에 적용되어 선택해야 하는 것이다. 예를 들면, 영희에게 A, B 회사에서 모두 스카우트 제의가 들어왔다. 영희는 A, B 회사의 제의를 꼼꼼하게 따져보았다. 그랬더니 A 회사는 연봉에서는 매우 흡족하였으나 근무시간이 너무 많아서 개인적으로 여가를 즐길 수 없었다. 반면에 B는 연봉은 적지만 근무시간은 A에 비해 적어서 여가를 즐길 수 있는 조건이다. A와 B 회사 모두가 긍정적인 측면과 부정적인 측면을 다 가지고 있다. 두 회사의 제의를 모두 놓치고 싶지는 않다. 이런 경우에 경험하게 되는 갈등이 이중 접근-회피 갈등이다.

이 경우에는 개인의 가치관이 선택에서 중요하게 작용한다. 위의 예에서 경제적인 가치를 여가보다 중요하게 생각하는 사람은 A회사를, 반대로 여가 생활을 경제적인 것보다 더 가치 있게 생각하는 사람은 B회사를 선택하게 된다.

2) 개인 간 갈등의 유형

대인관계에서 갈등을 효과적으로 다루려면 당신이 어떤 갈등을 다루고 있는지를 알아야 한다. 베르더버와 베르더버(Verderber & Verderber, 2001)는 다음과 같이 갈등의 유형을 분류하였다.

(1) 거짓 갈등(pseudo-conflict)

거짓 갈등은 갈등이 일어난 것처럼 보이지만 사실 하나의 게임이다. 드라마에서 젊은 남녀가 서로 티격태격 싸우면서 갈등을 보이는 것처럼 보이다가 나중에는 사랑하는 연인으로 발전하는 장면을 종종 보게 된다. 거짓 갈등은 갈등이 있는 것처럼 보이지만 실제 갈등이 있는 것이 아니다. 오히려 상대방에게 관심 있는 마음을 직접적으로 표현하기보다는 간접적인 방식으로 드러내서 자꾸만 상대방이 자신에게 반응하도록 하고, 자신에게 관심을 갖도록 하고자 하는 하나의 게임이다. 이러한 유형의 갈등을 다루는 핵심은 그 게임을 알아차리고 거기에 말려들지 않는 것이다.

(2) 서로 알고 있는 사실이 다른 것 때문에 겪는 갈등

사람들이 서로 알고 있는 사실이 다른 상황에서 겪는 갈등이다. 예를 들면, 사랑하는 연인이 놀이공원에 놀러가려고 계획을 세우는데 놀이공원에 대한 정보(사실)가 서로 달라서 서로가 맞다고 하면서 의견이 불일치 할 때 겪는 갈등을 말한다. 이때는 감정적으로 대응하거나, 누가 옳고 누가 그른가를 따지는데 노력을 기울이기 보다는 사실을 점검하는 것이 좋다. 이때 상대방이 사실을 정확하게 알지 못했다는 것을 비난하거나 무시하게 되면 감정적인 갈등을 겪게 되기 때문에 좋은 관계를 위해서는 주의해야 한다.

(3) 서로 어떤 상황을 다루는 방식이 다른 것 때문에 겪는 갈등

사람들은 특정 상황을 다루는 방식이 서로 다를 수 있다. 예를 들면, 연인관계에 있는 두 사람이 있다. 이들 가운데 한 사람은 직장인이고 한 사람은 학생이다. 이들은 데이트 비용을 서로 반반씩 낼 것인지, 아니면 직장생활을 하는 사람이 돈을 벌기 때문에 어떤 비율로 더 낼 것인지 결정하는데 의견이 불일치 할 수 있다. 이때는 특별한 해결방법이 있는 것은 아니다. 성공적인 해결방법은 두 사람의 감정에 역점을 둔 해결책을 찾는 데 있다.

(4) 서로 중요하다고 믿는 가치가 다른 것 때문에 겪는 갈등

소중하게 여기는 가치관이 다를 때 갈등을 겪게 된다. 이것은 특히 친밀한 관계에서 더 문제가 된다. 부부가 한 사람은 친구관계를 매우 중요하게 여기고, 한 사람은 가족관계에 가치를 많이 두고 산다. 두 사람은 주말에 가족과 시간을 보낼 것인지, 친구와 시간을 보낼 것인지에 따라 자주 다툰다. 가치가 다른 것 때문에 겪는 갈등은 해결되는 것이 쉽지는 않다. 이 갈등이 계속 문제가 된다면 결국 관계는 파경을 맞을 수도 있다. 이 갈등을 해결하기 위해서는 공유하는 제3의 가치를 찾고 그것을 중심으로 관계를 발전시키는 노력이 필요하다.

3 효과적인 갈등 관리 방법

갈등을 좋지 않은 것으로 보고 가능하면 갈등에 직면하지 않아야 한다고 믿는 사람이건, 갈등은 삶에서 생길 수밖에 없기 때문에 잘 해결하면 도움이 된다고 믿는 사람이건 간에 갈등에 직면할 때는 괴롭고 힘들다. 가능하면 갈등은 피하고 싶고, 갈등에서 오는 부담과 괴로움을 회피하고 싶어 한다.

갈등을 회피하면 그 순간은 갈등을 직면하는데서 오는 불편함을 피할 수 있기 때문에 편안함을 경험할 수 있다. 하지만 갈등을 회피하는 것은 또 다른 문제를 양산해낸다.

1) 갈등 회피 싸이클

루로프(Lulofs, 1994)는 사람들이 갈등을 회피하는데 다음과 같은 싸이클을 거친다고 제시하였다.

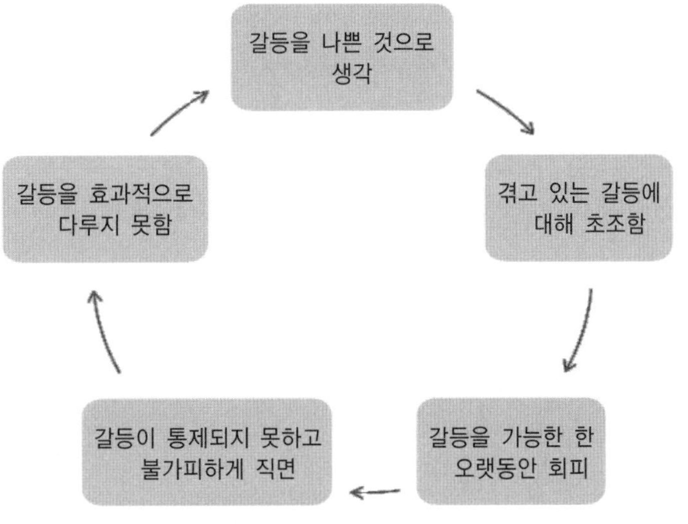

[그림 10-1] 갈등 회피 싸이클

첫째, 사람들은 갈등을 나쁜 것으로 생각한다. 갈등을 겪는 것은 우리가 무엇인가 잘못하고 있는 것이며, 옳지 않은 것을 경험하고 있는 것이라고 믿는다.

둘째, 사람들은 그들이 겪는 갈등에 대해 초조해 한다. 갈등을 겪게 되면 관계가 악화되어 헤어지게 되는 결과를 가져오면 어쩌나 하는 불안감과 초조함을 겪게 된다.

셋째, 그들은 갈등을 가능한 한 오랫동안 회피한다. 따라서 갈등을 드러내지 않고 혼자만 갈등 해결을 위해 노력하거나, 갈등이 있다는 것을 무시하고 우리 관계는 괜찮다고 생각하면서 합리화하려고 한다.

넷째, 그 갈등은 통제되지 못하고 불가피하게 직면된다. 갈등은 주머니 속에 든 송곳과 같다. 감추어 보이지 않지만 그것은 어느 순간에 불쑥 튀어나와 우리를 찌른다. 갈등이 증폭되어 이제는 갈등을 더 이상 묻어두고 있을 수 없게 되는 순간이 온다.

다섯째, 그들은 비효율적으로 직면한다. 갈등을 효율적으로 해결할 준비가 되어 있지 않다. 댐에 구멍이 났을 때 막았어야 하는데 댐이 무너질 때 막으려고 하면 감당이 안 되는 상황을 경험하게 되는 것과 비슷하다. 갈등에 비효율적으로 대처하게 되면, "역시 갈등은 좋지 않은 것이며, 나는 갈등을 잘 해결할 능력이 없다"라는 신념을 강화하게 된다. 그러면 또다른 갈등 상황에서 회피할 가능성이 높아진다.

2) 대인 갈등을 다루는 5가지 방법

사람들은 보통 갈등 상황에 처하게 되면, 다음과 같은 5가지 갈등 해결 방법 가운데 하나를 선택하여 사용한다. 루로프(Lulofs)는 대인 갈등을 다루는 5가지 방법의 기저에는 자신을 만족시키는데 관심을 가지는 차원과 타인을 만족시키는데 관심을 가지고 있는 차원이 있다고 보았다. 이 두 가지 차원이 조합되는 것에서 다음과 같은 5가지 해결방법을 찾아볼 수 있다. 또한 각각은 서로에게 '승' 또는 '패'로 작용하는지를 생각해볼 수 있다.

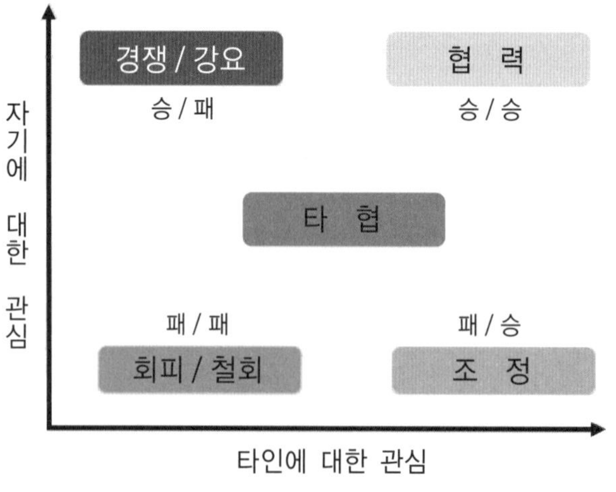

[그림 10-2] 대인 갈등을 다루는 5가지 방법

회피/철회는 자신과 타인에 대한 낮은 관심을 나타내는 사람이 보이는 갈등 대처 방식이다. 이 방법은 갈등은 나쁜 것이며 가능한 한 피하는 것이 좋다는 신념을 가지고 있을 때 사용하는 방식이다. 사람들은 갈등이 생길 때 여러 가지 방법으로 갈등을 회피한다. 갈등이 나타날 때 화제를 바꾸거나, 웃기는 말로 행동으로 초점을 흐리고 넘어가거나, 자리를 뜨거나 뭔가 다른 것에 몰두해 있는 것처럼 보이면서 넘어가거나 하는 등의 방식으로 갈등을 다루려고 하지 않는다. 갈등이 드러나지 않기 때문에 조용해 보이고 관계가 잘 유지되는 것처럼 보일 수 있으나 결과적으로 서로에게 '패'가 되는 방법이다.

조정은 자신에 대한 관심은 낮으며, 타인에 대한 관심이 높은 사람이 보이는 갈등 대처 방식이다. 이 방법을 사용하는 사람 역시 갈등을 불편해하지만 갈등을 무시하지 않고 최대한 빨리 종결지으려고 노력한다. 빨리 종결지으려는 시도로 자신의 주장이나 권리를 내세우기 보다는 상대방의 주장이나 권리를 쉽게 받아들이고 항복하듯이 갈등을 해결하려고 한다. 조정은 자신은 '패'하고 상대방은 '승'하는 갈등 해결 방법이다. 초기에는 유용할지 모르지만 관계가 진척되고 이런 갈등 방법이 자주 사용될수록 관계에서 불균형이 초래된다.

경쟁과 강요는 자신에 대해서는 관심이 높고, 타인에 대해서는 관심이 낮은 사람이 보이는 갈등 대처 방법이다. 이 방법은 타인의 안정과 이익보다는 자신의 것이 더 중요하다고 보고 상대방과 경쟁하고 힘을 사용해서 강요, 강압하려는 방식을 많이 사용한다. 경쟁자인 이들은 자신의 주장과 권리를 관철하기 위해 상대방을 항복시키려는 방법을 사용한다. 자신은 '승'하지만 타인은 '패'하는 게임이다. 친밀한 관계에서 이런 방식이 자주 사용되면 '패'한 사람은 자존감이 떨어지게 되고 관계의 불균형이 초래된다.

타협은 나에게 대한 관심과 타인에 대한 관심이 적당한 사람이, 서로간의 욕구 차이를 인정할 때 사용하는 방법이다. 갈등이 생길 때 서로가 원하는 것을 듣고 서로 부분적으로 만족할 수 있는 부분을 찾으려는 성숙한 노력이다.

협력은 자신과 타인에 대한 관심이 매우 높은 사람이 채택하는 방법이다. 이들은 갈등을 상호간에 해결되어야 할 '우리'의 문제로 인식한다. 서로의 이득이 최대가 되도록 하기 위해 성실하게 노력한다. 서로 양보하고 포기해야 할 문제를 찾는 것보다는 서로에게 가장 좋은 방법을 찾기 위해 노력하는 것이다. 서로에게 '승-승' 할 수 있는 방법이다.

3) 갈등을 생산적으로 다루기

갈등을 생산적으로 다룰 때 갈등의 순기능이 작용하여 갈등은 '우리'에게 도움이 될 수 있다. 갈등을 생산적으로 다루기 위해서는 첫째, 갈등 상황에서 의심스러운 점이 있을 때 그것을 상대방에게 유리한 방식으로 해석해주려고 노력해야 한다. 둘째는 상대방을 동등한 위치로 생각하고 접근하는 것이 좋다. 상대방을 힘으로 내리누르려고 한다거나, 권위를 가지고 압력을 가한다거나 하는 것은 갈등 해결에 도움이 되지 않는다. 존중하는 태도로 상대방에게 동등하게 접근해야 한다. 셋째는 갈등을 이기려고 경쟁하는 태도로 접근하기 보다는 문제를 협동적으로 해결해야 할 상호적 문제로 규정하는 것이 좋다. 넷째는 충분한 시간을 갖고 갈등 해결에 임해야 한다. 갈등에 대해서 서로 얘기를 나눌 때는 전화나, 타인의 등장, 업무로 방해받지 않고 충분히 대화할 수 있는 시간과 장소를 정해서 임하는 것이 도움이 된다.

대인 갈등을 더 생산적으로 다루는 데 도움이 되는 지침은 첫째, 갈등 관계에 있는 사람과 대화할 때는 정직하고 개방적이어야 한다. 둘째, 상대방의 문제에 대해 언급할 때는 문제가 된 특정한 행동만을 언급하라. 그 사람의 성격적인 문제와 과거에 있었던 문제까지 싸잡아서 언급하지 않도록 주의하라. 셋째, 상대방을 자극할 수 있는 단어 사용을 피하라. 갈등 상황에서는 한마디 단어로도 격양될 수 있다. 화해적인 제스처를 사용하라. 넷째, 상대의 체면을 살려주어야 한다. 우리나라는 '체면' 문화를 가지고 있다. 그러므로 막다른 길로 몰지 말라. 다섯째, 나 전달법을 사용하라. "당신이 나를 미치게 만들어요" 대신에 "내가 화가 나요"라고 말하는 것이 좋다.

당신이 관리자라면 갈등을 생산적으로 해결하는 것은 더욱 더 중요한 과제가 된다. 갈등 해결 노력은 갈등을 완전히 피할 수는 없지만 최소한 그로 인한 부정적 결과는 최소화할 수 있도록 한다. 관리자로서 당신은 첫째, 조직에 속한 사람들과 평상시 관계를 긴밀히 유지하는 것이 좋다. 감정계좌에 잔고를 많이 남겨야 한다. 갈등이 생겼을 때 그것을 해결하려고 노력하는 것은 많은 시간과 노력이 필요하지만 성과는 상대적으로 적다. 갈등이 생기기 전에 좋은 관계를 맺어서 신뢰를 높여놓는 것이 무엇보다 중요하다고 볼 수 있다. 그러기 위해서 평상시 그들의 장점과 잘하는 것 등을 관찰하고 긍정적인 피드백을 하는 것이 좋다.

둘째, 동료들끼리 갈등을 겪고 있을 때, 또는 조직과 갈등에 있을 때 언제든지 찾아와 이야기할 수 있는 분위기를 만들어 주어야 한다. 갈등은 초기에 발견되고 효과적으로 대처하게 되면 더욱 쉽게 해결될 수 있다. 산불이 초기에 발견되고 소화되는 것이 좋은 것과 같다. 갈등을 혼자서만 다 해결하려고 노력하기 보다는 관리자인 당신에게 가지고 와서 의논하는 것이 더 나은 방법이라는 것을 알도록 도와주는 것이 좋다.

셋째, 갈등의 원인을 직간접적으로 분석하여, 갈등에 대한 이해를 높인다. 갈등에 대해 충분히 이해할수록 더욱 효과적으로 해결할 수 있다.

활동 01 갈등 해소를 위한 역할극

목적

역할극을 통하여 갈등 상황을 이해하고 갈등 해결 방안을 모색한다.

방법

다음 두 사례 중 하나를 선택하여 팀별로 역할극을 실시한다.

진행순서

1. 두 사례를 읽고 적합한 사례를 선택한다.
2. 사례의 내용에 이어서 갈등을 해소할 수 있는 방안을 조별로 연구한다.
3. 사례의 내용과 갈등 해소 과정을 포함하여 역할극의 시나리오를 작성한다.
4. 조별로 배역을 정하여 역할극을 준비한다(대사는 자유롭게 할 수 있으며 소품을 적극 활용한다).
5. 역할극을 마친 후 조별로 소감을 나눈다.

사례1 : 아버지의 분노

등장인물 : 아버지(50세), 어머니(48세), 아들(19세), 딸(21세), 할아버지(78세)

> 아들은 고3이며 대학 입시를 앞두고 있다. 열심히 공부를 하여도 성적이 오르지 않아 대입에 자신이 없다. 반면 아버지는 아들이 좋은 대학에 입학하기를 희망하고 있으며 여러 가지 지원을 하고 있다. 공부에 실증이 난 아들은 저녁이면 시내 PC방을 전전하며 게임을 하고 밤에는 자기 방에서 아버지가 동영상 강의를 들으라고 사준 PMP로 뮤직 비디오, 축구, 방송 프로그램만 시청하고 있다. 어느 날 밤 10시경 시내 PC방에서 게임을 하고 나오던 아들은 퇴근하던 아버지와 마주치고 말았다. 아버지는 아들을 데리고 PC방에 들어가서 얼마나 자주 자기 아들이 여기에 오는지를 확인한 결과 6개월 정도 거의 매일 PC방에서 게임을 하였다는 사실을 알게 되었다. 함께 집으로 온 아버지는 당장 공부를 때려 치라면서 아들에게 화를 내기 시작하였으며 아들은 집을 뛰쳐나갔다.

사례2 : 씁쓸한 동아리

등장인물 : 철수(동아리 회장, 3학년), 영수(친교 부장, 2학년), 신영(2학년), 한영(1학년)

OO 대학교에 영어 학습 동아리가 있다. 영어 학습을 목적으로 모인 동아리이지만 회원간 단합을 위해 매년 정기적으로 1박2일 산행을 하고 있으며, 이 행사는 친교부장을 중심으로 진행된다. 친교부장은 회장과 협의하여 산행 날자와 산행 장소를 정하였고 준비물의 목록도 만들었다. 그리고 부원들에게 준비할 내용을 할당하였다. 회원 12명이 즐거운 마음으로 산행을 출발하였다. 그러나 저녁이 되어 야영을 준비하면서 문제가 생기기 시작하였다. 텐트를 준비하기로 한 신영이 텐트를 가져 오지 않은 것이었다. 영수는 분명히 신영이에게 텐트 준비를 부탁한다고 말을 하였으나 신영이는 들은 바가 없었다고 하였다. 철수는 영수에게 일을 멍청하게 하였다고 비난하였고, 영수는 신영이에게 내가 분명히 말을 하지 않았느냐면서 화를 내었다.

역할극 활동 보고서 (별칭/이름 : ______________)

☆ 이 활동에서 나의 역할 :

☆ (자신이) 잘 한 점 :

☆ (자신에게) 아쉬운 점 :

* 조원들이 서로 작성해 줍니다.(조원에 대해 새롭게 알게 된 점이나 느낀점, 배울점 등)

★ 역할극을 통해 느낀 점 ★
☞
☞
☞
☞
☞
☞

제11장
대학생과 이성 관계

학습목표

- 사랑의 의미를 이해하고 설명할 수 있다.
- 사랑의 과정을 이해함으로써 성숙된 사랑을 할 수 있는 능력을 기른다.
- 이별의 의미를 이해하고 나만의 건강한 이별방법을 찾을 수 있도록 한다.

1 사랑의 의미

동서고금을 막론하고, 과거와 현재를 총망라하여 사랑은 가장 중요한 예술과 문학의 주제였다. 사랑은 사람들이 인간관계에서 경험할 수 있는 가장 열정적이고 오묘하며, 모든 사람들이 동경하는 관계이다. 로미오와 줄리엣, 이도령과 성춘향의 사랑 이야기는 젊은 청춘들의 가슴을 동경과 안타까움으로 물들게 한다. 사람들은 열정적인 낭만적인 사랑을 꿈꾼다.

'사랑은 천국과 지옥을 왕복하는 열차의 승차권'이라는 말이 있다. 사랑은 기쁨과 슬픔, 행복과 불행, 환희와 고통을 좌우하는 가장 중요한 요인이다. 사랑이란 이성관계에서 경험하는 감정이다. 이성 관계에서 성숙한 사랑을 하게 되면 기쁨과 행복, 환희를 경험하겠지만, 성숙하지 못한 사랑을 경험하게 되면 슬픔과 불행, 고통을 경험하게 된다. 이성과 사랑을 나누며 천국에 있고자 한다면 사랑이란 야생마에 대해 이해하고 있어야 한다. 그리고 야생마를 길들이는 수고를 기꺼이 해야 한다.

하지만, 사랑을 정확하게 정의 내리기는 참 어렵다. 사랑을 매우 그리워하고 매우 만나고 싶어하지만, 아이러니 하게도 사랑에 대해서는 아는 것이 별로 없는 것이 실정이다. 사랑을 신비한 것으로 남겨두려는 낭만적인 태도가 있기 때문일 것이다. 1960

년대에 미국 의회에서는 사랑에 대한 연구를 금지해야 한다는 의견이 제시된 적이 있다고 한다. 그 이유는 사랑이 과학적으로 해부되어 낱낱이 알려져 버리면 인간의 삶이 너무도 무미건조해질 것이라는 염려 때문이었다고 한다.

1) 사랑의 의미

스탠버그(Stenberg)는 사랑은 열정, 친밀감, 책임이라는 세 가지 요소로 구성되어 있다고 주장한다. 사랑은 이 세 가지 요소가 적절하게 조합되어야 성숙한 사랑으로 자라게 된다고 보았다.

사랑의 세 가지 요소 중 열정(passion)은 뜨거운 감정이다. 열정은 사랑에 빠진 사람을 흥분시키고 들뜨게 하고 사랑하는 사람과 한시도 떨어지고 싶지 않으며, 사랑하는 사람과 하나가 되고 싶어 하는 강렬한 마음을 불러일으킨다. 열정은 사랑의 동기적인 측면이다. 열정은 여타의 인간관계와 사랑을 다르게 만드는 가장 핵심적인 요인이다. 열정이란 불꽃은 만남의 초기부터 급속도로 가열될 수 있다. 하지만 열정은 오래도록 지속되기 어렵다. 열정은 시간이 지남에 따라서 친밀감이나 책임감으로 변화되는 것이 일반적이다.

반면, 친밀감(intimacy)은 익숙함이며 편안함이다. 친밀감은 서로를 잘 이해하고, 가깝고 편안하게 느끼는 것, 의사소통이 원활하고 지지받는다는 느끼는 것을 말한다. 친밀감은 사랑의 정서적인 측면이다. 친밀감은 사람을 편안하고 안정감 있게 만드는 특성이 있다. 친밀감은 지속적인 만남을 통해 상대방을 신뢰하게 될 때 만들어지는 느낌이다. 그래서 친밀감은 만나면서 서서히 증가하는 경향이 있다.

책임(commitment)은 사랑하는 사람과 사랑의 약속을 지키겠다는 선택이자 결정이며 책임의식이다. 책임은 사랑의 인지적 측면이다. 책임이 구체적으로 나타나는 것은 약혼과 결혼이다. 사랑에 대한 약속은 고백이나 반지 등의 상징적 행위를 통해 이루어진다. 이것은 신뢰감의 기초를 이룬다. 사랑에 대한 책임은 상대방에 대한 헌신과 돕는 행동 등을 통해서 지속되며 확인된다.

열정만 있는 사랑은 불꽃처럼 빠르게 가까워지지만 열정이란 불꽃이 그렇게 오래 지속될 수 있는 것이 아니다. 나이가 들어가면서 신체적 매력은 떨어지며, 서로에 대해 알아갈수록 신비로움은 사라진다. 또한 서로에 대해 책임져야 할 것이 많아질수록 열정은 식게 된다. 열정이 친밀감과 책임이란 요소로 뒷받침되지 않으면 관계는 깨뜨려지게 된다.

열정이 불꽃이라면 책임은 불꽃을 담아두는 등잔이라고 볼 수 있다. 책임이란 등잔에 열정이 활활 타오르며 친밀감이란 기름이 지속적으로 제공될 때 사랑은 유지되고 발전하게 된다. 이 가운데 어느 것 하나만 있어도 온전한 사랑이 되지 못한다. 젊을 때는 열정이 더 없이 중요하지만 나이를 먹어갈수록 친밀감과 책임이 중요해진다.

2) 사랑의 유형

Lee(1977, 1988)는 사랑의 유형을 6가지로 구분하였다. 그것은 낭만적 사랑, 우애적 사랑, 유희적 사랑, 실용적 사랑, 이타적 사랑 및 소유적 사랑이다. Lee는 앞의 세 가지 사랑을 일차적 사랑으로 보았으며, 뒤의 세 가지 사랑을 일차적인 사랑 요소들이 혼합된 것으로 보았다.

낭만적 사랑은 로미오와 줄리엣, 이몽룡과 성춘향의 사랑에서 볼 수 있듯이 열정과 욕망이 매우 중요한 요소가 되는 사랑이다. 낭만적 사랑을 하는 사람은 사랑하는 사람에 대해 지속적으로 생각하며, 그 사람과 하나 되고 싶은 강한 열망을 느낀다. 주로 신체적인 매력에서 출발하며, 사랑하는 사람을 위해서라면 무엇이든지 다 불태울 수 있을 것 같은 느낌을 갖는다. 낭만적 사랑은 성적인 요소가 많이 개입된다. 사랑의 열병을 겪는 것이 바로 이 낭만적인 사랑이다.

우애적 사랑은 친밀감이 주된 요소가 된다. 우애적 사랑은 낭만적 사랑처럼 불타오르는 뜨거움보다는 서서히 만들어져서 오래도록 지속되는 편안한 사랑이다. 친구처럼 지내다가 사랑하는 관계로 발전하면서 나타나는 사랑이다. 주로 관심과 취미 등이 비슷한 사람들이 함께 생활을 공유하면서 친밀감을 발달시키며, 친구처럼 우정을 나누듯이 사랑을 나눈다. 결혼생활의 후반으로 갈수록 서로에게 친밀감을 느끼는 우애적인 사랑이 중요해진다.

유희적인 사랑은 재미와 쾌락을 중요하게 여기는 사랑으로, 플레이보이들이 나타내는 사랑에서 그 예를 찾아볼 수 있다. 유희적인 사랑은 사랑하는 사람에 대한 책임에는 관심이 없고 사랑이 주는 열망과 재미를 중요하게 여긴다. 자유롭게 사랑하고 싶어하며 책임을 지는 일이 생기는 것을 싫어하여 장기적인 계획을 세우기를 바랄 때 사랑을 그만두고 다른 사람을 찾아 떠나는 경향이 있는 사랑이다.

실용적 사랑은 관계가 주는 기능적인 면을 중요하게 여기는 합리적인 사랑이다. 실용적 사랑을 하는 사람은 불꽃같은 열정에 치우치기 보다는 관계가 안정적일 수 있도록 상대방의 성격, 교육수준, 경제적 상태, 종교, 취미 등의 조건을 이성적으로 고려하여 자신과 조건이 적합한 사람을 선택한다. 우리나라에서 이루어지는 '선'이나 '중매'

등이 예가 될 수 있다. 소개를 통해서 서로의 조건이 적합한 사람을 만나서 사랑을 시작하여 연애를 통해 상대방에 대한 애정과 책임이 생기게 되는 경우이다.

이타적인 사랑은 무조건적이고 헌신적으로 상대방을 지원하고 보살피는 사랑이다. 이타적인 사랑은 상대에게 사랑받기 보다는 상대가 필요한 것을 파악하여 자신이 줄 수 있는 경제적 심리적 사랑을 주는 것이다. 이런 종류의 사랑은 헌신성이 가장 중요한 덕목으로, 진정한 사랑이란 자신보다는 상대의 행복과 성취라고 믿는다. 이타적 사랑의 대표적인 예는 어머니의 사랑이라고 볼 수 있다. 간혹 자신은 사랑받을 만한 가치가 없다고 믿는 낮은 자아존중감의 소유자들이 사랑받기 위해서는 다 주어야 한다고 믿어서 자신은 제대로 대우받지 못하면서도 헌신하는 경우도 이타적 사랑의 모습을 보일 수 있다.

소유적 사랑은 상대방에 대한 강렬한 집착을 중요한 요소로 하는 강렬한 사랑이다. 소유적 사랑을 하는 사람은 사랑이란 상대방을 소유하거나 자신이 상대에게 소유당하는 것이라고 믿는다. 이들은 상대방이 자신의 소유라고 생각될 때 편안함과 강한 열망을 느낀다. 하지만 상대방이 자신의 소유가 아니라고 생각될 때는 깊은 절망감과 분노, 우울을 느낀다. 사랑을 확인하기 위해서 노력하고, 사랑이 떠나가지 않을까 불안해하며 의심한다. 사랑을 얻기 위해 헌신적으로 노력하지만, 상대방이 떠나려는 움직임이 포착되면 배신감에 분노하고 증오한다. 사랑하는 사람이 배신한다고 느끼고 상대방을 폭행하고 살해하는 극단적인 경우가 예가 될 수 있다.

2 사랑 여행의 시작과 종결

사랑이란 특별한 여행의 시작과 종결에 대해 알아보자. 사랑하는 사람이 일반적으로 겪는 시작과 끝의 단계를 아는 것은 매우 유용하다.

1) 사랑하기의 발전단계

사랑은 만남에서 시작한다. 일반적으로 만나서 서로 마주치고 접촉하면서 첫인상을 형성한다. 상대방의 외모에 대해 끌리고, 상대방의 활동과 성격에 호감을 갖게 되어 상대방에 대해 알고 싶은 마음이 생기는 첫인상(first impression)의 단계에서 사랑은 시작된다. 그 뒤에는 상대방과 객관적인 정보를 나누고, 피상적이지만 개인적인 정보를 나누며 자신에게 관심이 있는지 등을 탐색하고, 상대에게 좋은 인상을 주기 위해 노력하는 지향(orientation) 단계를 거친다. 만남이 잦아지고 상대방이 자신에 대해 호감이 있다고 느껴지면 상대방에 대한 호감 이상의 초보적인 애정이 생기게 된다. 대화의 양도 많아지고 깊어진다. 상대방이 자신을 사랑하는지 거부하는지에 관심이 높아진다. 매우 불안정한 시기로 사랑 고백을 할 것인지 말 것인지를 고민한다. 이 시기가 탐색적 애정교환(exploratory affective) 단계이다. 이 단계를 지나면 서로 애인으로서 교류하게 된다. 더 확실한 방법으로 애정을 표현한다. 빈번한 데이트가 이루어지고 더 많은 선물과 이벤트가 제공된다. 하지만 이 시기는 아직 상대방에게 자신의 약점이 보이지나 않을까 조심하고 상대의 사랑을 확인하고 신뢰감을 형성하려고 노력하는 시기로 애정 교환(affective exchange) 단계에 해당한다. 마지막으로 안정적 교환(stable exchange) 단계를 거치면서 더 안정적으로 사랑을 표현한다. 자신의 약점과 단점도 더 편안한 마음으로 두려움 없이 보이기도 하고 상대의 소유물을 더 편안하게 사용하기도 한다. 흔히 이 시기에 결혼에 대한 약속도 하는 시기이다.

사랑의 단계가 진전될수록 정서적 개입이 더 많이 되기 때문에 헤어짐은 더 큰 상처가 된다. 사랑은 헤어짐에서 오는 상처를 받아들일 각오가 되어 있는 사람만이 할 수 있는 것이라고 한다. 헤어짐에서 오는 상처를 받아들일 용기 있는 사람이 더 깊은 단계로 사랑을 진전시키며 사랑할 수 있는 것이다.

2) 더 깊은 관계로의 발전

사랑이 시작되어 더 깊은 관계로 발전해가는 데는 몇 가지 요인이 중요하다. 이것은 대부분의 인간관계에서 관계가 깊어지는데 필요한 요소와 비슷하다. 사랑이 더 깊은 관계로 발전하기 위해서는 자기공개, 정서적 지지와 공감, 즐거운 체험의 공유, 현실적 도움의 교환 등이 있어야 한다.

사랑하는 두 사람 사이에 자기공개가 성공적으로 이루어지면 관계는 더 깊어진다. 자기공개는 서로 적절한 정도를 적절한 시기에 맞추어 하는 것이 중요하다. 한 사람은 자기에 대해 깊이 있게 공개하는데 다른 한 사람은 자기공개를 하지 않으면 두 사람의 관계는 더 이상 발전하지 않는다. 더 많이 공개한 사람은 손해 보는 느낌이 들고 상대방이 자신을 신뢰하지 않는다고 느끼기 쉽다. 반면에 상대방이 받아들일 준비가 되지 않았는데 너무 깊고 많은 자기공개를 하면 상대방은 관계에 부담을 느끼게 된다. 서로 조금씩 맞추어서 깊이 있는 자기공개를 하는 것이 좋다.

사랑의 진전에는 정서적 지지와 공감이 중요하다. 기쁨은 나누면 두 배가 되고 슬픔은 나누면 반이 된다고 한다. 사랑하는 사람과 함께 나누는 기쁨과 슬픔은 더 큰 기쁨과 더 큰 위안이 된다. 반면에 사랑하는 사람에게 정서적 지지와 공감을 받지 못하면 관계는 오래 지속되지 않는다.

즐거운 체험을 공유하는 것도 사랑의 진전에 중요한 요소이다. 연인끼리 즐거운 시간을 보내면서 행복한 추억을 많이 간직할수록 두 사람의 관계는 더 굳건해진다. 따라서 서로 함께 공유할 수 있는 취미나 여가 생활을 개발하는 것이 좋다. 여행, 영화보기, 놀이공원 가기 등 함께 할 수 있는 시간을 마련하여 함께 즐기며 추억을 쌓는 것이 사랑의 진전에 도움이 된다.

현실적 도움을 주고받는 것도 사랑하는 감정의 표시이다. 서로 학업을 도와준다거나, 심부름을 해주거나 어려운 일이 있을 때 도와주는 등 현실적 도움을 주는 것은 서로를 더욱 가깝게 느끼도록 도와준다. 도움을 주고받는 것은 서로를 필요한 존재로 여기게 하는데 도움이 된다.

사랑의 진전에는 육체적 관계도 포함된다. 육체적 관계는 연인관계에서 매우 중요한 요소가 된다. 성적 접촉은 서로를 더 가깝게 느끼도록 하며 더 큰 책임감을 느끼도록 한다. 성적으로 어디까지 교류할 것인지를 서로가 깊게 상의하며 책임 의식을 가지는 것이 필요하다.

3) 사랑의 붕괴와 종결

시작이 있으면 끝이 있다. 시작된 사랑이 모두 유지되는 것은 아니다. 중간에 서로 합의하에 또는 합의하지 않은 채로 끝을 맺는다. 사랑의 불꽃이 사그라지는 것, 사랑이 끝나는 것은 매우 힘겨운 정서적 아픔을 남긴다. 사랑이 붕괴되는 이유는 여러 가지가 있다. 일반적인 이유에는 다음과 같은 것이 있다.

첫째는 사랑하는 사람에 대한 호감과 매력이 상실되는 경우이다. 사랑이 시작되는 주된 이유는 상대에 대한 호감과 매력 때문이다. 신체적인, 성격적인 이유로 시작된 호감과 매력이 열정에 불을 댕겨서 사랑이 시작되었는데 점차로 친밀감은 더 쌓일 수 있으나 열정은 줄어든다. 그러면 이성 관계는 종결을 맺을 수 있다. 따라서 초기의 열정을 잘 유지할 수 있는 것이 필요하며, 열정을 뒷받침할 수 있는 친밀감과 책임 있는 행동을 꾸준히 쌓는 것이 필요하다.

둘째는 호감과 매력을 느끼는 또 다른 연인이 등장하는 것이다. 사랑하는 사람에 대한 호감과 매력이 떨어져서 사랑이 식는다고 느껴질 때 관계를 바로 정리하는 것은 쉽지 않다. 이때 또 다른 매력 있는 사람이 등장하여 호감을 느끼고 사랑하는 감정이 생기면 이전의 관계를 정리하고자 하는 동기와 용기가 상승하여 헤어짐으로 가는 경우가 많다. 이런 이유 때문에 사람들은 사랑하는 사람이 다른 이성에게 호감과 매력을 느끼는 것은 아닌지 끊임없이 살피고, 다른 사람에게 관심을 보이면 질투한다. 이는 사랑을 지키려는 시도라고 볼 수 있다.

셋째는 부모님을 비롯한 가장 가까운 사람의 반대로 인한 이별이다. 서로 사랑하지만 부모님이 공부해야 한다, 부모님의 마음에 들지 않는다, 상대방의 가정이 마음에 들지 않는다, 등 부모님의 강력한 반대에 부딪쳐서 사랑을 그만두는 경우도 있다. 부모님의 반대가 거세고 자녀에 미치는 영향력이 거세며, 자녀가 자기 주장하는 힘이 약할수록 사랑은 붕괴되기 쉽다. 극단적인 경우에 자녀는 부모냐 애인이냐를 선택하도록 강요받을 수도 있다.

넷째는 지리적으로 떨어져 있어 만남의 기회가 적어질 때이다. 두 사람 중 한 사람이 유학이나 이민, 취업, 군대 등의 이유로 지리적으로 떨어질 때 상호작용할 수 있는 기회가 상실된다. 서로 만나지 못하면 그리움과 아쉬움이 많아지고 외로워지게 된다. 또한 떨어진 사람이 변화된 환경에 적응하느라 상대에 대한 관심을 기울여주지 못하고 소홀하게 되면 사랑이 붕괴될 가능성이 더욱 높아진다. 이때 호감과 매력을 느끼는 또 다른 사람이 등장한다면 원래의 사랑은 붕괴되고 또 다른 관계가 만들어지게 될 가능성이 높아진다.

다섯째는 갈등을 효과적으로 해결하지 못할 때이다. 사랑하는 관계가 깊어질수록 더 많이 교류하고 더 깊은 정서가 개입된다. 그러면 서로에 대한 현실적, 심리적 요구가 어떤 관계보다 높아진다. 그러나 사랑하는 사람 사이에서 서로의 요구를 충족시켜 주지 못할 때 다툼이 잦아진다. 다툼으로 인한 갈등을 성공적으로 해결하지 못하면 연인관계는 붕괴된다. 서로 친하게 지낼 때는 별로 문제가 되지 않으며 행복하다고 느낄 것이다. 하지만 다툼과 갈등이 생겼을 때 성공적으로 해결하지 못하면 부정적인 감정이 두 사람 사이에 쌓이게 되면서 열정과 친밀감이 손상된다. 갈등 자체가 문제가 아니라 갈등을 해결할 의지가 감소되며 오해와 불신이 커져서 사소한 사건에도 더 큰 다툼과 갈등이 발생한다는 것이 더 큰 문제가 된다. 따라서 갈등을 성공적으로 해결할 수 있는 갈등해결 방법을 배우고 활용하는 것이 필요하다.

여섯째는 사랑을 주고받는데 적정한 균형이 유지되지 않는 경우이다. 성인 간의 사랑은 주고받는 관계이다. 부모님과 자녀의 사랑처럼 일방적으로 주고, 일방적으로 받아도 유지되는 사랑이 아니다. 사랑하는 행동은 시간과 노력, 금전적인 투자가 필요하기 때문에 그 행동 자체로 행복하지만 뭔가 보상이 필요하다. 그 보상은 상대방으로부터 사랑받는 경험이 될 것이다. 그런데 두 사람 사이에 한 사람은 더 많이 주고 한 사람은 적게 주면서 불균형한 사랑의 거래가 이루어지면 사랑에 더 많이 투자한 사람에게는 불만이 쌓이게 된다. 불균형한 관계가 오래도록 지속되면 사랑하는 관계는 다툼과 갈등이 많아지면서 위기에 봉착할 가능성이 있다. 예를 들면 데이트를 할 때마다 한 사람이 모든 비용을 내게 된다면 경제적인 부담이 커질 것이다. 한 사람은 부정적이고 힘든 감정을 표출하며 의존하고 한 사람은 계속 들어주고 위로해주고 지원해주는 역할을 계속 한다면 관계는 왜곡되고 불균형한 관계는 붕괴될 가능성이 높아진다. 사랑은 주고받는 것이, 투자와 보상이 균형 있게 이루어질 때 행복하다.

3 실연 – 사랑의 상처 극복 방법

사랑하는 사람들이 합의에 의해서든 강제적으로 헤어지든 실연은 매우 고통스럽고 불행한 일이다. 실연은 사랑하는 두 사람 사이에 한 사람의 일방적인 요구로 일어나는 경우도 있으며, 두 사람이 사랑을 종결하기로 서로 합의하고 헤어지는 경우도 있으며, 당사자의 의사와 관계없이 부모님이나 상대의 지리적 이동, 사망 등으로 벌어지는 경우도 있다. 어떤 방식으로 실연을 맞이하게 되더라도 실연은 많은 상처를 남긴다.

특히 헤어짐을 예상하지 못했을 때 상대방의 일방적인 요구와 결정으로 실연하게 된 경우에 실연의 상처는 더 크고 고통스럽다. 사랑하는 사람에게 마음으로 물질적으로 투자를 많이 했는데 거부당했을 경우에 실연의 상처는 깊다. 특히 이미 사랑하는 관계가 많이 진척이 되었고 주변의 친밀한 사람들에게 사랑하는 관계가 많이 알려져 있을 때, 애인관계 이외에 다른 정서적 지지를 받을 수 있는 관계가 적을 때 실연의 아픔은 더욱 크다. 상대방이 거부한 이유가 자신의 외적인 이유 때문일 때는 자아존중감의 손상이 적지만 성격이나 능력, 외모와 같은 내적인 이유 때문에 헤어지게 되면 자아존중감의 손상이 상대적으로 커서 실연의 아픔에서 회복하는데 더 힘들게 된다.

실연을 겪은 사람들의 반응은 사람에 따라 다양하게 나타난다. 실연한 사람들이 보이는 일반적인 정서적 반응은 우울이다. 헤어짐에 따른 슬픔과 우울이 나타난다. 헤어진 사람에 대한 분노를 경험하기도 하고, '더 잘할 걸' 하는 후회의 감정을 갖게 된다. 실연을 한 사람은 우울, 분노, 후회의 감정과 함께 부정적인 생각이 많아져 삶에 회의를 느끼고, 사람들에 대해 믿지 못하고 실망하는 경향을 많이 보이기도 한다. 부정적인 생각을 멈추고 싶어도 잘 멈추어지지 않는 경향이 있으며 주의 집중이 잘 되지 않는다. 또한 행동적으로도 학업이나 직업 활동에 대한 흥미가 떨어지고, 사람들을 만나는 것도 회피하고 칩거를 하는 경우도 많다. 과도한 음주나 게임, 도박, 쇼핑 등에 빠짐으로써 부정적인 생각과 정서를 떠올리지 않으려는 시도를 하기도 한다. 생활에 일시적인 부적응을 겪게 되기도 하는데, 많은 사람은 시간이 지나면서 자신의 노력으로, 주변 사람의 지원으로 조금씩 상처에서 회복해가며 일상생활에 적응해간다. 하지만 일부 사람은 실연의 상처를 극복하는데 실패하고 부적응자로 남게 되기도 한다.

실연을 극복하는 것은 행복한 생활을 위해 매우 중요하다. 실연을 극복하기 위해서는 먼저 자신이 실연의 상처로 슬퍼하고 아파한다는 사실을 자각하고 인정하는 것이다. 실연을 인정할 때 현실을 받아들이게 되고 극복하고자 하는 의지가 생기게 된다.

둘째는 슬픔과 분노, 후회, 아픔을 충분히 느끼고 아픈 만큼 아파하는 것이다. 충분히 아파하면 아픔은 왔다가 간다. 하지만 아파하지 않으려고 하면 자꾸 자꾸 떠오른다. 충분히 아파하면 강물이 흘러 지나가듯 실연의 고통도 지나간다.

셋째는 가능하면 일상적인 생활에서 벗어나는 것이 좋다. 여행을 떠나는 것도 좋은 방법이다. 이때 사랑하는 사람과 함께 여행했던 곳보다는 새로운 곳이 더 좋다. 함께 여행했던 곳은 추억이 묻어있어 실연의 아픔에서 벗어나는데 도움이 되지 않는다.

넷째는 실연의 원인과 과정, 결과에 대해 차근차근 생각해본다. 이 과정은 실연에 대한 정서적인 고통에서 어느 정도 벗어난 후에 인지적인 생각이 될 수 있을 때 할 수 있다. 실연의 이유에 대해 차근차근 생각하면서 사랑하는 관계에서 자신의 욕구와 행동, 관계 맺는 방식들에 대해 더 많은 것을 배울 수 있다. 아픈 만큼 성숙해진다고 한다. 아픈 경험을 인지적으로 차분하게 정리해볼 때 다음 사랑하는 기회에 더 성숙한 사랑을 나눌 수 있다.

마지막으로 실연의 아픔에서 벗어난 후에 일상적인 생활로 돌아온다. 학생은 학업에 전념하고, 직장인은 직무를 수행하며, 대인관계가 다시 시작된다. 그동안 소홀했던 삶의 여러 영역에 관심을 기울여서 그 공백을 메워 나가려는 노력을 하는 것이 필요하다.

활동 01

이성교제의 유형

목적

사랑에 대한 자신의 특성을 이해하고 건강한 이성교제를 준비할 수 있도록 한다.

1. 다음 문항들을 읽고 자신에게 해당하는 문항에 O표를 하시오.

문항 번호	문항 내용	응답
1	나는 '첫 눈'에 반한다'는 것이 가능하다고 생각한다.	
2	나는 한참 시간이 지난 다음에야 비로소 내가 사랑하고 있음을 알았다.	
3	두 사람 사이의 일이 잘 풀리지 않으면 나는 소화가 잘 되지 않는다.	
4	먼저 좋아하는 마음이 얼마 동안 있은 다음에 비로소 사랑이 생기게 되는 것이 원칙이다.	
5	애인에게 나의 태도를 불확실하게 해 두는 것이 언제나 좋다.	
6	우리가 처음 키스하거나 볼을 비볐을 때 나는 성기에 뚜렷한 반응이 오는 것을 느꼈다.	
7	전에 연애 상대였던 사람들 거의 모두와 나는 지금도 좋은 관계를 유지하고 있다.	
8	애인을 결정하기 전에 먼저 인생 설계부터 잘 해 두는 것이 좋다.	
9	나는 연애에 실패한 이후 너무 우울해져 자살까지도 생각해 본 적이 있다.	
10	나는 사랑에 빠지면 너무 흥분되어 잠을 이루지 못하는 때가 있다.	
11	애인이 어려운 처지에 빠지면, 비록 그가 바보처럼 행동한다 하더라도 힘껏 도와주려고 노력한다.	
12	애인을 고통받게 하기보다 차라리 내가 고통 받겠다.	
13	연애하는 재미란 두 사람의 관계를 발전시키면서 동시에 내가 원하는 것을 거기서 얻어내는 것을 시험해보는 데 있다.	
14	사랑하는 애인이라면 나에 관해서 다소 모르는 것이 있다 하더라도 그것 때문에 속상해 하지는 않을 것이다.	
15	비슷한 배경을 가진 사람끼리 사랑하는 것이 가장 좋다.	
16	우리는 만나자마자 서로가 좋아서 키스를 했다.	
17	애인이 나에게 관심을 보이지 않으면 나는 온 몸이 쑤시고 아프다.	
18	애인이 행복하지 않으면 나는 결코 행복해질 수 없다.	
18	제일 먼저 나의 관심을 끄는 것은 그 사람의 외모다.	
20	최상의 사랑은 오랜 기간의 우정으로부터 싹튼다.	
21	나는 사랑에 빠지면 다른 일에는 도무지 집중하기 힘들다.	
22	그의 손을 처음 잡았을 때 나는 사랑의 가능성을 감지했다.	
23	나는 어떤 사람과 헤어지고 나면 그의 좋은 점을 발견하려고 무진 애를 쓴다.	

문항 번호	문항 내용	응답
24	나는 애인이 다른 사람과 같이 있는 것 같은 생각이 들면 도저히 견딜 수 없다.	
25	나의 이성 친구 두 사람이 서로 알지 못하도록 교묘하게 재주 부린 적이 있다.	
26	나는 매우 쉽고 빠르게 사랑했던 관계를 잊을 수 있다.	
27	애인을 결정하는데 가장 우선해서 고려해야 할 점은 그가 우리 가정을 어떻게 생각하는가 하는 것이다.	
28	애인이 원하는 것을 위해서라면 나는 기꺼이 애가 원하는 것을 희생할 수 있다.	
29	배우자를 결정하는데 가장 우선해서 고려해야 할 점은 그가 좋은 부모가 될 수 있는지 여부이다.	
30	키스나 포옹이나 성관계는 서둘러서는 안 된다. 그것은 친밀해지면 자연스럽게 이루어지는 것이다.	
31	나는 매력적인 사람과 바람피우는 것을 좋아한다.	
32	나와 다른 사람들 사이에 있었던 일을 애인이 알게 된다면 속상할 것이다.	
33	나는 연애를 하기 전부터 나의 애인이 될 사람의 모습을 분명히 정해놓고 있었다.	
34	만일 나의 애인이 다른 사람의 아기를 갖고 있다면 나는 그 아기를 내 자식처럼 키우며 사랑할 것이다.	
35	우리가 언제부터 사랑하게 되었는지 정확히 알 수 없다.	
36	나는 결혼하고 싶지 않은 사람과는 진정한 사랑을 할 수 없을 것 같다.	
37	나는 애인이 다른 사람에게 관심을 가진다면 참을 수 없을 것 같다.	
38	내가 애인에게 방해물이 된다면 차라리 그를 포기하겠다.	
39	나는 애인의 것과 똑같은 옷, 모자, 자전거 등을 갖고 싶다.	
40	나는 연애하고 싶지 않은 사람과는 데이트도 하고 싶지 않다.	
41	우리의 사랑이 끝났다고 해도 그를 다시 보면 옛날 감정이 되살아 날 것 같다.	
42	내가 가지고 있는 것은 무엇이든지 애인이 사용해도 좋다.	
43	애인이 잠시라도 나에게 무관심해지면 나는 그의 관심을 끌기 위해 정말 바보 같은 짓을 할 때가 있다.	
44	깊이 사귀고 싶지는 않아도 어떤 상대가 나의 데이트 신청에 응하는지를 시험해 보는 것은 재미있다.	
45	상대를 선택할 때 고려해야 할 중요한 점 하나는 그가 나의 직업을 어떻게 생각하는가이다.	
46	만나거나 전화한지 한참이 지났음에도 연락이 없다면 그럴만한 이유가 있기 때문일 것이라고 생각한다.	
47	깊이 사귀기 전에 아기가 생길 경우 그의 유전적 배경을 생각해본다.	
48	가장 좋은 연애관계란 가장 오래 지속되는 관계이다.	

2. 다음 문항 번호의 개수를 세어 보시오.

문항번호	갯수	이성교제의 유형
1, 6, 16, 19, 22, 31, 33, 39		낭만적인 사랑
2, 4, 7, 20, 30, 35, 47, 48		우애적인 사랑
5, 13, 14, 25, 26, 32, 43, 44		유희적인 사랑
8, 15, 27, 29, 36, 40, 45, 46		실용적인 사랑
11, 12, 18, 23, 28, 34, 38, 42		이타적인 사랑
3, 9, 10, 17, 21, 24, 37, 41		소유적인 사랑

3. 나의 이성 교제 유형의 특징을 찾으시오.

위 표에서 가장 많은 수에 해당하는 것이 자신의 이성 교제 유형이다. 같은 유형에 속한 사람끼리 모여 다음의 주제를 토의한다.

* 토의 주제

- 내가 꿈꾸는 이성 친구
- 이성친구가 생기면 하고 싶은 일
- 내 이성 교제의 한계점

4. 토의 내용을 정리하여 발표하시오.

참고자료

이성교제의 유형에 대한 설명

1. 낭만적인 사랑

① 로맨틱하고 성적인 사랑

② 독특하고, 특별하고, 심리적으로 각성시키고, 성적인 충동을 유발하며, 상대방에 대해서 관여적이고, 떨어져 있는 동안 상대방을 그리워하고 잘 지내기를 바라며, 상대방을 이상화하는 경향이 높음

③ 사랑하는 속도가 매우 빠르며, 상대방에 대한 감정이 강렬하고, 그러한 감정들이 자신의 전체 생활을 지배

④ 이성보다는 감성이 앞서고, 오직 한 사람, 단 한 번의 사랑이라고 믿으며, 다른 사람에 대해서는 배타성이 강함

⑤ 상대방에게 모든 것을 요구하거나 기대하고, 숙명적, 운명적인 만남임을 믿음

2. 우애적인 사랑

① 친근감, 편안함을 느끼고, 서로 도움을 주고받는 사이

② 상대의 약점과 강점도 있는 그대로 받아들이는 사이

③ 하루라도 못 보면 살 수 없을 정도의 열정은 없을지라도 오래된 친구 같은 사이

④ 상호 깊게 신뢰하고 상대방에 대한 요구가 과하지 않은 사이

3. 유희적인 사랑

① 사랑을 정서적인 관계에서 승리하는 것, 시합하는 것으로 여김

② 상대방의 욕구나 입장에는 관심이 별로 없으며, 자기만족을 중요시 여김

4. 실용적인 사랑

① 자신들의 배경과 취미, 가치, 개성 등에 따라 사랑

② 사랑하는 방식이 사려 깊고, 상황과 조건에 따라 참고 견디는 사랑

③ 서로 사랑을 주고받는 공정거래가 깨어지게 되면 많이 갈등함

④ 끝까지 사랑을 실현하는 이들에게는 상당한 인내심 요구

⑤ 사랑한다 하더라도 부모에게 잘하지 못하는 사람, 부모 마음에 들지 않는 사람과는 연애하지 않겠다는 이성적인 결정

5. 이타적인 사랑

① 헌신적이고 무조건적인 수용과 배려를 아끼지 않는 사랑(아가페적인 사랑)

② 상대의 기쁨과 행복을 위해서 자신의 고통이나 희생을 감수하는 사랑

6. 소유적인 사랑

① 극단적인 감정에 휘말려 사랑의 노예가 되고 마는 사랑

② 상대를 완전히 소유했다고 여기면 흥분과 환희로 잠 못 이루게 되는 반면, 상대를 소유하는 것에 실패했다고 여기면 극단적으로 분노하고 절망감을 느낌

③ 서로가 상대방으로부터 버림받지 않으려고 하며, 상대방의 행동 하나하나에 몰두하고, 사소한 변화에도 과민하게 반응

제4부

조직 리더십

제12장
팀 리더십 개발

학습목표

- 팀의 의미와 유형을 이해하여 설명할 수 있다.
- 팀의 형성 과정을 이해한 후, 그 과정에 입각하여 팀을 구성할 수 있다.
- 팀 구성원으로서의 역할을 학습하고 역할 수행을 할 수 있는 능력을 기른다.
- 팀 리더십을 개발하는 방법을 학습하여 실천할 수 있다.

1 팀의 의미와 유형

1) 팀의 의미

팀은 우리가 일상생활에서 흔히 사용하는 용어이다. 그래서 사용하는 사람마다 팀이라는 용어에 대한 이해가 서로 다르며, 팀 워킹(team working)과 혼용하여 사용하기도 한다. 그러나 보다 과학적으로 접근해보면 팀은 하나의 도구이며, 다음과 같이 정의할 수 있다.

팀은 공동의 목표에 근거한 의미 있는 결과를 도출하기 위하여 그들의 개인적 기술과 능력을 조화롭게 혼합하여 모든 책임을 공유하면서 함께 일하는 사람들의 집단이다(Baguley, 2003).

이 정의에서 보면 팀에는 공동목표, 바람직한 결과 추구, 각 개인능력의 조화, 책임 공유, 공동 작업 등의 핵심요소가 있다는 사실을 알 수 있다. 많은 연구를 종합하여 보면, 학교에서든 일의 현장에서든 가장 효과적인 팀의 특성을 다음과 같다(Smith, 2004).

- 긍정적 상호의존성(positive interdependence) : 팀은 공동목표 또는 한 가지 결과를 추구한다.
- 개인 및 집단책무성(individual and group accountability) : 팀 구성원은 자신의 일뿐만 아니라 팀의 작업에 대해서 책임감을 갖는다.
- 촉진적 상호작용(promotive interaction) : 팀 구성원은 실제로 면대면(face to face)으로 작업을 한다.
- 팀워크 기술(teamwork skills) : 팀 구성원은 효과적인 의사소통, 의사결정, 문제해결, 갈등관리, 리더십 등의 기술을 가지고 있어야 한다.
- 집단과정(group processing) : 팀은 정기적으로 얼마나 잘 수행되고 있는지, 문제해결이 잘 되고 있는지를 점검하여 함께 성찰할 수 있어야 한다.

2) 팀의 유형

카첸바크와 스미스(Katzenbach & Smith, 1993)는 팀의 유형을 네 가지로 분류하였다.

첫째는 가짜 팀(pseudo team)이다. 이 팀은 함께 일을 하고 있지만 그렇게 일하는 것에 흥미가 없는 팀이다. 그들은 서로 다른 평가를 받는다고 믿고 있고, 때로는 정보를 서로 숨기고 있으며, 갈등이 야기되고, 리더가 잘못 이끄는 경우가 발생하고, 서로의 학습에 방해나 장애가 되기도 한다. 이러한 팀원들은 팀보다는 차라리 혼자 작업을 하는 편이 나을 것이다.

둘째는 잠재 팀(potential team)이다. 이러한 유형의 팀에서는 구성원에게 과제가 부여되지만 아주 작은 부분의 일만 함께 한다. 이들은 그룹의 구성원으로서가 아닌 개인으로 평가되거나 보상받는다고 생각한다. 그래서 각자의 일이 어떻게 수행되었는지를 명확하게 한다. 그들은 서로의 정보를 요구하지만 동료를 가르친다는 동기를 가지고 있지는 않다. 협동과 공유가 최소한으로 일어나며, 팀 전체의 수행능력은 어떤 학생에게는 잠재능력 이상이 되기도 하지만, 집중력이 높은 학생들은 개인적으로 더 나은 성취를 가져올 수도 있다.

셋째는 실제 팀(real team)이다. 이 팀은 함께 일을 부여받고 복잡한 과제와 다양한 관점이 요구되는 과제를 수행하며, 구성원들은 그 과제들을 반드시 수행한다. 그들은 팀의 성공이 개인의 성공이라고 믿고 있으며, 긍정적인 생각과 상호의존이 크다. 이 팀은 공동목표를 갖고, 개별적 책무를 잘 수행하고 있으며, 면대면 상호작용이 활성화되며, 팀 개발기술과 리더십이 강조되고, 과제 수행결과를 얼마나 효과적으로 잘 수행했는지를 평가한다. 이러한 특징으로 학습의 질과 팀워크 과정의 지속적인 개선이 이루어진다.

마지막은 최고 팀(high performance team)이다. 이 팀은 협동학습 집단의 모든 조건을 만족한다. 협동학습 집단과 다른 점은 각 팀 구성원의 과제 수행과 집단의 성공 수준이다. 이 팀은 정서적으로 매우 강한 애착을 갖고 있으며, 서로 신뢰할 뿐만 아니라 존경한다. 팀 구성원의 서로에 대한 관심과 최고의 수행결과를 만들어 낸다. 기대 이상의 결과뿐만 아니라 즐거움을 주는 과제를 수행한다.

카첸바크와 스미스는 팀을 이렇게 구분한 다음 실제 팀과 최고 팀의 공통적 특성을 조사하였다. 모든 실제 팀에는 상호책임감을 가지며 공동 목표, 수행 목표, 접근 하는 보조적 기술을 가진 소수의 사람들이 있다. 한편 최고 팀에는 실제 팀의 모든 조건을 충족시키고, 다른 사람들의 개인적 성장과 성공에 깊이 관여하는 팀 구성원이 있다는 점이 다르다고 하였다(Smith, 2004).

2 팀의 발달 과정

팀의 발달과정은 일반적으로 형성기(forming), 격동기(storming), 규범기(norming), 수행기(performing), 휴지기(adjourning)의 5단계로 나누어진다(Stewart, Manz & Sims. jr, 1999). 그러나 학자에 따라 휴지기를 제외한 4단계로 제시하기도 한다. 많은 팀들이 이 5단계를 거쳐 발달하지만 팀에 따라 어느 한 단계를 건너뛰기도 한다. 또한 팀마다 각 단계에서 지속 시간이 다르게 나타난다. 극단적으로 이러한 절차를 거치지 않은 팀도 있을 수 있다. 그렇지만 팀 발달의 기본 다섯 단계는 팀 발달과정을 기본적으로 이해하기에 충분한 이론이다. 이 다섯 단계의 특징은 다음과 같다.

1) 형성기

팀 발달의 첫 번째 단계는 형성의 단계이다. 이 단계는 집단에서 각 개인이 처음 만날 때 이루어지며 각 개인은 팀 구성원에 대한 인식을 처음으로 하게 된다. 형성기 초기는 염려의 단계로 나타난다. 팀 구성원은 다른 구성원들이 자신에게 어떻게 반응할지 확실하게 알 수 없다. 정확히 말하자면 팀 구성원은 자신에게 기대하는 것이 무엇인지, 팀의 과제를 어떻게 성취하고 진행할지에 대하여 주저하고 있을 것이다.

이 단계에서 모든 개인은 일반적으로 최상의 행동을 하지만, 거기에는 서로의 신뢰와 편안함을 막는 주목할 만한 긴장이 있다. 이러한 긴장은 팀 구성원이 함께 일하면서, 그들 사이에 정보를 서로 공유하면서 해소된다. 대체로 이 단계에서는 다음과 같은 중요한 질문을 하게 된다(Baguley, 2003).

- 우리는 왜 여기에 있는가?
- 수행할 내용은 무엇인가?
- 우리는 함께 일을 할 수 있는가?
- 어떻게 그것을 성취할 수 있는가?
- 어떻게 일을 조직해야 하는가?
- 이 팀에서 내가 무엇을 할 수 있는가?

또한 이 단계에서의 좋은 징후와 나쁜 징후는 〈표 12-1〉과 같다. 형성기에서 나타나는 좋은 징후는 많은 대화, 개방적이고 신뢰감 있는 토의, 친해지려는 노력 등이다. 반면 이 단계에서 나타나는 나쁜 징후는 보호적이며 중립적인 태도, 과제에 대한 형식적 접근 등이다. 결국 이 단계에서는 일차적인 사회적 접촉이 중요하며 침묵은 최악의 징후이다.

〈표 12-1〉 형성기 단계에서의 좋은 징후와 나쁜 징후

좋은 징후	나쁜 징후
• 많은 대화와 잡담 • 개방적이고 신뢰감 있는 토의의 시작 • 친해지기	• 사회적인 대화가 부족, 침묵은 최악 • 보호적, 중립적, 사려 깊은 집단토의 • 과제나 팀의 실제적 접근이 빈약함

2) 격동기

팀의 격동기 단계에서는 흔히 팀 구성원 간의 갈등이 나타난다. 이 단계에서 팀 구성원 간의 의견 불일치와 논쟁이 시작된다. 이 단계에서는 팀 일원으로서 개인적 욕망을 자제할 줄 아는 자세가 필요하다.

격동기 단계에서 나타나는 갈등은 바람직하지 않지만, 팀 과정을 관찰하는 연구자들은 개인적 문제를 초월하여 조직 문제를 쟁점으로 한 갈등상황은 팀에 도움을 주는 측면이 있다고 보고하고 있다. 팀 구성원들은 거의 항상 의견 불일치를 보인다. 적절한 갈등 상황은 타협의 과정으로 이끌 수 있다. 갈등 상황이 거의 초래하지 않는다면 문제에 대한 해결 없이 개인적 견해 차이를 무시하고 넘어가는 결과를 낳는다. 그러나 너무 많은 갈등은 그 갈등이 영구적인 갈등으로 발전하여 팀에 치명적 결함을 주게 된다. 이 단계에서의 좋은 징후는 긍정적 갈등 문제 해결 노력, 서로 다른 견해의 수용 등이고, 문제를 간과하거나 도피하는 것은 나쁜 징후이다.

〈표 12-2〉 격동기 단계에서의 좋은 징후와 나쁜 징후

좋은 징후	나쁜 징후
• 긍정적 갈등과 문제 해결 노력 추구 • 서로 다른 견해를 수용하는 태도 • 과제와 문제에 대한 현실주의	• 팀 문제를 간과하는 시도 • 비현실적인 기대 • 현실도피

3) 규범기

대부분의 팀은 격동기 단계를 극복하고 규범기 단계로 들어간다. 규범기 단계는 팀 구성원이 함께 소속감을 갖기 시작하는 단계이다. 이러한 연합은 팀 구성원들이 함께

일할 수 있는 편안한 느낌을 갖게 한다. 팀 구성원은 강한 소속감으로 팀과 함께 정체감을 갖게 된다. 팀의 응집력의 증대가 이 발달 단계에서 가장 중요하다.

응집력은 목표 달성을 위해 함께 일하는 팀 구성원 사이의 강한 결합력으로 정의된다. 역사적으로 팀의 바람직한 응집력에 대해서 많은 논쟁이 있었다. 어떤 사람들은 고도의 응집력은 개인을 포기해야 하는 강한 구속력 때문에 오히려 역기능이 나타난다고 주장한다. 응집력의 가장 부정적인 결과는 팀 사고(team think)가 아닌 집단 사고(group think)가 지배하게 되는 경우이다. 이 집단 사고는 집단 안에서 강한 응집력이 중요한 기준으로 적용될 때 비효과적인 집단 결정을 내리게 된다. 어떤 강한 응집력을 가진 집단에서 개인은 팀 구성원이 아니라 집단의 일원으로 인식된다. 이때 집단의 리더는 매우 강한 카리스마를 가진다는 특징이 있다. 따라서 개인이 집단 안에서 보다 대안적이고 생산적인 사고의 제시를 꺼려하게 되는 결과를 초래한다.

또한 규범기 단계는 팀의 규범을 개발하기 때문에 매우 중요한 단계이다. 규범은 팀 행동을 조정하는 공식적인 규칙이다. 팀의 규칙은 팀의 중요한 영역에서 뿐만 아니라 관련이 적은 영역에서도 개발된다. 특히 문화적 규범이 중요하다. 규범은 명문화된 규칙으로 나타나기도 하지만 구성원들 사이의 암묵적 합의나 공유된 가치에 기반을 둔 비형식적인 문화적 규범으로 나타나기도 한다. 문화적 규범은 팀원들의 행동을 일정한 방향으로 유도할 수 있으며 개인과 팀을 일체화 시키는 기능을 가지고 있다.

팀의 규범은 함께 목표를 달성하는 능력을 증대시킨다. 팀 구성원은 생산성의 수준을 향상시키기 위한 비형식적 규칙을 확립할 지도 모른다. 이러한 규칙은 질 높은 과제 수행을 촉진시키는 긍정적 영향을 주기도 하지만, 결과를 제한하는 부정적인 영향도 초래한다. 하지만 규범은 어떤 경우든지 팀의 목표 달성을 돕고, 팀 구성원 간의 문제를 해결하는 데 도움을 준다. 이 단계에서는 의무와 리더십을 공유하고, 적절한 도구와 기법을 활용하고, 공동 목표와 일정에 가치를 두는 것이 중요하다.

〈표 12-3〉 격동기 단계에서의 좋은 징후와 나쁜 징후

좋은 징후	나쁜 징후
• 의무와 리더십을 공유하는 것 • 절절한 도구와 기법을 활용하는 경우 • 공동 목표와 일정에 가치를 두는 것	• 타당한 이유 없이 다투거나 화내는 것 • 전체 조직에서 팀 자체가 분리된 의식 • 팀 내부에서 하위 팀이 분열되는 것

4) 수행기

팀의 수행기 단계는 공동 목표를 달성하기 위하여 팀 구성원들이 시너지를 살려 일할 때 나타난다. 모든 팀이 이 단계에 도달하는 것이 아니지만, 여기에 도달한 팀들은 높은 생산성을 나타낸다. 이 단계에서는 팀이 활용하는 시간을 확대해야 한다. 다음은 팀의 시간 관리를 개선하기 위한 지침이다(Stewart, Manz, & Sims, 1999).

- 팀의 과제 수행 시간이 부족하며 시간이 소중하다는 인식을 한다.
- 깨끗하고 정리가 잘된 작업환경을 갖춘다.
- 최상의 작업능률을 발휘할 수 있는 시간대를 인식하고 이를 적용한다.
- 팀의 목표를 확인하기 위한 계획안을 개발한다.
- 가장 우선순위가 높은 과제에 에너지를 집중한다.
- 자투리 시간을 효율적으로 활용한다.

효과적인 시간 관리는 생산성과 직결된 것으로 매우 중요하다. 팀의 의사결정을 강화하는 새로운 전략인 팀 사고를 추구해야 한다. 팀 사고의 특징은 집단 사고와 대조적으로 나타난다. 〈표 12-4〉에서와 같이 팀 사고는 개인적 견해 존중, 관례의 탈피, 아이디어의 개방적 표현, 팀의 윤리적 의사결정 등을 특징으로 한다.

〈표 12-4〉 집단 사고로부터 팀 사고로 전환하기

집단 사고		팀 사고
• 팀은 일체감에 집착한다. • 팀은 그들이 실패할 수 있다고 믿는다. • 팀 안에서의 사회적 압력은 서로 다른 견해를 방해한다. • 팀은 도덕성을 무시하기도 한다. • 관례를 통하여 인식한다. • 팀 구성원은 자기 검열을 강화한다. • 외부정보에 정신적 보호막을 친다.	→	• 팀은 팀 구성원의 개인적 독특함을 인식하고 가치를 부여한다. • 팀은 그들의 한계와 위협을 이해한다. • 개인적 견해를 존중한다. • 팀은 윤리적 도덕적 의사결정을 인식한다. • 관례를 따르지 않는다. • 팀 구성원은 개방적으로 관심과 아이디어를 표현한다. • 집단 밖의 사고도 추구한다.

많은 연구들은 동일한 팀에서도 과제 수행의 질이 일관되게 유지되지 않는다는 사실을 보여준다. 보통은 과제의 마감 시간에 임박하여 과제 수행을 집중적으로 한다. 이는 부실한 과제 수행 결과를 초래하는 원인이 된다. 따라서 수행에에는 시간 관리와 과제 진척도 관리가 자율적으로 일어나야 한다. 수행기에서는 자율적 또는 자기 관리에 의한 과제의 진척, 의무의 공유, 팀 자체의 동기부여 등이 좋은 징후이며 과대하게

높은 수준의 목표 설정, 습관적인 일 처리, 일정 관리의 소홀, 활력의 소진 등은 나쁜 징후이다.

〈표 12-5〉 수행기 단계에서의 좋은 징후와 나쁜 징후

좋은 징후	나쁜 징후
• 자율적 과제의 진척 • 의무의 공유 • 팀 자체의 동기 부여	• 과대한 야망 • 습관적인 일 처리와 과제 소홀 • 활력의 소진

5) 휴지기

팀 발달의 마지막 단계는 휴지기이다. 휴지기는 팀이 해체되거나 팀 구성원이 다른 팀으로 옮겨가는 경우이다. 때때로 팀의 휴지기는 목표가 달성되거나 더 이상 팀을 유지할 이유가 없을 경우에 나타나는 미리 예고된 현상이기도 하다. 특히 한시적 과제를 수행하는 TF(Task Force) 팀이나 위원회 등은 과제 수행이 완료되면 해체 된다. 그러나 팀의 휴지기는 예상되지 않을 경우에도 발생한다. 예를 들어 팀 구성원의 예상치 않은 탈락으로 팀이 해체되는 경우이다. 또한 어떤 팀은 격동기 단계에서 극복을 못해 해체되기도 한다. 그리고 조직 통합, 구조 조정 등의 외부적인 한계 때문에 팀이 목표를 달성하기 전에 중단되는 경우도 있다.

3 팀의 구성원과 역할

1) 팀 리더

팀 리더는 조직의 조건, 팀의 유형과 크기에 따라 매우 다양한 이름을 가지고 있다. 즉 팀 리더(team leader), 팀장(team captain), 감독자(supervisor), 프로젝트 관리자(project manager), 위원장(chairman), CEO 등의 이름으로 불려진다. 이러한 팀 리더의 이름에 관계없이, 모든 팀에는 리더가 있어야 한다. 하지만 이는 나머지 팀 구성원들이 리더십을 사용하지 않는다는 것을 의미하지는 않는다. 모든 팀 구성원은 팀의 역할 이해와 책임을 위하여 리더십 기술을 익혀야 한다.

팀 리더는 팀 구성원으로서의 주어진 매일의 과제와 팀의 리더로서의 일을 수행하는 두 가지 역할을 지니고 있다. 앞의 역할을 잘 수행할수록 뒤의 역할도 잘 수행할 수 있다. 이는 팀 리더가 자신의 일을 잘 수행하는 모범을 보이는 것이 지도력을 행사하는 데 도움을 준다는 의미이다. 숄테스(Scholtes, 1996)는 팀 리더의 역할을 다음과 같이 제시하였다.

팀 리더는 팀을 관리하고 팀 미팅을 소집하고 촉진시키며, 세부 행정적인 일을 다루거나 할당하며, 모든 팀의 활동을 조화시키며, 보고서나 발표를 사전에 준비하는 사람이다. 팀 리더는 그들의 프로젝트 문제 해결에 관심을 집중하고, 팀 구성원들이 서로 일을 잘 수행하도록 합리적인 일 처리를 해야 한다. 궁극적으로 팀의 과제를 수행하기 위하여 팀 구성원이 할 수 있는 과제의 통로를 만들고 관리하는 것이 팀 리더의 책무이다.

보다 구체적으로 어떤 팀이라도 팀 리더는 다음과 같은 책무와 역할을 수행해야 한다.

- 팀 구성원에게 긍정적인 모범을 보인다.
- 자기의 팀과 나머지 다른 조직과의 접촉을 장려한다.
- 팀의 모든 기록은 남긴다.
- 팀 전체 과제의 수행을 지휘한다.
- 팀 구성원의 과제 수행을 지휘한다.
- 팀 구성원에게 과제를 할당한다.
- 팀 과제의 방향과 큰 그림의 팀 강령을 마련한다.
- 팀 구성원의 업무 수행을 평가한다.

- 팀과 팀 구성원을 위한 훈련을 기획한다.
- 작업 일정에 따라 팀의 과제를 유지시킨다.
- 조직 내에 알려진 관련 쟁점을 연결시킨다.
- 팀 안의 멘토링 관계를 조정한다.
- 팀 안의 갈등을 관리한다.
- 팀 구성원 간의 신뢰를 돈독히 한다.
- 팀을 위한 긍정적 작업환경을 마련하고 지속시킨다.
- 긍정적 팀 행동을 격려하고 강화한다.
- 팀과 팀 구성원을 위한 적절한 인식을 가진다.
- 팀의 과제 수행 과정과 결과에 책임을 진다.

2) 팀 구성원

팀 구성원은 팀 구성에서 가장 중요한 요인이다. 실제 과제를 수행하는 것은 팀원이므로 팀원은 팀의 핵심이다. 그리고 팀원은 팀 리더와의 관계에서 펠로우십(Fellowship) 또는 팔로워십(Followership)을 잘 발휘하여야 팀 성과에 긍정적으로 기여할 수 있다. 따라서 팀 구성원들은 신중하게 선택할 필요가 있다. 팀 구성원을 선택하는 가장 중요한 요인은 개인적 역량보다 그가 가지고 있는 가치체계이다. 팀의 목표에 대한 동의, 과제 수행 방식에 대한 동의, 과제수행에 대한 열의, 다른 구성원과의 협의와 토론, 유연한 사고 등을 가지고 있는 사람을 팀 구성원으로 선택하면 팀 역량은 크게 증가할 수 있다.

한편 팀 구성원에게는 다음과 같은 기술과 능력이 필요하다.

- 다른 사람과 함께 일할 수 있는 기술
- 의사결정을 할 수 있거나 문제를 해결할 수 있는 능력
- 팀에서 동화될 수 있는 기술

벨빈(Belbin)은 팀의 성과를 내기 위해서는 팀 내에 9개 유형의 역할을 하는 구성원이 골고루 갖추어져야 한다고 주장하였다. 이를 팀 역할의 균형화(team role balance)라고 부르는데, 팀원의 수와는 관계없이 이들 역할이 팀 내에 어느 정도 갖추어져 있느냐에 따라 팀의 성과가 달라진다는 것이다. 벨빈이 제시한 9가지 팀 역할은 다음과 같다.

첫째, 진행자 또는 코디네이터(Coordinator)이다. 진행자는 팀 과제의 수행을 촉진하는 특성을 가진 자이다. 이들은 성숙하고 자신감에 넘치는 훌륭한 지도자이다. 이들은 목표를 명확히 하고 의사결정을 증진하며 위임을 잘하며 다음과 같은 특징이 있다.

- 도전적이다.
- 활기차고 의욕적이다.
- 실패를 두려워하지 않는다.
- 남을 자극하지만 지나치면 부담을 줄 수 있다.
- 밀어붙이기식 경향이 있다.
- 어려운 상황에서도 좌절하지 않는다.
- 업무상 난관에 부딪쳐도 결코 중단하지 않는다.
- 업무결과에 지나치게 연연하지 않는다.
- 다른 사람들에게 스트레스를 줄 수 있다.
- 팀원들에게 긴장과 활기를 준다.

둘째, 실행자(Implementer)이다. 실행자는 일을 직접 하는 능력이 탁월한 자를 말한다. 이들은 엄격하고 신뢰성이 있으며 보수적이고 능률적이다. 이들은 아이디어를 실행에 잘 옮기며 다음과 같은 특징이 있다.

- 엄격하고 완고하다.
- 기존의 생각/방법을 쉽게 바꾸지 않는다.
- 과거의 경험을 중시한다.
- 생각, 말보다는 행동을 우선한다.
- 변화를 싫어한다.
- 규율/규칙을 중시한다.
- 나은 안건에 대해서는 결과에 대해 염려하기 보다는 일단 실행해 옮긴다.
- 지나칠 정도로 일에 매달린다(업무 지향적).
- 업무상 문제 상황에 처했을 때 대안을 잘 찾지 못한다.
- 업무처리에 대한 자신만의 노하우를 고수한다.

셋째, 전문가(Specialist)이다. 전문가는 특정 분야에 대한 지식이나 기술이 탁월한 자를 말한다. 이들은 한 가지 일에 전념하고 솔선하며 헌신적이다. 이들은 전문분야의 지식과 기능을 잘 제공하며 다음과 같은 특징을 갖는다.

- 넓이 보다는 깊이를 추구한다.
- 편향 된 사고를 할 수 있다.
- 관심의 영역이 좁다.
- 자신의 전문분야에 몰두한다.
- 끊임없이 학습한다.
- 특정분야의 지식에 해박하다.
- 자기 전문분야의 일 자체를 즐긴다.
- 자기 분야에 매달려 업무 전체를 보지 못한다.
- 자기 업무를 꾸준히 향상시킨다.
- 자기 분야에 대해서는 다른 팀원을 지도, 조언해 줄 수 있다.

넷째, 창조자(Plant)이다. 창조자는 팀 내에서 새로운 아이디어를 제공하거나 새로운 과제 수행 방법을 제안하는 사람이다. 이들은 창조적이고 상상력이 풍부하며 전통이나 인습에 얽매이지 않아 어려운 문제를 잘 해결하며, 다음과 같은 특징이 있다.

- 다양한 측면을 바라본다.
- 상상력이 풍부하다.
- 엉뚱한 면이 있다.
- 기존의 것에 얽매이지 않는다.
- 무에서 유를 만들어 낸다.
- 새로운 업무 분야를 개척해 낸다.
- 기발한 아이디어를 제시한다.
- 황당한 대안을 내놓는다.
- 기존 자료의 응용(변화) 능력이 뛰어나다.

다섯째, 자원 탐색가(Resource investigator)이다. 자원 탐색가는 팀이 필요로 하는 유형, 무형의 자원을 탐색하고 확보하는 사람이다. 이들은 외향적이고 열정적이며 말하기를 좋아하며 기회를 발굴하거나 탐색하고 친교를 잘하며, 다음과 같은 특징이 있다.

- 기회를 잘 만들어 낸다.
- 다른 사람들이 간과하는 것을 잘 포착한다.

- 다방면의 사람들과 어울린다.
- 열정이 식으면 쉽게 싫증낸다.
- 관심분야에 대한 불타는 열의가 있다.
- 자료를 찾는 자신만의 노하우가 있다.
- 업무에 필요한 유용한 자료들을 잘 찾아낸다.
- 자신이 하는 업무에 열성적이다.
- 시작한 일이 중도에 중단되기도 한다.
- 사내의 타 부서 뿐만 아니라 타 회사 직원들과도 연락망이 잘 구축되어 있다.

여섯째, 냉철한 판단자(Monitor evaluator)이다. 이들은 냉정하고 전략적이며 총명하며, 모든 안을 살피고 정확히 판단한다. 이들의 특징은 다음과 같다.

- 일, 현상에 대해 깊이 생각한다.
- 좋다고 믿는 것에 대한 확고한 신념이 있다.
- 냉소적일 수 있다.
- 일사불란한 업무처리에 방해가 될 수 있다.
- 옳지 않는 것에 대해서는 과감히 버린다.
- 문제 해결을 위한 가능한 대안들을 고찰해 본다.
- 일을 서두르지 않고 신중히 하려 한다.
- 업무상 과실을 줄일 수 있다.
- 일사 분란한 업무처리에 방해가 될 수 있다.
- 업무 시 다른 팀원들을 긴장시킨다.

일곱째, 분위기 조성자(Teamworker)이다. 이들은 협력적이고 온화하며 남을 잘 이해하는 등 외교적이다. 이들은 경청을 잘하고 마찰을 조율하여 조직을 평온하게 하며, 다음과 같은 특징이 있다.

- 남의 이야기를 경청한다.
- 남들을 잘 도와준다.
- 우유부단한 면이 있다.
- 경쟁보다는 협력을 중시한다.
- 유머감각이 있다.

- 남을 잘 배려한다.
- 팀의 화기애애한 분위기를 조성한다.
- 팀원들 간의 갈등을 잘 중재해 준다.
- 업무상 결정을 내려야할 상황에서 주저한다.
- 업무 외 활동을 잘 계획한다.

여덟째, 완결자(Completer)이다. 이들은 근면 성실하고 매우 열심이어서 실수나 빠진 것을 찾아내고 제 시간에 일을 끝낸다. 이들의 특징은 다음과 같다.

- 완벽을 추구하려 한다.
- 정리정돈을 잘 한다.
- 꼼꼼하고 빈틈없다.
- 당연한 상황에 대해 걱정을 많이 한다.
- 시간관념이 철저하다.
- 근면하고 성실하다.
- 업무진행 중 일의 진척상황을 수시로 점검한다.
- 업무상 조그만 실수도 범하지 않으려 한다.
- 다른 팀원의 일까지 도맡아 하는 경험이 있다.
- 자기가 맡은 업무에 대해서는 끝을 본다.

아홉째, 추진자(Shaper)이다. 이들은 도전적이고 활기에 넘치며 곤경 속에서 장애를 극복하는 추진력과 용기를 지니고 있다. 이들의 특징은 다음과 같다.

- 다른 사람에게 위임을 잘한다.
- 권위적이고 지시적일 수 있다.
- 용기를 잘 북돋워준다.
- 사람 파악능력이 뛰어나다.
- 목표의식이 뚜렷하다.
- 차분하고 자신감이 있다.
- 전반적인 업무/상황 파악능력이 뛰어나다.
- 업무진행속도를 진척시킨다.
- 공적인 일뿐만 아니라 사적일 일도 지시할 수 있다.

- 각 팀원들의 특성에 맞게 업무분담을 잘 시킨다.
- 업무 지연을 막고 계획적으로 일할 수 있다.

팀에 위와 같은 역할을 하는 사람들이 존재하면 팀이 균형 잡히고 효과적으로 된다. 만약 팀 구성을 적절하게 한다면 결과적으로 팀은 개인적인 멤버의 능력과 기술을 합을 뛰어넘는 잠재력과 시너지를 가지게 될 것이다.

팀에 대하여 팀 구성원이 긍정적인 기여를 하는 것은 매우 중요하다. 팀 구성원이 팀에 효과적으로 참여하는 방법은 다음과 같다.

첫째, 자신과 팀 구성원을 잘 인지하는 것이다. 팀원은 동료 팀 구성원과 충분히 잘 알고 지내야 한다. 그리고 자신이 누구인지, 무엇으로 팀에 기여할 수 있는지를 그들에게 알려준다. 즉, 팀 구성원 각각이 누구인지, 무엇을 할 수 있는지를 아는 것이 중요하다.

둘째, 팀 임무를 명확하게 이해하는 것이다. 팀 구성원이 만약 팀의 임무가 무엇인지를 모른다면 팀에 기여할 수 없다. 즉 팀의 임무, 목표, 팀의 과제 할당, 일정을 잘 알고 있어야 하고, 자유롭게 팀의 문제, 진척도, 다른 중요한 정보를 의사소통할 수 있어야 한다.

셋째, 팀 회의에 미리 준비하고 참여하는 것이다. 좋은 팀 구성원은 결코 팀 회의 때 방관자로 남지 않는다. 회의에 참여하기 전에 미리 준비한다. 주어진 회의 안건에 친숙하고 지난번 회의록, 개인적인 노트를 잘 검토하고, 팀 구성원이 제기할 쟁점을 작성한다. 회의 동안에는 정확하고 충분하게 자신의 의견을 제시한다.

넷째, 팀 구성원과의 가까운 관계를 유지하는 것이다. 좋은 팀 구성원은 팀 구성원과 접촉을 유지하고, 자주 의사소통한다. 자신이 과제를 마칠 때까지 팀 구성원과의 관계를 잘 유지하고 어려운 문제에 대하여 도움을 청한다.

4 팀 리더십 개발하기

팀 리더십은 팀에서 일관되게 최고의 성공을 보장하는 가장 중요한 요소이다. 좋은 리더십을 가지고 있으면, 보통의 사람들로 예상외의 성과를 가져올 수 있다. 반면에 리더십이 없다면 가장 재능이 많은 사람들일지라도 기대 이하의 성취를 이룰 수도 있다. 팀을 이끌기 위한 책임이 주어진 경우 어떻게 리더십을 개발해야 하는지 알아보도록 한다.

1) 팀 리더가 가지는 힘의 유형

리더는 영향력을 행사하며, 그 영향력은 힘에서 나온다고 볼 수 있다. 베이글러리(Baguley, 2003)는 힘(power)의 유형을 다음과 같이 제시하였다.

첫째는 지위 때문에 가지는 힘(position power)이다. 이는 조직 내에서 가지고 있는 지위나 역할에서 오는 힘으로 흔히 법적인 힘으로 불린다. 이 힘은 조직의 힘과 조직에 의하여 부과된 권한의 힘에 의존한다. 팀 리더는 기본적으로 이 힘을 가지고 있어야 한다. 조직이 지위만 부여하고 그 지위에 부합한 공식적이고 법적인 권한을 부여하지 않는다면 지위에 부여된 역할을 감당할 수 없다.

둘째는 자원을 보유하였기 때문에 가지는 힘(resource power)이다. 모든 조직은 자원을 필요로 한다. 자본, 사람, 기술, 정보 등이 대표적인 자원이며, 이러한 자원을 가지고 있으면 물건을 살 수 있고, 사람을 관리하고 통제할 수 있고, 특별한 기술을 활용하거나 거래할 수 있고, 더 나은 의사결정을 위하여 정보를 활용할 수 있다. 특히 지식정보사회에서는 지식과 정보를 가지는 것이 힘의 중요한 원천이 된다.

셋째는 전문성 때문에 가질 수 있는 힘(expert power)이다. 이것은 특별한 지식이나 기술을 개발하고 획득할 때 생기는 힘이다. 이는 특별한 프로젝트 수행 과정에서 전문가로 인정받고 자율적 권한을 부여받는다. 구체적으로 상황, 문제, 해결책의 경험, 정보수집과 수행 지식, 실행의 전문성을 가리킨다. 팀 리더가 이러한 힘을 갖추는 것은 매우 중요하다. 종종 팀 리더가 가지지 못한 전문성을 팀원이 가지고 있을 경우에는 힘의 역전이 일어나기도 한다. 이 경우 팀 리더는 팀원의 전문성을 존중함으로써 그가 팀에 기여할 수 있도록 유도하여야 한다.

넷째는 품성 때문에 가지는 힘(personality power)이다. 이것은 인간이 지니고 있는 가치 있는 힘으로 개인의 성격, 인성 및 품성과 관련된 힘이다. 이 힘은 존경과 신뢰를 기초로 하고 있어서 자발적으로 힘에 복종하게 된다. 막스 베버는 이런 힘을 가진 사람을 범상치 않은 사람, 초자연적인 초인으로 지칭하기도 하였다.

다섯째는 보상적 힘(reward power)이다. 이 힘은 평균 이상의 성취를 했을 때 주어지는 돈, 승진, 학점 등으로 나타난다. 평균 이상의 보상을 받는다는 것은 그의 성과가 탁월하다는 것을 의미하는 것으로서 그것 자체로 힘을 가지게 된다. 팀에서는 팀원 개인보다는 팀 전체를 보상하는 것이 바람직하며, 이는 팀의 긍정적 상호의존성을 높여 팀워크를 강화시킨다.

마지막은 네트워크를 가짐으로써 가지게 되는 힘(connection power)이다. 이것은 관계와 정치적 힘이다. 이것은 무엇을 알고 있는가보다 누구를 알고 있는가가 더 중요하다는 것을 의미한다. 개인의 힘은 약할지라도 네트워크가 강하면 힘이 보완된다. 네트워크가 강하면 외부의 자원을 끌어들일 수 있으며 외부 조직과 협력 체계를 구축할 수도 있기 때문이다. 특히 팀에서도 상부의 지지와 타 팀과 맺는 수평적 네트워크가 중요하다.

2) 팀 리더십의 특징

팀 리더는 존경을 받고 추종세력을 만들고 그것을 유지해야 한다. 좋은 팀 리더는 다음과 같은 특성을 가지고 있어야 한다.

첫째, 목표의식이다. 성공적인 지도자는 강한 목표 의식이 있어야 한다. 팀이 달성하고자 하는 궁극적인 목표는 무엇인지, 그리고 그 목표는 더 상위 조직의 목표와 어떻게 연결되는지를 팀 리더는 잘 알고 있어야 한다. 또한 목표 달성을 위한 방법도 알고 있어야 한다. 팀 리더는 팀의 모든 활동을 목표 달성과 연결시켜 설명할 수 있어야 한다.

둘째, 자기개발이다. 성공적인 지도자는 지속적으로 자기개발을 해야 한다. 자기개발은 부정적인 자기 방종, 부적절한 정서표현, 비생산적인 반응을 피해야 가능하다. 자기개발을 통하여 리더는 균형감과 긍정적인 태도로 문제를 다루는 모범을 확립해야 한다.

셋째, 정직이다. 성공적인 지도자는 항상 정직해야 하며 그렇게 함으로써 팀원들로부터 신뢰를 받아야 한다. 팀 리더는 팀 구성원들에게 개방적이고, 정직하고, 솔직해야 한다. 또한 즐겁지 않은 상황에서 어려운 결정을 하는 데 있어서도 항상 믿음을 주어야 한다.

넷째, 신뢰성이다. 성공적인 지도자는 행동과 의사결정에서 팀 구성원들이 납득할 수 있어야 하며 또 일관성을 유지해야 한다. 또한 팀 리더는 팀 구성원들에게 업무를 부여하거나 평가는 하는 과정에서 공정해야 한다.

다섯째, 상식이다. 성공적인 지도자는 다른 사람과 상식을 공유하여야 한다. 즉, 그 사회의 지배적 가치에 동의하여야 하며, 보편적 윤리와 도덕 그리고 대인관계 역량을 가지고 있어야 한다. 또한 팀 리더는 주어진 상황에서 중요한 것이 무엇이며 중요하지 않은 것은 무엇인지를 알아야 한다.

여섯째, 체력이다. 성공적인 지도자는 체력이 있어야 한다. 신체적 강인함이 부족하여 팀 리더로서의 역할을 제대로 수행하지 못하면 팀 리더 부재상황을 초래할 수도 있다. 상황에 따라 리더는 맨 먼저 도착하고 맨 나중에 자리를 떠야 하기도 한다. 또한 리더가 보내는 시간은 다른 사람들보다 길고 압박감이 크다. 따라서 좋은 건강과 충만한 에너지는 바람직한 리더가 가져야 하는 핵심 요인 중 하나이다.

일곱째, 책임의식이다. 성공적인 지도자는 팀 목표에 대하여 책임을 지고, 팀 구성원과 함께 과제를 수행하며, 지속적인 인성과 전문성을 개발해야 한다. 그들은 팀의 지속을 위하여 법의 범위, 전문가 윤리, 조직의 정책 안에서 모든 것을 기꺼이 할 수 있어야 한다.

여덟째, 확고한 신념이다. 성공적인 지도자는 확고한 신념과 결연한 의지를 가져야 한다. 사람들은 자신이 하고 있는 일에 대한 신념이 없는 사람을 추종하지는 않는다. 성공적인 지도자는 자신이 하고 있는 일과 달성하고자 하는 목표, 그리고 일하는 방식에 대해 확고한 신념을 가지고 있어야 한다. 그리고 어려운 상황이 도래하더라도 신념을 확고하게 유지하고 있어야 한다.

3) 팀 리더를 해치는 함정

팀 리더가 팀 구성원들로부터 신뢰를 받지 못하고 배척당하는 몇 가지 함정이 있다. 팀 리더는 이러한 함정들을 잘 인지하고 그것에 대처해야 한다. 우선 팀 리더는 팀원과 친구가 되고자 하는 유혹을 벗어나야 한다. 긍정적인 관계와 좋은 친밀감은 중요하지만, 리더는 친구가 되어서는 안 된다. 친구가 되면 사적인 영역과 공적인 영역의 구분이 모호해지기 때문에 리더십을 발휘하기 어렵게 된다.

또한 팀 리더는 팀 구성원을 협박함으로써 원하는 목적을 달성하고자 해서는 안 된다. 협박은 일시적으로는 목적을 달성할 수 있을지 몰라도 장기적으로는 신뢰관계를 해치기 때문에 리더로서의 영향력을 발휘할 수 없다. 협박은 지혜롭지 못하고 비윤리적이다. 이러한 상황에서 긍정적인 지도자는 나올 수 없다.

팀 리더가 빠지기 쉬운 세 번째 함정은 리더가 되기 이전 팀 동료였을 때와 같은 태도로 일하는 것이다. 지도자와 팀 구성원의 관계는 동료와 동료 간의 관계와 다르다. 만약 팀 동료가 팀 리더로 바뀌는 경우 이전의 동료관계로 관계를 지속시켜서는 안 된다. 그렇게 한다면 리더십을 발휘하는 것이 불가능해지기 때문이다.

활동 01

집단 토론

목적

집단 토론을 통해 개인의 지식이나 지혜보다 집단의 지혜가 더 바람직한 결론을 도출할 수 있음을 깨닫게 한다.

1. 다음 글을 읽고 아래 표를 채우세요.

> 해상 조난 : 위기의 극복
>
> 우리는 이틀 전에 군산항을 출항한 여객선 리더십호의 같은 선실에 탄 동료들입니다. 오늘 아침 일기예보에서는 저기압이 접근하기 때문에 밤부터 내일 새벽 무렵까지 물결이 거칠어진다고 했습니다. 저녁 무렵에 배가 심하게 요동하더니, 돌연 배의 뒤쪽 선원실 부근에서 화재가 났고, 그 불이 기관실 옆 연료에 인화되어 순식간에 배 안이 연기와 불길에 휩싸여 버렸습니다. 마침내 배가 기울기 시작하여 침몰하려는 큰 혼란의 상황이 되고 말았습니다.
>
> 정신없이 갑판으로 나와 구명 보트에 옮겨 탔는데, 그 후 30분도 못되어 배는 침몰하고 말았습니다. 정신이 들어 살펴보니 사나운 바다 속에 우리만이 구명선 안에 살아 있고, 다른 배는 보이지 않습니다. 안정을 되찾은 후 구명선 안 비품을 점검해보니, 약 3일분의 음료수와 비상 식료품 외, 아래 10가지 물건이 완전한 상태로 남아있습니다. 한편, 탈출 전의 선내 긴급방송에 따르면, 리더십호가 발신한 조난신호를 해양경비대에서 포착하여 정확한 위치를 확인하고 경비정이 구조를 위해 출항하여, 동남방 약 100해리(약 185km) 지점에 있던 3,000톤급 화물선이 구조하러 온다고 합니다. 침몰시의 위치는 가까운 무인도 섬에서 서쪽으로 약 50마일(약 80km) 지점이며, 당시의 기상은 흐리고 풍속이 7, 풍향은 서남풍이며 파도의 높이는 5m정도였으나 내일 아침에는 회복될 것이라고 합니다.

당신은 지금부터 구조될 때까지 구성원 전원이 살아남기 위해서 필요하고도 중요하다고 생각되는 물건들을 중요도에 따라 순위를 정해 주십시오.

* 전원이 살아야하며, 이동하지 않고 기다리는 게 최선책.

* 집단순위는 조원 모두의 의견이 반영되어야 합니다.

물 품	이 유(구체적)	개인 순위	오차 (개인)	정답	집단 순위	오차 (집단)
1. 해도						
2. 노(4개)						
3. 화장거울						
4. 라디오						
5. 로프(20m 3개)						
6. 헝겊 양동이						
7. 나침판						
8. 석유통(4개)						
9. 전등						
10. 방수시트(주황색)						
합 계			A			B

2. 개인 오차의 합(A)과 집단 오차의 합(B)을 비교하여 토의하시오.

(해석)

- A>B 경우 : 집단적 지혜가 개인의 지혜보다 더 바람직한 결론에 도달함.
- A<B 경우 : 집단 토론 과정에서 자기 의견을 쉽게 포기하는 경향이 있음.

3. 소감 나누기

활동 02

캠퍼스 지도 그리기

목적

집단 활동을 통해 팀의 기능과 팀 활동을 효율적으로 하는 방법을 이해한다.

조별 활동

조별로 캠퍼스 지도를 정확하게 그리기

1. 조별로 역할 분담을 하여 정해진 시간 안에 4절지에 캠퍼스 지도를 그린다.
2. 완성된 캠퍼스 지도를 들고 작성 과정을 설명한다.
3. 다음의 활동 평가지를 작성하고 발표한다.

활동 평가지	
개인의 역할에 대한 평가	
과제수행에서 어려웠던 점	
난관 극복 방법	
팀 작업에 대한 평가	

제13장
창의적 문제 해결

학습목표

- SMART 5원칙을 제시하고 설명할 수 있다.
- 문제 해결 능력을 함양한다. 문제 해결 기법 6단계를 제시할 수 있다.
- 전략적 사고를 활용하여, 문제를 해결 할 수 있다.

읽기자료 어머니의 교훈

영수는 어느덧 대학생이 되었다. 새내기답게 설레는 마음으로 캠퍼스 생활에 적응하던 영수는 뜻하지 않은 문제에 부딪히게 되었다. 영수는 이제 나도 성인이니까 이 문제를 나 자신의 힘만으로 해결해 보리라 마음먹었다. 하지만, 그 문제는 생각했던 것처럼 간단히 해결되지 않았고 며칠을 고민하던 영수는 결국 어머니에게 도움을 청하게 되었다. "어머니, 드릴 말씀이 있어요. 제가 고민이 하나 있는데…" 영수가 말은 마치기도 전에 어머니는 영수의 손을 잡고 주방으로 데리고 가셨다. "영수야 아빠가 퇴근하실 시간이 되었으니까 우리 저녁준비를 같이하면서 이야기하자꾸나." 어머니의 말씀을 들은 영수는 적잖이 서운한 마음이 들었다. "엄마는 내 문제보다 저녁 준비가 더 중요한가?" 어머니는 어느새 똑 같은 크기의 냄비 세 개에 물은 채우시더니 당근과 달걀, 커피를 각각 다른 냄비에 넣고 끓이기 시작하셨다.

냄비 안의 음식물이 다 익었을 즈음, 어머니는 말씀을 시작하셨다. "영수야, 네가 이야기하려는 문제가 무엇인지는 모르겠지만 나는 네가 이 당근과 같은 선택은 하지 않았으면 좋겠구나. 보렴, 그렇게 단단했던 당근이 끓는 물속에 들어간 지 얼마 되지 않아 이렇게 물렁해져서 음식에 사용할 수 없게 되었구나. 끓는 물이라는 역경 속에서 자신을 포기하고 망가뜨리는 당근 같은 선택을 하게 된다면 너는 너 자신과 너를 사랑하는 많은 사람들에게 큰 아픔을 주게 될 거야. 그리고 달걀과 같은 선택도 하지 않았으면 좋겠구나. 조그마한 충격에도 깨질 것 같이 연약했던 달걀이 끓는 물이라는 역경 속에서 자신을 단단하게 단련했지만 냄비 속을 보렴. 달걀을 삶아내었던 물은 아무런 변화도 시키지 못했잖니. 역경 속에서 나 혼자만

살겠다, 나 혼자만 잘 되겠다는 선택을 한다면 네가 원하는 것은 이루어낼 지 모르겠지만 너는 결코 리더가 되지는 못할 것이다. 말씀을 마친 어머니는 세 번째 냄비 속에서 잘 끓여진 커피를 두 잔의 컵에 나누어 담으시고는 식탁에 앉으셨다. 영수야 나는 네가 이 커피와 같은 선택을 했으면 좋겠구나. 자기 자신을 녹여서 냄비 속의 모든 물을 변화시키고 너와 내가 이렇게 따뜻한 온기와 커피 향을 느끼면서 마음을 나눌 수 있게 해주는 커피와 같은 선택을 한다면 분명 너는 훌륭한 결정을 한 것이란다."

1 문제란 무엇인가?

'문제가 무엇일까?'라는 질문에 대답을 하기 위해서는 먼저 문제의 의미에 대한 정확한 이해가 필요하다. 어떤 사람은 '문제가 무엇인지 모르는 것이 바로 문제입니다'라고 생각할 수 있다. 이 답변은 하나의 농담으로 치부하기에는 생각할 여지가 많이 있다. 왜냐하면 사람들이 당면한 문제를 해결하지 못하는 가장 근본적인 이유가 바로 자신의 문제가 무엇인지 정확하게 알고 있지 못하기 때문이다. 한 예로 강의장에서 강사가 교육생들에게 이렇게 주문을 했다. "여러분 가장 멀리 날수 있는 종이 비행기를 만들어 보세요. 강의실 앞쪽에서 날려서 강의실 뒤쪽 가장 멀리까지 날아간 비행기를 만들어 낸 사람을 승자로 결정하겠습니다." 교육생들은 저마다 아이디어를 내서 여러 모양의 비행기들을 만들었다. 어떤 교육생은 비행기 앞부분을 무겁게 하기 위해서 꼭지 부분을 뭉툭하게 했고, 어떤 교육생은 날개 모양을 둥그렇게 만들기도 했다. 드디어 미션 종료 시간이 되었고 교육생들은 차례로 나와 자신이 만든 종이 비행기를 강의실 뒤쪽을 향해 힘껏 날렸다. 하지만, 교육생 모두가 자신의 종이 비행기가 날아간 거리에 대해서 아쉬움을 가지고 있는 듯 보였다. 이때 교육을 담당하던 강사가 종이 한 장을 집더니 꾸깃꾸깃 공처럼 뭉쳐서 강의실 뒤쪽을 향해 힘껏 던졌다. 그 종이 뭉치는 뒤쪽 벽에 부딪히고는 바닥에 떨어졌다. 그리고는 이렇게 말했습니다. "여러분 제 종이 비행기가 가장 멀리 날아갔지요."

이 예화 속의 교육생들도 문제가 무엇인지 명확하게 이해하지 못하고 있다. 어떤 사람들은 "종이 비행기라고 했잖아요. 그렇다면 비행기 모양을 갖추고 있어야 하는 것 아닌가요?"라고 말 할지 모른다. 하지만, 종이 비행기가 꼭 비행기모양이어야 한다는 원칙이 있는가? 우리의 과제는 가장 멀리 날 수 있는 비행물체를 만드는 것이다. 즉 문제는 '어떻게 하면 내가 만든 비행기가 가장 멀리 날아가게 할 것인가'이며 이것이 문제의 핵심이었던 것이다.

따라서 우리는 문제의 의미를 다음과 같이 정의할 수 있다. 문제란 바람직한 상태(To be)와 현재 상태(As is)의 차이(Gap) 즉, 바람직한 상태를 이룩하기 위해서 해결하고 극복해야 하는 목표와 현재 상태의 차이를 의미한다.

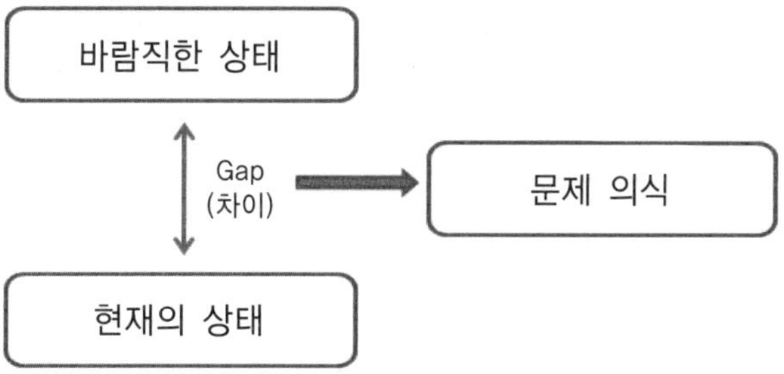

[그림 13-1] 문제의 개념도

예를 들면 100만원을 벌고 싶은 사람이(바람직한 상태, 목표) 현재까지 60만원을 벌었다면(현재의 상태) 100만원에서 60만원을 뺀 차액 40만원이 바로 그 사람이 해결해야 할 문제인 것이다.

이와 같이 문제를 알기 위해서는 바람직한 상태 즉, 목표(또는 비전)를 설정하고 현재의 상태를 객관적으로 냉철하게 판단하는 것이 필요하다.

2 문제 해결기법 6단계

문제를 해결하는 과정은 문제를 인식하는 단계부터 실행 결과를 평가하는 단계까지 총 6단계로 구성된다. 지금부터 각 단계별 실행 내용과 주의할 점 등에 대해서 살펴보기로 하자.

1단계 : 문제를 명확하게 인식하라.

좌측에 있는 그림을 보자. 여러분들은 이 그림에 대해서 어떻게 정의하겠는가? 이 그림을 보는 사람들의 반응은 무척 다양하다. 칵테일 잔으로 보는 사람, 우산꽂이로 보는 사람, 부리가 뾰족한 새로 보는 사람들이 대체로 많다. 이 그림에 대해 정확히 언급하기 전에 다음 그림을 한 번 더 보도록 하자.

여러분들은 좌측에 있는 이 그림에 대해서는 어떻게 정의하겠는가? 이 그림은 위에 있는 그림보다 쉽게 대답할 수 있을 것이다. 대부분의 사람들이 이 그림을 보자마자 “일(1, One)이요”라고 대답한다. 그러면 나는 그들에게 한 번 더 질문한다. “그냥 일입니까?” “네, 보통 일자보다는 큰 일이네요.” 그들의 대답과 같이 이 그림은 큰일이다. 이 그림의 의미를 알았다면 위쪽에 있는 그림을 쉽게 정의할 수 있을 것이다.

다시 좌측에 있는 그림을 정의해 보자. 아직도 칵테일 잔이나 우산꽂이로 보이는가? 이쯤 되면 눈치가 빠른 사람들은 내가 원하는 답을 내놓는다. “큰일이 벌어졌어요.”

사람들은 자신이나 조직이 바라는 상태가 아닌 뭔가 다른 방향으로 일이 진행되고 있다는 것을 발견했을 때 큰일이 벌어졌다고 이야기한다. 이 큰일이 바로 우리가 다루고자 하는 문제이다(큰일 = 문제).

우리는 앞에서 문제란 바람직한 상태(To be)와 현재 상태(As is)의 차이(Gap) 즉, 바람직한 상태를 이루기 위해서 해결하고 극복해야 하는 대상이나 과제를 문제라고 정의하였다. 어떤 문제든지 그 문제를 정확하게 인식하는 것이 바로 문제 해결의 시작이며, 문제가 무엇인지 정확히 인식되었다면 이미 그 문제는 해결 과정 중에 있다고 해도 결코 과언이 아닐 만큼 문제 인식은 아주 중요한 과정이다.

문제를 인식할 때 고려해야 하는 첫 번째 항목이 바람직한 상태이다. 이는 목표(Goal)또는 비전(Vision)이라고 바꾸어 말해도 무방한 것으로, 이것은 문제 해결의 전 과정을 통해 우리가 가고자 하는 곳으로 제대로 가고 있는지를 확인 할 수 있는 나침반의 역할을 한다. 바람직한 상태는 [그림 13-2]에 제시된 내용과 같이 SMART 5원칙을 참고하여 구체적으로 정의할 수 있어야 한다.

[그림 13-2] SMART 5원칙

SMART 5원칙의 첫째는 구체성(Specific)이다. 목표는 구체적으로 정하여야 한다. 훌륭한 기업이 되어야겠다는 것이나 고객에게 사랑받는 기업이 되어야겠다는 등의 추상적인 목표는 그것이 달성되었는지 여부를 확인할 수 없다. '임용고사에 합격 한다'거나 '규칙적으로 운동을 하여야겠다' 등과 같이 무슨 일을 할 것인지가 정확하게 표현되어야 한다.

두 번째 원칙은 측정가능성(Measurable)이다. 목표를 달성하였는지 여부를 판단할 수 있도록 목표는 측정가능하게 설정되어야 한다. 2년에 10kg을 감량하겠다거나 졸업 때까지 토익점수 900점을 달성하겠다는 것과 같이 가능하면 숫자로 표현하여 측정 가능하도록 목표를 설정하여야 한다.

셋째는 달성가능성(Achievable)이다. 목표가 지나치게 낮으면 목표로서의 의미가 없으며 지나치게 높으면 달성할 수 없어 노력을 포기하게 된다. 자신이 최고의 노력을 하였을 때 달성 가능할 수 있는 수준의 목표를 설정하여야 한다.

넷째는 현실성(Realistic)이다. 아무리 목표가 좋아도 현재 상황에서 이룰 수 없는 일이면 그것은 목표라고 할 수 없다. 즉, 목표는 꿈을 꾸는 것이 아니고 현재 상황에서 도전할 수 있는 것이어야 한다. 예를 들면 손자를 5명 가지겠다는 것은 자신이 노력한다고 되는 일이 아니다.

다섯 번째는 시간이-정해진(Time-Bounded)이다. 목표 설정에는 시간 개념이 반드시 포함되어야 한다. 언제까지 목표를 달성하겠다는 생각이 없으면 목표 달성에 대한 의지가 약해질 수 있고 시간이 경과할수록 목표의식도 흐려지게 될 것이기 때문이다.

2단계 : 문제의 근본 원인을 분석하라.

문제 해결을 위한 두 번째 과정은 문제의 근본 원인을 분석하는 것이다. 다음의 예화는 문제의 근본 원인에 대한 함의를 준다.

시민들이 간절히 원했기 때문에 어느 신도시에 동물원이 준공되었다. 모든 안전 점검을 마치고 준비된 우리에 동물들이 차례차례 자리를 잡아가고 있었다. 동물원의 개장을 손꼽아 기다리던 시민들에겐 너무나 반가운 소식이었다. 그러나 동물원의 개장 준비가 거의 끝나갈 즈음 캥거루가 우리 밖으로 나와 동물원을 돌아다니는 관리 사고가 발생하였다. 개장한 후에 이런 일이 있었다면 안전사고도 발생할 수 있는 위험한 상황이었다. 당황한 동물원 관계자들은 캥거루 우리의 담장을 높이는 공사를 서둘러 마쳤다. 그런데, 캥거루는 담장을 높인 후에도 우리에서 나와 동물원 안을 돌아다녔고 그 때마다 캥거루 우리의 담장이 높아져 마침내 담장의 높이는 100피트에 이르게 되었다. 공사를 마친 후에도 캥거루가 우리 밖으로 나오는 사고가 계속되자 동물원 관리원들이 대책회의를 하고 있었다. 그 때 캥거루 옆집에 있던 기린이 캥거루에게 물었다. "인간들이 너희 집 담장을 계속 높일 것 같아? 어때?" 캥거루는 기린에게 시큰둥하게 대답하였습니다. "글쎄… 저 관리원이 우리의 문을 잘 잠그고 다니지 않는다면 아마도 그렇게 될 것 같은데."

'...............'

이 동물원의 문제는 우리 안에 있어야 할 캥거루(바람직한 상태)가 우리 밖으로 빠져 나와 동물원 안을 돌아다니고 있어서(현재의 상태) 캥거루를 우리 안에 안전하게 유치할 수 있도록 하는 방법을 찾는 것이다.

그런데, 동물원 관계자들은 문제의 현상만 보고 그 원인을 분석하지 않고 그 동안의 지식과 경험만을 기초로 하여 문제에 접근하였다. 즉, 그들은 캥거루가 높이뛰기를 잘

하니까 담장이 너무 낮다는 식으로 문제에 접근한 것이다. 그 결과 문제는 해결하지 못하고 공사비용만 높아지게 되었다. 이와 같이 문제의 근본 원인을 분석하지 못한 채 문제 해결을 시도할 경우 열심히 해도 문제 해결이 되지 않아 좌절과 실망을 경험하게 되어 자포자기 상태가 될 수 있다.

이와 같이 문제에 대한 근본 원인을 분석하지 못하는 이유는 여러 가지가 있을 수 있다. 개인적인 경험으로 원인을 단정하거나 원인을 피상적으로 파악함으로써 깊이 있게 분석하지 않는 것, 그리고 전문가나 담당자의 의견을 듣지 않거나 듣지 못하는 상황 등을 들 수 있다.

문제의 근본 원인을 효과적으로 분석하기 위하여 피시본(fish born)다이어그램을 활용하는 방법이 있다. 피시본 다이어그램은 말 그대로 그림의 모양이 물고기의 뼈와 같은 형상을 하고 있어서 명명 되어진 분석 툴(Tool)이다. 사용 순서는 다음과 같다.

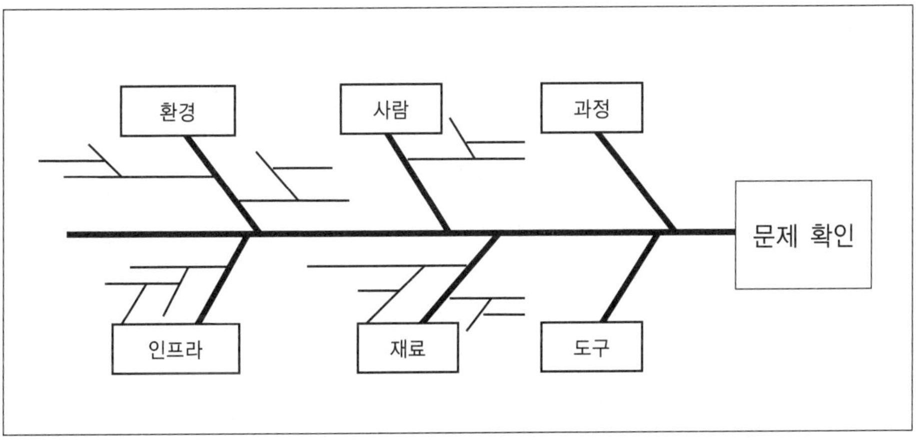

[그림 13-3] 피시본 다이아그램을 활용한 문제 분석

① 문제를 확인한다.

우선, 문제 해결을 위한 1단계에서 정의한 문제를 피시본 다이어그램의 머리 부분에 기록한다.

② 주요 원인의 범주를 확인한다.

그 문제를 발생시키게 되는 범주를 결정하여 지느러미 부분에 기록한다. 여기서는 범용할 수 있는 6가지의 범주를 그 예로 제시하였으며 필요에 따라 수정할 수 있다.

③ 각각의 주요 원인 범주를 검토하여 문제의 잠재 원인을 찾는다.

각 범주 별로 문제를 발생시키는 원인을 가지를 치면서 기록한다.

④ 가장 유망한 원인에 대해 합의한다.

위 ③번에서 찾아낸 원인들 중에서 문제를 발생시키는 중요한 원인들을 선택한다.

3단계 : 최선의 해결책을 찾아라.

문제를 명확히 하고, 문제를 일으키는 근본 원인들을 찾고 나면 이제 최선의 해결책을 찾아야 한다. 가장 좋은 해결안은 현실적으로 실현이 가능하고, 실행했을 때 내외부의 저항이 가장 적은 것을 말한다. 다음 예화는 최선의 해결책을 찾는 방법에 대해 함의를 제공한다.

인도는 한 때 호랑이 밀렵꾼 때문에 골머리를 앓고 있었다. 이 때 한 지방의 공무원이 제안한 제도는 호랑이를 보호하는 데 탁월한 효과를 발휘하게 되었다. 인도 정부의 조치는 무엇이었을까?

인도 정부는 밀렵꾼을 호랑이 보호원으로 고용하는 정책을 기획하여 실행에 옮겼다. 이들은 밀렵꾼들의 생각과 행동방식을 누구보다도 잘 알고 있었기 때문에 밀렵꾼들로부터 호랑이를 보호하는 데 그 누구보다도 탁월한 성과를 낼 수 있을 것이라고 기대하였고 결과도 만족스러웠다. 지금도 이 사례는 인도 정부의 성공한 정책 중 하나로 손꼽히고 있다.

최선의 해결책을 찾기 위하여 국내의 많은 기업과 개인들은 Brainstorming, logic tree, KJ법, Mind mapping, Triz 등 여러 가지 문제 해결 기법을 활용하고 있다. 여기에서는 CSE기법을 소개하고자 한다. CSE기법이란 C(Combine, 결합), S(Simplify, 단순화), E(Eliminate, 제거)의 앞 글자를 따서 만든 용어로써 대안 도출 및 해결안 선정과 해결안 실행 계획까지 아우를 수 있는 툴(Tool)이다.

Combine(결합)은 도출된 대안들을 비슷한 부류끼리 결합하는 것을 말한다. 어떤 문제의 해결책에는 여러 가지 아이디어가 있을 수 있다. 이렇게 단순히 나열된 아이디어는 체계화되지 못하고 중요도를 판별하기 어렵다. 따라서 1차적으로 비슷한 아이디어는 하나의 범주로 결합한다. 그렇게 하면 문제 해결 방법이 분류될 수 있다.

Simplify(단순화)는 하나로 묶은 대안들의 공통점을 찾아서 거기에 제목을 붙이는 것이다. 제목을 붙이는 것은 같은 범주에 속한 아이디어나 대안들의 공통점과 핵심 요인을 파악해 내는 것이다. 이렇게 하면 해결 방안이 단순화되고 중요도나 우선순위를 판별하는데 도움이 된다.

Eliminate(제거)는 대안으로 나온 것들 중에서 현실성이 떨어지거나 효율성이 낮은 것들을 제거해 나가는 것이다. 단순화 과정을 거치더라도 여러 가지 범주의 해결 방안이 남는다. 이 범주 중 문제 해결을 위해 효과적이지 않는 방안을 제거하면 결과적으로 가장 효율적인 방법이 남게 된다.

4단계 : 해결 방안의 실행 계획을 수립하라.

해결 방안은 문제 해결을 위한 방법일 뿐이다. 실제 문제를 해결하는 것은 해결 방안이 아니라 실행이다. 따라서 해결 방안이 마련되면 실행 계획을 수립하여야 한다. 예를 들면 농어촌 지역의 인구 감소와 지역의 쇠퇴가 문제라고 인식되면 먼저 이에 대한 해결 방안을 마련하여야 한다. 그것은 정부기구나 공공기관을 지방으로 이전하는 것일 수도 있고, 농어촌지역을 관광산업을 비롯한 새로운 산업입지로 활용하는 것일 수도 있다. 어떤 방안이 마련되었다고 바로 지역이 활성화되는 것은 아니다. 공공기관 이전이라는 방법이 마련되면 어떤 기관을, 어느 시기에, 어떤 절차로 이전할 것인가에 대한 실행 계획을 수립하여야 한다. 실행 계획이 있어야 해결 방안이 실제로 실행될 수 있기 때문이다.

문제 해결 방안이 실패하는 이유는 대부분의 경우 해결 방안은 만들었지만 실행 계획은 수립하지 않았기 때문이다. 해결 방안은 '안'일 뿐이므로 구체적인 활동내용과 담당자, 세부일정을 세우지 않으면 의미가 없다. 문제를 알고, 원인을 분석한 후에 최선의 해결안을 만들었다면 이제 실행 계획을 수립해야 한다. 4단계는 무엇을 누가 언제 할 것인가를 사전에 철저히 계획하는 단계로서 실행 계획을 세울 때는 [그림 13-4]의 간트 챠트(Gantt Chart)를 이용하는 것이 좋다. 간트 챠트는 미국의 간트(Henry Laurence Gantt)가 1919년에 창안한 작업진도 도표로서 각 해결안에 대한 일정의 시작과 끝, 담당자(또는 조력자) 등을 한눈에 볼 수 있다.

해결안	세부 시행 내용	담당자 (또는 조력자)	추진 일정		
			3일	1주일	2주일
	숙소 예약		➡		
	버스 예약		━━━	➡	
	프로그램 준비		━━━	━━━	➡

[그림 13-4] 간트 챠트

5단계 : 실행하라.

해결 방안의 실행 계획이 만들어지면 실행에 옮겨야 한다. 실행에는 시기가 가장 중요하다. 즉, 계획과 실행 일자가 결정되면 정해진 시간에 바로 실행을 하여야 한다. 다이어트 계획을 세워두고서 실행에 옮기지 않거나 실행을 미루면 결국 실행 계획은 실천할 수 없게 된다. 많은 학생들이 공부 계획을 세우지만 즉각 실행에 옮기지 못하기 때문에 공부를 하지 못하는 경우가 있다.

또한 실행은 실행을 유지하는 것이 중요하다. 계획을 세우고 실행까지 하였으나 소기의 목적을 달성하지 못하는 가장 중요한 이유는 시작은 하였으나 처음의 열정을 끝까지 유지하지 못하고 중도에 포기하기 때문이다. 목표에 초점을 맞추거나 실행이 완료되었을 때 얻을 수 있는 이익을 생각하는 것은 실행을 유지하는데 도움이 된다.

실행할 때 주의할 점은 만약을 위한 준비 즉, 비상계획을 수립해야 한다는 것이다. 대부분의 실행에는 예상하지 못한 과정이나 결과가 초래될 수 있다. 여행을 계획하였는데 천재지변이 일어나거나 공부를 계획하고 실행하는데 가족이 병원에 입원하는 경우가 있을 수 있다. 따라서 이런 비상 사태에 대비한 계획을 미리 세워두는 것이 필요하다. 비상계획의 수립 절차는 다음과 같다.

① 예상되는 문제점을 미리 생각해 본다.

② 예상되는 문제들이 발생할 수 있는 원인을 조사한다.

③ 미리 예방하거나 문제를 최소화 할 수 있는 대책을 강구하여 영향을 최소화 한다.

6단계 : 실행 결과를 평가하라.

문제 해결의 마지막 과정은 실행 결과를 평가하는 것이다. 문제란 바람직한 상태(To be)와 현재 상태(As is)의 차이(Gap)라고 정의하였다. 이제는 1단계에서 설정한 바람직한 상태가 달성되었는가를 측정해야 한다. 즉, 처음에 설정한 바람직한 상태와 문제 해결을 위해 결정된 해결책들을 실행한 후 현재의 상태를 비교하여 차이가 있는가의 여부를 평가해야 한다는 것이다. 평가 후에 차이(Gap)가 발견되면 문제를 인식하여 다시 문제 해결 과정에 들어가고, 차이가 없을 경우 문제가 해결되었으므로 종료하면 된다(그림 13-5 참조).

문제를 해결한 후 바르게 평가를 해두면 이후에 비슷한 문제가 발생해도 잘 대처할 수 있게 된다.

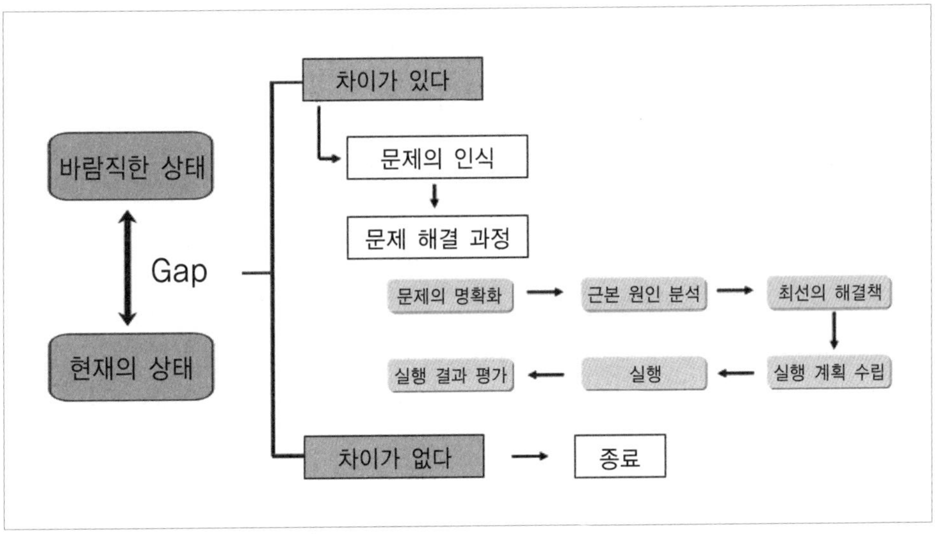

[그림 13-5] 문제 해결 과정

3 전략적 사고 기법

중견기업에 입사하여 회사생활 5년차를 맞은 마케팅팀의 김 과장은 요즘 큰 걱정거리가 생겼다. 최근에 실시한 소비자 조사의 결과가 회사에 어떠한 영향을 미칠 것인지, 향후에 어떤 조치가 필요한지 분석해서 보고하라는 팀장의 지시를 받은 것이다. 어렵게 업무를 마무리해서 결과를 보고 했지만, 팀장은 그 보고서가 별로 만족스럽지 않은 표정이었다. 김 과장은 이런 유형의 문제를 해결하려면 전략적으로 사고하는 훈련이 필요하다고 생각하고 전문교육기관에서 전략적 사고기법에 대한 교육을 받았다.

지금부터 사례 연구를 통해 전략적으로 사고하는 방법을 학습해 보기로 하자. 김 과장은 어느 날 신문을 읽다가 맞벌이 부부가 증가한다는 기사를 읽었다. 예전 같으면 무심코 넘겨버릴 수 있는 내용이었지만 김 과장은 이 기사를 소재로 얼마 전에 받았던 교육 내용을 실습해보기로 했다.

1단계 : 사실이 일으킬 수 있는 변화의 내용을 장점과 단점으로 구분하여 기록하라.

'맞벌이 부부가 증가하고 있다'는 사실을 인식한 후 먼저 해야 할 일은 그 사실이 어떤 변화를 가져올 것인지 장점(이로운 점)과 단점(해로운 점)으로 구분하여 기록해 보는 것이다. 먼저 맞벌이 부부가 증가하게 되면 아래와 같은 장점과 단점을 생각해 볼 수 있다.

다음은 김 과장이 기록한 내용이다(표 13-1). 내용의 옳고 그름에 대한 판단은 유보하기로 하고 분석한 내용을 살펴보도록 하자.

〈표 13-1〉 맞벌이 부부 증가에 따른 사회적 장점/단점 분석

구분	내용
장점(이로운 점)	1. 가구당 소득이 증가하게 될 것이다. 2. 여성의 사회적 지위가 더 높아질 것이다. 3. 직장인들의 경쟁이 더욱 더 치열해질 것이다.
단점(해로운 점)	1. 주부로서의 시간적 제약이 증가할 것이다. 2. 육아가 새로운 사회적 문제로 인식 될 것이다. 3. 가정교육이 상당 부분 부실해 질 수도 있다.

위 표에서 보듯이 김 과장은 장점과 단점을 각각 3개씩 6개의 내용을 작성하였다.

2단계 : 장점과 단점을 구체화하라.

모든 항목에 대해 개별적으로 분석하는 과정을 수행해야 하지만 동일한 작업이 반복 될 것이므로 여기에서는 단점의 1번 항목인 '주부로서의 시간적 제약이 증가할 것이다'라는 내용을 선택하여 설명하기로 한다.

변화의 내용을 모두 기록한 김 과장은 다음 단계를 수행하기 위해 메모지에 '주부의 시간적 제약이 증가한다.'는 내용을 구체화하는 내용을 다음과 같이 기록하였다.

〈표 13-2〉 주부의 시간적 제약 구체화

변화의 내용	주부로서의 시간적 제약이 증가한다.
구체화	1. 식사를 준비하는 시간이 부족해질 것이다. 2. 시장에 가는 시간이 부정확해 질 것이다. 3. 세탁할 시간이 부족할 것이다.

물론 여러분들은 1단계에서 기록한 모든 장/단점들에 대해서 (표 13-2)와 같이 개별적인 작업을 수행해야 한다.

3단계 : 구체화한 내용들이 향후에 어떤 변화를 가져올 수 있는지 예측하라.

세 번째 단계에서는 2단계에서 구체화한 각각의 내용들이 향후에 어떤 변화를 가져오게 될 것인지 예측하는 과정이다. 김 과장은 메모지에 적혀진 내용들을 확인하였다. 하나의 사실이 이렇게 전개될 수 있다는 것이 참 흥미로웠다. 그리고 그 다음에 이어질 결과를 기대하면서 세 번째 단계를 다음과 같이 수행하였다(표 13-3).

〈표 13-3〉 김 과장이 예측한 향후의 변화 내용

변화의 내용	주부로서의 시간적 제약이 증가한다.
구체화	향후 변화에 대한 예측
1. 식사 준비시간의 부족	1) 외식이 증가할 것이다. 2) 식사 대용 식품의 매출이 증가할 것이다.
2. 시장에 가는 시간 부정확	1) 24시간 편의점의 매출이 증가할 것이다. 2) 한 번에 장보는 문화가 활성화 될 것이다.
3. 세탁 시간의 부족	1) 세탁기의 사용량이 더 증가할 것이다. - 세탁기에서 세탁할 수 없는 의류의 매출이 감소할 것이다. - 때가 좀 덜 빠져도 안 보이도록 컬러화가 더 증가할 것이다.

4단계 : 예측한 변화의 결과를 결정하라.

우리는 전략적 사고를 통한 문제 해결을 위해 앞서 세 단계를 수행하였다. 이제 시작할 마지막 과정이 바로 전략적 사고기법의 결과물이다. 김 과장은 이 과정을 수행함으로써 처음에 발견한 현재적 사실이 향후 자신이 소속한 회사의 발전과 개인의 삶을 위해서 어떻게 활용 될 수 있는가를 발견하게 될 것이다. 김 과장은 3단계의 결과물을 가지고 예측한 변화에 대한 결과를 다음과 같이 결정하였다.

〈표 13-4〉 김 과장의 전략적 사고

변화의 내용	주부로서의 시간적 제약이 증가한다.	
구체화	향후 변화에 대한 예측	예측에 대한 결과
1. 식사 준비시간의 부족	1) 외식의 증가 2) 식사 대용 식품 매출 증대	요식업 산업 진출 여부 검토 식품회사에 대한 주식 투자
2. 시장에 가는 시간 부정확	1) 24시간 편의점 매출 증대 2) 한 번에 장보는 문화의 활성화	편의점 사업 진출 여부 검토 냉장고의 대형화
3. 세탁 시간의 부족	1) 세탁기의 사용량이 증가 - 세탁기에서 세탁할 수 없는 의류의 매출감소 - 의류의 컬러화 증가	니트 의류에 대한 수요 감소 디자이너의 디자인 패턴 변화

김 과장은 전략적 사고를 통해 다음과 같은 긍정적인 결과를 얻게 되었다.

첫째, 현재 회사에서 진행되고 있는 신규 사업 공모전에 요식업 사업과 편의점 사업을 기획하여 응모해 보기로 했다. 이 공모전에서 수상을 하게 되면 해당 사업부에서 중요한 역할을 담당하게 되고, 사업 수익 중 일부는 성과금으로 받을 수 있기에 김 과장에게는 정말 좋은 기회가 될 것이다.

둘째, 김 과장이 보유하고 있는 여유 자금을 식사 대용 식품을 생산하는 건실한 식품회사의 주식에 투자하기로 결정했다.

셋째, 전자제품 대리점을 하고 있는 후배에게 앞으로는 냉장고의 수요가 대형화 될 것이라는 정보를 제공하면서 대형 냉장고를 매장에 다양하게 비치해서 소비자를 공략할 수 있도록 조언 할 것이다.

넷째, 의류 매장을 하고 있는 누나에게 앞으로는 니트 의류에 대한 수요가 감소할 것이라고 이야기해서 매장에서 손실을 입지 않도록 이야기 할 것이다.

마지막으로 디자이너인 친구에게 앞으로는 의류의 컬러화가 진행 될 것이라는 정보를 주어서 다양한 색상에 어울리는 의류 디자인에 치중할 수 있도록 해야겠다.

신문에서 맞벌이 부부가 증가한다는 기사를 보았을 뿐인데 김 과장은 전략적 사고를 통해 이러한 결과를 얻을 수 있었다. 전략적 사고는 문제 해결을 위한 또 하나의 훌륭한 도구가 될 것이다.

활동 01 전략적 사고

목표

전략적 사고를 실습해 봄으로써 문제 해결 방법을 이해한다.

조별 활동

'출산이 감소하고 있다'는 현재의 사실을 이용하여 전략적 사고기법을 실습해 봅시다.

현재의 사실				
구분	변화의 내용	구체화	향후 변화 예측	예측의 결과
장점				
단점				

대학생활 포트폴리오

작성시작일 ____________ 년 ______ 월 ______ 일

작성완료일 ____________ 년 ______ 월 ______ 일

학과 ______________________________

학번 ______________________________

성명 ______________________________

1. 대학생활의 목표(대학을 졸업할 때 나의 모습)

1.

2.

3.

4.

5.

* 나의 대학생활 좌우명

2. 나는 어떤 사람인가?(문장으로 작성하기)

내가 자랑할 만한 나의 능력	
내가 지금까지 한 일 중 가장 자랑스러운 일	
가장 행복했던 순간	
가장 기억에 남는 사람	
나에게 더 필요한 능력	

3. 나의 역할 모델(내 인생의 롤모델)

이름(관계)	이유

4. 나의 성격 검사

검사명	검사 결과

* 성격 검사에는 MBTI, 에니어그램, LCSI, DISC 등이 있음

5. 나의 진로(흥미, 적성) 검사

검사명	검사 결과

* 진로 관련 검사에는 Holland 검사, 직업적성진단 검사, 스트롱 진로탐색 검사, 가치관 검사 등이 있음.

6. 학년별 생활습관 계획

학년	학기/방학	생활 원칙
1학년	1학기	건강 : 학습 : 습관 : 봉사 :
	여름방학	건강 : 학습 : 습관 : 봉사 :
	2학기	건강 : 학습 : 습관 : 봉사 :
	겨울방학	건강 : 학습 : 습관 : 봉사 :
2학년	1학기	건강 : 학습 : 습관 : 봉사 :
	여름방학	건강 : 학습 : 습관 : 봉사 :
	2학기	건강 : 학습 : 습관 : 봉사 :
	겨울방학	건강 : 학습 : 습관 : 봉사 :

학년	학기/방학	생활 원칙
3학년	1학기	건강 : 학습 : 습관 : 봉사 :
	여름방학	건강 : 학습 : 습관 : 봉사 :
	2학기	건강 : 학습 : 습관 : 봉사 :
	겨울방학	건강 : 학습 : 습관 : 봉사 :
4학년	1학기	건강 : 학습 : 습관 : 봉사 :
	여름방학	건강 : 학습 : 습관 : 봉사 :
	2학기	건강 : 학습 : 습관 : 봉사 :
	겨울방학	건강 : 학습 : 습관 : 봉사 :

7. 외국어 학습 계획(언어 :   )

차시	목표	달성 계획일	학습전략과 계획
1차			
2차			
3차			
4차			

8. 자격증 취득 계획

구분	자격증명	목표시기	발행처	학습전략	취득여부 (취득일)

9. 독서계획

No.	책 제목	저자	예정 독서 기간	달성여부 (완독 날짜)
1				
2				
3				
4				
5				
6				
7				
8				
9				
10				
11				
12				
13				
14				
15				

10. 동아리, 소모임 활동 계획(Mind-Map으로 작성하기)

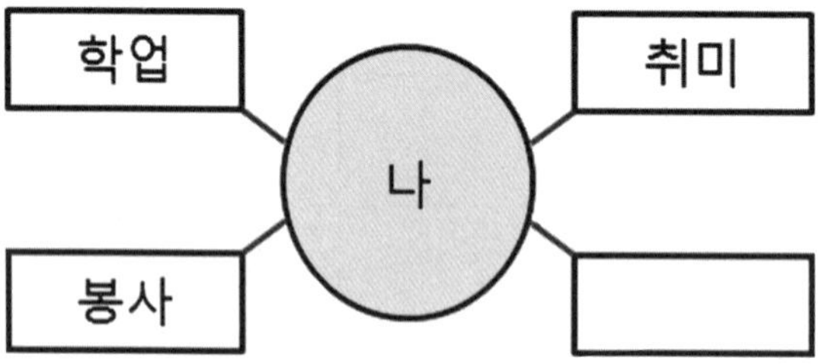

11. 직업 탐색

직업명	
주요 업무	
요구되는 역량	
요구되는 자격증	
향후 전망	
내가 준비할 사항	

직업명	
주요 업무	
요구되는 역량	
요구되는 자격증	
향후 전망	
내가 준비할 사항	

직업명	
주요 업무	
요구되는 역량	
요구되는 자격증	
향후 전망	
내가 준비할 사항	

12. 사회봉사활동

활동 기간	봉사기관	활동내용 및 소감

13. Bucket Lists

No.	가 보고 싶은 곳	하고 싶은 것	배우고 싶은 것
1			
2			
3			
4			
5			
6			
7			
8			
9			
10			
11			
12			
13			
14			
15			
16			
17			
18			
19			
20			

• 참고문헌 •

권석만

1997 『젊은이를 위한 인간관계의 심리학』. 학지사.

김경태

2006 『스티브잡스의 프레젠테이션: 그는 어떻게 청중을 설득하는가』. 멘토르.

김광수, 신명숙, 이숙영, 임은미, 한동승

2003 『대학생과 리더십』. 학지사.

김규수 · 류태보

1998 『교류분석치료』. 서울: 형설출판사.

김기연

1996 "T-집단 경험이 여고생의 자아존중감에 미치는 효과". 한국교원대학교 석사학위논문.

김미겸

1999 "심성계발 프로그램이 아동의 자아존중감 향상과 교우관계 형성에 미치는 영향". 고려대학교 석사학위논문.

김성희

1992 『의사거래 분석적 상담』. 서울: 교육과학사.

김정택, 심혜숙, 제석봉

2009 『MBTI 개발과 활용』. 서울: 어세스타.

김종거

1986 "의사거래 분석을 통한 자아개념 및 인간관계 개선에 관한 연구". 원광대학교 석사학위논문.

김현수

1988 『TAOK 진단 TEXT』. 서울: 민지사.

다이앤 디레스터(심재우 역)

2006 『MBA에서도 가르쳐주지 않는 프레젠테이션』. 비즈니스북스.

류태보

1996 "교류분석치료가 비행청소년의 성격기능에 미치는 영향". 대구대학교 박사학위논문.

문성주

1991 "Reasoner의 자아존중감 향상 프로그램이 청소년의 자아존중감에 미치는 효과". 부산대학교 석사학위논문.

박정재
1994 "스트로크(stroke)를 활용한 TA집단상담이 아동의 자아개념변화에 미치는 효과". 계명대학교 석사학위논문.

방언희
1994 "자기존중감 향상을 위한 훈련이 중학생의 자기존중감에 미치는 효과". 계명대학교 석사학위논문.

박현조
2001 『체육 해부학의 이론과 실제』. 전주대학교출판부.

설기문
2003 『자기혁신을 위한 NLP 파워』. 학지사.

송인섭
1995 『당신의 가치를 존중하는 삶: 자아존중감이 있는 나』. 서울: 상조사.

스티븐 코비(김경섭, 박창규 역)
1994 『성공하는 사람들의 7가지 습관』. 김영사.
1998 『원칙중심의 리더십』. 김영사.

쉬진, 천위펑(허유영 역)
2007 『천년의 경영지혜』. 휘즈프레스.

스테프 M. 코슬린(김경태 역)
2009 『프레젠테이션 슬라이드』. 멘토르.

심재우
2009 『KISS 프로젠테이션』. 비즈니스북스.

우재현
1994 『교류분석에 의한 어린이 인성개발 프로그램』. 대구: 정암서원.

원동연
2002 『5차원 전면교육 학습법』. 김영사.

이강옥 등
2001 『21C 리더십의 새로운 패러다임』. 무역경영사.

이수용
2002 『인간관계의 심리』. 학지사.

이정덕
1999 "지역 축제와 지역 정체성". 『축제, 민주주의, 지역 활성화』. 정근식 편. 새길.

이정훈
2001 『이제는 프레젠테이션이다』. 명상.

이태화, 이혜진

2009『프레젠테이션 & 스타일』. 웰북.

전도금

2001『21세기 신지식인 되는 powerful 프레젠테이션』. 크라운출판사.

정원배

1996 "소집단 활동이 자아존중감 및 학업성취에 미치는 효과". 고려대학교 석사학위논문.

정진선, 문미란

2000『인간관계 심리의 이론과 실제』. 시그마프레스.

조원성

1996 "자아존중감 증진 프로그램이 아동의 자아존중감과 학습동기에 미치는 효과". 한국교원대학교 석사학위논문.

최관경

1998『자아존중감을 기르는 인성교육』. 부산교육대학교 초등교육연구소.

클리프 엣킨슨(오세영 역)

2009『프레젠테이션을 부탁해』. 정보문화사.

키스 소여(이호준 역)

2007『그룹 지니어스』. 북섬.

하우석

2005『상대를 내 뜻대로 움직이는 발표의 기술』. 한국경제신문.

허진

2005 "평범한 사람이 1등 인재가 되는 길". 『CEO 보고서』. LG경제연구원.

후쿠다 타케시(정유선 역)

2005『프레젠테이션은 말하는 힘으로 결정된다』. 바른지식.

Baguley

2003 *Teams and Team-working*. Chicago. Ill: MaGraw-Hill.

Birnbaum

1987 "A Replacement therapy for the histrionic personality disorder". *Transactional Analysis Journal* 17:24~28.

Coopersmith

1967 *The Antecedents of Self-esteem*. San Francisco. W.H. Freeman.

Cormier, Cormier

1985 *Interviewing strategies for helpers: Fundamental skills and cognitive behavioral interventions*(2nd ed.). Monterey. CA: Brooks/Cole.

Egan

1990 *The skilled helper: A systematic approach to effective helping*(4th ed.). Grove. CA: Brooks/Cole.

1994 *The Skilled helper: A problem – management approach to helping*(5th ed.). Grove. CA: Brook/Cole.

Holland

1997 *Making vocational choices: A theory of vocational personalities and work environment*(3rd ed.). Odessa. FL: Psychological Assessment Resources.

Katzenbach, Smith

1993 *The Wisdom of Teams: Creating the High Performance Organization.* Cambridge: Harvard Business School Press.

Lee

1977 "A typology of love". *Personality and Social Psychology Bulletin.*

1988 "Love styles". Sternberg & Barnes(eds.). *Psychology of Love.* Yale University.

Maslow

1970 *Motivation and personality*(2nd ed.). New York: Harper & Row.

Mehrabian

1971 *Silent messages.* Belmont. CA: Wadsworth.

Scholtes

1996 *The Team Handbook.* Madison. WI: Joiner Association.

Smith

2004 *Teamwork and Project Management*(2nd ed.). Boston: MaGraw-Hill-Higher Education.

Stewart, Manz, Sims

1999 *Team work and Group Dynamics.* New York.

• 부 록 •

집단토론 활동의 정답 및 해설

■ 정답설명에 앞서 정답을 설정하는데 중요한 요소를 설명해 준다.

- 안내지에서도 언급된 바와 같이 구성원 전원이 살아나야 한다.
- 배가 바다 위에서 조난되어 SOS가 수신된 경우는 반드시 부근의 배나 순시선이 구조하러 오므로, 노 같은 것을 사용하여 이동하면 수색범위가 넓어져서 발견되기 어려워 그 만큼 구조가 지연되므로 이동하지 않고 기다리는 것이 최선책이다.
- 파도와 싸워야 한다. 파도가 사나울 때 보트가 물결에 대해서 가로로 놓이면 전복되기 쉽고 위험하므로 언제나 뱃머리를 파도나 바람 방향으로 두어야 한다.

• 1위. 로프: 사나운 바다에 내팽겨지지 않도록 구성원 전원을 로프로 묶어서 연결한다.
　　　　　헝겊으로 된 양동이에 밧줄을 매고 뱃머리를 고정하기 위해 바다로 흘려보낸다.
　　　　　노를 로프로 조립해서 돛대 대신으로 사용한다.
• 2위. 헝겊양동이: 배안의 바닷물을 퍼낸다.
　　　　　시이앵커로 이용한다.
• 3위. 석유통: 속의 중유는 물결을 진정시키기 위해 해면에 뿌린다.
　　　　　빈 통은 노끈에 달아매어 레이다 반사를 용이하게 만든다.
　　　　　빈 통은 보트 안의 바닷물을 퍼내는데 사용한다.
• 4위. 노: 돛대, 받침대로 이용한다.
• 5위. 방수시트: 노의 돛대 위에 천막삼아 쳐서 차양으로 사용한다.
　　　　　오렌지색 표적으로 삼는다.
• 6위. 화장거울: 태양광선을 반사시켜 신호에 이용한다.
• 7위. 전등: 야간의 신호용
• 8위. 나침반: 이동용이 아니라 구조선이 오는 방향을 발견한다.
　　　　　(레이다 반사를 쉽게 하기 위해 빈 통의 방향을 바꾼다.)
• 9위. 라디오: 수신용일 뿐이므로 멤버의 마음을 격려하는 정신적인 것이다.
• 10위. 해도: 현 위치를 파악할 수 없을 뿐 아니라, 이동을 하는 것도 아니므로 필요치 않다.

■ 평가(집단)

• 집단오차(B)가 가장 적은 집단.
• 개선도(B점수－A점수)가 높으면 지혜의 결집이 잘 된 집단.

■ 평가(개인)

• A>B 경우－상대방의 말을 경청하고, 소수의견이라도 옳으면 수용함.
• A<B 경우－옳은 주장은 최후까지 굽히지 말고 관철해야 함.

■ 좋은 협동을 위해서,

1. 수용적인 분위기 만들기
2. 말할 수 있는 적절한 기회를 주기
3. 잘 듣기(상대방의 마음이나 의도까지)

• 찾아보기 •

[저자약력]

김창민
서울대학교 인류학과 박사
전주대학교 기초융합교육원 교수
전주대학교 기초융합교육원 인성교육부 주임교수

강희양
전북대학교 심리학과 박사
을지대학교 병원 연구교수

김동원
전북대학교 심리학과 박사
광주대학교 심리학과 교수

이난
원광대학교 교육학과 박사
전주대학교 기초융합교육원 객원교수

이흔정
고려대학교 교육학과 박사
서원대학교 교육학과 교수

정필영
전남대학교 경영학과 대학원
전주대학교 기초융합교육원 객원교수

최혜란
우석대학교 교육학과 박사
전주대학교 기초융합교육원 객원교수

저자와의
협의하에
인지생략

대학생과 리더십(증보판)

2016년 3월 7일 1쇄 발행
2017년 2월 25일 2쇄 발행

저　자 • 김창민 · 강희양 · 김동원 · 이난
이흔정 · 정필영 · 최혜란
발행자 • 이영애
발행처 • 공감북스
주　소 • 02011 서울시 중랑구 중랑천로 256
전　화 • 02-971-9683
팩　스 • 02-972-9683
등　록 • 제 25100-2015-18 호
등록일 • 2015년 7월 15일
e-mail • sympathybook@naver.com
ISBN • 979-11-86898-10-9 (93320)

정　가 • 14,000원

* 낙장 및 파본은 구입처나 본사에서 교환하여 드립니다.